KB269314

선생이란 무엇인가

루소 · 퇴계 · 공자 · 융에게 교육의 길을 묻다 │ 한석훈 지음

이 책을 쓰기까지

나는 소속된 곳 없이 자유롭게 벌어먹고 살아가는 인물이지만, 지난 10여 년간은 내 삶의 커다란 부분을 대학에서 시간강사로서 다양한 교직 과목을 강의하는 데 쏟았다. 20여 년 전부터 다양한 교육기관에서 교편을 잡아왔는데, 특히 최근 들어 무척 많은 수의 학생들을 상대하게 됐다. 3년 전부터는 매 학기 서울 등지의 5~6개 대학에서 오백 명 이상의 학부생과 대학원생들을 상대로 주당 최소 24시간 이상의 수업을 진행해왔다. 스스로 실력 있는 선생이라고 내세울 만큼 뻔뻔하지는 못하지만, 그래도 하루하루 수업에 즐겁고 힘차게 임하며 매 수업에 최선을 다하고자 노력해왔다는 말 정도는 할 수 있다. 이런 노력의 결실인지, 십여 년 동안 매 학기마다 적어도 한 개 이상의 대학으로부터 '우수 강사상'을 받았다. 그간 이메일이나 직접 대면을 통해 상담해준 학생들의 수는 셀 수가 없다. 불혹에 접어들었을 무렵에는 '선생질'을 나의 소명이라고 여기기 시작했고, 지천명에 이르러서는 그것을 나의 천직이라고 믿게 됐다.

　그동안 여러 교육학 관련 과목들을 강의하며 장래 희망이 교사인 수많은 젊은이들과 현직 교사들을 만나면서, 나는 '좋은 교육을 위해 가장 필요한 것은 좋은 선생'이라는 단순한 결론에 도달했다. 말이야 쉽지만, 사실 좋은 선생이 되기란 좋은 어른이 되는 것만큼이나 쉽지 않다. 더군다나 좋은 선생이 되고자 하는 사람을 도와주기는커녕 방해만 하는 현실에서는 말할 것도 없다. 그러다 보니 좋은 선생들이 곳곳에서 교육에 헌신하고 있는 것은 분명한데, 스스로 '좋은 선생'이라 자부할 수 있을 만큼 스스로를 교육에 바치지 못하는 선생들의 수가 훨씬 많은 것 같다. 그래서 나는 이 땅의 선생들 혹은 선생이 되려 하는 젊은이들의 '치어리더'가 되는 것을 내 여생의 소임으로 삼았다. 이 땅의 선생들이 자신의 일을 중히 여겨 온전히 자신을 바칠 수 있도록 북돋워주는 치어리더가 되기로 작정했다는 말이다. 선생들이 조금이라도 더 힘을 내서 보다 훌륭한 자신을 학생들에게 바칠 때 우리 교육이 조금씩이라도 향상될 것이고, 오로지 교육의 향상을 통해서만 우리 사회가 조금씩이라도 나아질 수 있다고 믿기 때문이다.

　이런 마음을 먹고 있던 차에 학계와 출판계의 무명인 내가 우연이라고 하기에는 참 필연적이게도 한 출판사의 대표와 만나게 됐다. 그리고 정말로 급작스럽게 이 책의 집필 계약서에 사인했다. 세상에는 권위자도 많고 유명인도 많은데, 권위도 이름도 없는 시간강사인 나에게 이런 임무가 맡겨졌다. 하여, 나라는 사람이 이 나라의 학교 선생들에게 해보겠다는 말에 어떤 나름의 의미가 있을지, 그것부터 책머리에서 짚어보겠다.

먼저, 나는 갓 고등학교를 졸업해 장차 학교의 선생이 되고자 하는 젊은이들을 수천 명 상대하면서, 최근 선생 지망생들의 성향과 태도에 대해 잘 관찰해볼 수 있는 기회를 가졌다. 나는 그들(이미 교직에 자리를 잡은 이도 꽤 있다)의 마음에서 가능성과 제약, 양자를 다 봐왔다. 덕분에 어떻게 하면 그들이 가진, 선생으로서의 '가능성'은 키우고 '제약'은 극복할 수 있을지 나름대로 이야기할 자료와 논리들을 갖고 있다고 생각한다.

둘째, 학생들은 나를 '교수님'이라고 부르지만 나는 대학 교수들과 다른 곳에 서 있다. 나는 대학 교수의 사회경제적 혜택과 무관하고, 학문적 무대 역시 그들과 가깝지 않다. 즉, 그들과는 세계 인식에 대해 공유하는 바가 작다. 그래서 내게는 강단 교육학자들 특유의 엘리트주의가 없다(최소한 나는 그렇게 생각한다). 또한 대학 교수들처럼 이론에 편향되어 있지 않다. 나의 이런 위치가 나름의 독특한 시각을 제공해줄 수 있다고 믿는다. 이를테면, 나는 학교의 선생들이 권위를 가지게 되는 변화, 즉 학교의 구체적이고 소소한 일상에서 시작되는 변화가 진정한 변화라고 믿는다.

셋째, 아마도 '비정규직' 시간강사라는 나의 사회경제적 지위 때문일 수 있지만, 나의 정치관은 다소 왼쪽으로 기울어져 있다. 그러나 서울 중산층 가정의 아들로 미국의 엘리트 대학에서 수학했다는 여타 출신성분 지표를 볼 때, 태생적인 보수적 성향도 배어 있을 것이다. 즉, 정치이념의 스펙트럼에서 볼 때 나는 '회색분자'여서, 딱히 좌나 우로 일관되게 기울어져 있지는 않다는 것이다. 그래서 내가 이를테면 전교조나 교총에 대해 이야기할 때는, 그 취지가 딱히 좌나 우의 시각이 아니라 좌우를 다 포함한 공동체의 교육적 개선을 지향하고 있노라 말하고 싶다.

넷째, 이 책은 '영혼'을 이야기하지만 나는 어떤 종교나 종파에도 적을 두고 있지 않다. 물론 철학과 사상에 관심을 품은 소년기 이래로 종교에도 줄곧 관심을 기울여와서, 천주교와 개신교 교회를 여러 곳 전전했고 때때로 불교 법문도 듣긴 했다. 또 여타 수행 전통들을 기웃거려봤으며, 종교학 관련 공부도 조금 했다. 중년에 이르러 매우 사적인 신비체험을 하기도 했고, 그 이후로는 영혼을 '나'라는 존재의 참된 주인으로 인식하기 시작했다. 즉, 이 책에서 말하는 '영혼'이 특정 종교에서 정의하는 영혼과 관련돼 있지는 않음을 짚어두겠다. 다만, 나는 우리가 성스러운 생명체로서, 주어진 환경과 비합리적일 만큼 in a mysterious way 복잡한 방식으로 상호작용하며 자신을 키워나가는, 무한한 가능성을 품은 존재라는 인간관과 교육관을 갖고 있다.

나는, 나와 초·중등학교 교사들 모두가 같은 직종에 종사하는 선생들이라고 생각한다. 후대의 성장을 돕는다는 동일한 일을 맡고 있으니까. 나도 나 자신을 선생으로 간주하는데, 통상 쓰이는 '선생님'이라는 표현은 스스로를 지칭하는 데 쓰기에는 너무 자화자찬 격인 것 같아 이 책에서는 그냥 '선생'이라고 쓰기로 했다. 자신의 직함 뒤에 '님'자를 붙이는 예가 '선생님' 이외에는 없는 것 같다. 나는 앞에서 심지어 '선생질'이라는 비하적 표현까지 썼는데, 이는 높은 곳에 올라가 있는 권위보다 낮은 곳에 내려가 머리 숙이려는 겸허가 훨씬 더 가치 있다고 믿기 때문이다.

이 책은 '선생이라는 인간의 깊이'에 관해 이야기하는 책이다. 단순히 도덕군자나 사랑의 화신 같은 선생 이야기를 하려는 것이 아니다. 그렇다고 교육에 대한 행정적, 재정적, 시스템적인 지원이나 개혁은 덮어둔 채 선생의 열정과 헌신만 강조함으로써, 가뜩이나 열악한 환경에 있는 교사들의 등골까지 빼내야 한다는 이야기를 하자는 것도 아니다. 우리가 각자 개성 있는 한 인간으로서 왜 그리고 어떻게 선생이라는 길에 오르게 됐는지와, 그 길을 행복하고도 의미 깊은 여정으로 만들기 위해 선생 내면의 깊은 부분들을 어떻게 끄집어낼 수 있을지 이야기해보려는 것이다.

나는 언젠가 '영혼의 성숙을 지향하는 선생 10만 양병론' 같은 것을 주창하고 싶다(물론 養兵이 아니라 養師라 해야 하겠지만……). 영혼의 뜻을 펼치기를 또는 참된 자기를 실현하기를 열망하는 선생들의 수가 아주 많아질 때, 우리 사회도 개선이라는 선순환의 궤도로 서서히 올라갈 수 있을 것이라 믿기 때문이다. 이런 희망도 없이 삶의 어려움을 감내하기란, 내게는 너무 어려운 일이다.

결국 우리 사회에 좋은 선생이 많아야 한다는 말인데, 좋은 선생은 어떻게 될 수 있을까? 우리는 좋은 선생'으로' 되는 것이 아니다. 우리는 좋은 선생'이어야' 할 뿐이다. 왜냐하면 이는 행위do가 아니라 존재be의 문제이기 때문이다. 따라서 우리는 먼저 우리 안의 좋은 선생을 발견해야 한다. 그래서 이 책은 어떻게 하면 좋은 선생이 될 수 있을지 그 방법을 논하는 책이 아니라, 좋은 선생으로서의 자신을 인식하는 데 도움을 주고자 쓴 책이다. '선생인 나는 누구인가?' 이것이 이 책의 주된 논제이다.

내가 이 책을 쓸 수 있도록, 그간 나에게 수많은 영감과 가르침을 준 나의 학생들 모두에게 고마움을 표하고 싶다. 교단 현실에 대해 알려주고, 훌륭한 선생의 모습을 보여준 현직 교사분들께도 고마움을 표한다. 늘 일하느라 바쁜 나를 사랑해주는 내 가족에게 감사한다. 이 자리를 빌려, 선생의 일에 대한 내 뜻을 이해해주고 응원해주시는 여러 길벗님들의 도움에 대한 감사의 염이 늘 내 마음속에 자리 잡고 있음을 고백한다. 이 세상에서 미약한 나만의 힘으로 해낼 수 있는 일이 과연 하나라도 있을까?

이 땅의 선생들은 자신의 영혼을 잘 돌보고 있는가?

'나를 알기.'

소크라테스의 '너 자신을 알라'를 비롯하여 자고로 수많은 선각자들이
이 메시지를 전해왔다. 어렸을 때에는 도대체 이게 무슨 말인지 이해
가 되지 않았다. 나를 알아? 성장한 후에 알게 된 고급용어로 바꾸자면
'인식의 주체가 인식의 객체가 된다?' 참으로 알쏭달쏭한 말이 아닐 수
없다. 지금도 가만히 생각해보면 참으로 심오한 말이다.

오늘날은 사람들이 자신을 알지 못하는 시대인 것 같다. 기독교의
표현을 빌리면 현대인들은 '잃어버린 양'이다. 삶의 표면적 가치만 추
구하고, 정신적 시야는 협소하며, 보다 포괄적인 인격으로 발전하지
못한다. 그래서 자신이 본래 영혼을 품은 존재임을 모른 채 살아간다.
기독교 도그마를 받아들이지 못하는 이들이 '잃어버린 양'이 아니라,
참된 자신의 정체를 알지 못한 채 살아가는 이들이 '잃어버린 양'이다.
문제는, 우리 시대가 사람들이 참된 자신의 정체를 깨닫는 데 아무런

도움도 안 줄 뿐만 아니라 오히려 방해만 한다는 것이다. 불행하게도, 우리의 교육은 그 훼방꾼들 중에서도 선봉장 역할을 하고 있다.

아홉 살 때엔 내 몸이 나인 줄 알았다. 열일곱 살 때엔 내 마음이 나인 줄 알았다. 스물다섯 살이 되어선 내 무의식이 나인 줄 알았다. 서른다섯 살 먹고는 이 모든 게 다 나인 줄 알았다. 그런데 이것들 말고 '진짜 나'가 또 있다는 것을 마흔이 넘어서야 깨달았다. 그리고 그것이 내가 알던 나보다 훨씬 큰 '영혼'이라는 것은 최근에서야 깨달았다.

우리의 교육은 나에게 영혼을 돌보는 방법을 조금도 가르쳐주지 않았다. 혼자 자습해서 뒤늦게야 그것을 겨우 알아냈다.

이 땅의 선생들은 자신의 영혼을 잘 돌보고 있는가?

잠자는 학교

학교는 무너지고 선생은 좌절한다

광기란 개인에게는 드문 것이다.
그러나 단체와 정당과 국가와 시대에게는 일반적인 것이다.
_ 프리드리히 니체

만일 세상에 오직 기쁨만 있다면
우리는 결코 용감해지거나 인내하는 법을 배울 수 없을 것입니다.
_ 헬렌 켈러

'잠자는 학교'라는 증상

최윤아는 삼십 대에 들어선 중학교 국어교사다. 교단에 선 지 7년이
넘었는데, 스스로는 처음 교사로 부임할 당시의 '초심'을 간직하고 있
다고 믿는다. 그러나 그녀는 해가 갈수록 교사로서 자신의 일에 어려
움을 느끼고 있었다. 많은 학생들이 수업 시간에 당당하게 책상에 엎
드려 잠을 자는 것도 그 이유 중 하나이다. 몇 해 전에 처음으로 그
런 학생들을 접했을 때 윤아는 당황스러웠고 화가 났다. 그런 학생들
을 개인적으로 문제가 있고 비뚤어진 아이들이라 치부해 꾸짖고 벌
을 줬다. 그러나 그런 학생들의 수는 점점 늘어만 갔고, 몇 년이 지나

자 이제는 윤아도 더 이상 그들을 야단칠 기력이 없었다. 심지어 야단치는 의미도 없다고 여기게 됐다. 그러던 어느 날, 문득 하나의 물음이 떠올랐다.

'아이들이 이러는 게 아이들의 잘못이 아니라, 그들을 점수 경쟁으로만 내모는 우리 사회 전체의 잘못은 아닐까? 그렇다면 학부모도, 정부도, 그리고 교사도 그에 대해 책임이 있는 게 아닐까?'

잊을 만하면 언론에서 대한민국의 공교육 현실에 대한 비판적 기사를 뿌린다. 우리 사회에서 공교육은 동네북이라 할 수 있다. 2010년 9월에 〈조선일보〉에 실린 '잠자는 학교'와 같은 기사가 그 대표적 예로, 많은 중고생들이 학교에서 수업 시간에 책상 위에 엎드려 잠을 잔다는 내용의 기사다. 꼭 한 해 뒤인 2011년 9월, 미국의 〈타임〉지는 한국 교육에 대해 다룬 기사에서 '한국의 학교 앞 문구점에서는 학생들이 책상 위에 상체를 기대고 취침할 때 팔을 편하게 받쳐주는 기구를 판매하고 있다'고 전했다.

매스컴과 공식기관들의 발표를 보면 우리나라 전역에 이런 학교들이 꽤 있는 듯하다. 나는 매 학기 사오백 명의 대학생들을 가르치는데,[1] 이들 중 상당수가 수년 째 '잠자는 학교'를 경험했거나 목격했다고 한다.

이렇게 많은 아이들이 교실에서 잠을 자는 이유는, 그들이 학교 공

---

1) 교육이란 항상 '가르치고 배움'을 동시에 지향해야 함에도 불구하고, '가르치다'라는 말에는 근대 교육학의 교사 중심적인 상명하달식 방향성이 배어 있다. 이 책에서는 우리말의 일상적 용례를 존중하여 '가르치다'라는 말을 사용하기는 하되, 이 말 안에는 가르침과 배움, 教와 學, instruction과 learning 양자가 포함돼 있다는 점을 미리 밝힌다.

부는 진학에 별 도움이 되지 않고 재미도 없다고 생각할 뿐만 아니라 낮에 잠을 자서 체력을 비축해둬야 밤에 사설학원에 가서 '진짜 공부'를 잘할 수 있다고 여기기 때문이라고 한다. 이에 대해 우리의 학교 선생님들은 뾰족한 대응책을 찾지 못하고 있다는 것이다.

《논어》의 5편인 〈공야장公冶長〉에는 공자가 공부 시간에 잠을 자고 있던 제자 재여를 신랄하게 꾸짖는 장면이 나온다. 고대의 이 엄격한 스승은 공부 태도가 갖춰지지 않은 학생을 개선의 가능성이 아예 없는 썩은 나무와 더러운 흙담 따위에 빗대며, 말만 번지르르한 제자를 믿을 수가 없어 그 행실까지도 따져봐야 하는 선생의 신세를 한탄했다. 아마도 공자의 제자들은 스승의 이러한 모습을 두려워하지 않았을까?

자신의 강의 도중에 자는 학생을 그토록 크게 꾸짖은 공자는 동양의 전통적 선생상의 대표적인 인물이다. 그런데 오늘날 우리의 선생들은 그렇게 꾸짖지를 않는다. 아니, 꾸짖지를 못한다. 꾸짖는다고 해서 무슨 효과가 있을까 싶기도 하다.

수업 시간에 학생들이 노골적으로 잠을 자는 현상은 선생들의 권위가 얼마나 실추됐는지 잘 보여준다. 하긴, 요즘엔 학생들이 선생에게 거칠게 반항하거나 심지어 선생을 폭행하는 예도 적지 않은 형편이니, '잠자는 학교'가 하락한 교사의 권위를 보여주는 유일한 예도 아니고 가장 극단적인 예도 아니긴 하다. 한데 만약에 대표적 보수 일간지의 주장처럼 우리의 선생들이 이렇게 만연한 부정적 상황에 별도리 없다며 손을 놓고 있다면, 그건 잠자는 학교보다도 더 심각한 문제다. 잠자는 학교가 우리의 교육에 나타난 하나의 부정적인 증상이라면, 이 증상을 치유하는 주체여야 할 학교 교사들이 이를 불치의 병으로 여겨 치유를 포기한 채 손을 놓고 있는 것과 다름없으니까. 그랬다가는 우리의 학교가 점점 더 병들어서 회복불능이 될 수도 있지 않겠는가.

대한민국의 초·중등교육에 한 해에만 40조 원이 넘는 돈이 들어가는데, 이는 정부 전체 예산의 20%에 이르는 액수다. 국민의 혈세가 대거 투입된 공교육이 병으로 죽어가도록 내버려둘 수는 없는 노릇 아닌가? 이 공교육이 앓고 있는 병의 종류는 매우 많겠지만, 그중에서 가장 주된 병 중 하나인 잠자는 학교라는 증세를 구체적 예로 삼아 생각을 펼쳐보자.

누가 학교를 재웠는가?

신문이나 텔레비전과 같이 여론몰이를 하는 대중매체들은 잠자는 학교의 원인소재를 공교육 교사집단에서 주로 찾으려 든다. 나는 이 같은 시각이 자칫 하나의 원인에 모든 걸 덮어씌우는 환원주의로 흘러, 심하면 마녀사냥에까지 이를 위험을 내포하고 있다고 본다.

자, 우선 아이들의 '신체적 특징'에서부터 살펴보자. 십 대 아이들이 교실에서 잠을 자는 것은, 성장기에 있는 몸의 자연스러운 반응일 수 있다. 물론 교실이 수업을 받는 곳인 이상, 그러한 신체적 욕구를 충족시켜도 괜찮다고 여기는 요즘 학생들의 태도를 관대하게 봐줘야 한다는 말은 아니다. 단지 그들이 이런 식의 태도를 갖게 된 데에는 여러 배경 원인들이 있을 것이므로, 교사들만이 전적으로 책임을 져야 한다는 주장은 비이성적이라는 것이다.

학생들이 그렇게 된 데에는 그들 부모도 책임이 있고, 우리 사회 전체도 책임이 있다. 어린 그들을 학교와 학원으로 밤낮없이 몰아대서 수면 부족에 시달리게 한 것은 부모들이요, 그러한 경쟁 구도를 통해서만 이 사회가 돌아가도록 만든 것은 이 사회를 지탱해온 기성세대 전부이며, 기성세대의 뜻을 한데 모아 학력경쟁체제를 유지 · 관리해온 것은 우리 정부가 아니겠는가. 그럼에도, 나는 잠자는 학교에 대한 책임소재 논란으로부터 선생들이 전적으로 자유로울 수 있다고는 보지 않는다. 교사들에게도 분명히 책임이 있다는 말이다. 그러니 나 역시 언론의 비판에 어느 정도 동조한다고 할 수 있다.

한국교육개발원의 정기 여론조사에 따르면, 우리나라의 학부모들은 선생들이 교육을 위하여 더 헌신적인 노력을 바쳐야 한다고 생각하고 있다.[2] 국민들이 보기에는 선생들이 충분히 열심히 하고 있지 않다는 말이다. 이런 국민들의 시각에 억울함을 느끼는 선생들도 있을 것이다. 평소에 자신을 바쳐 열심히 일해온 선생이라면 그렇게 느낄 수도 있다. 그러나 그런 선생들이 얼마나 될까?

내가 강의를 맡은 한 대학원 과정에서 몇 해에 걸쳐 두 집단의 선생들을 만날 수 있었다. 한 집단은 학교 교사들이었고, 다른 집단은 기업의 HRD 담당자들이었다. 기업의 직원들을 교육한다는 점에서, 후자

---

2) 《교육여론조사 2008》, 《교육여론조사 2010》(이상 한국교육개발원)

도 분명 선생이다. 아무튼 그들을 관찰하면서 나는 두 집단의 태도에서 큰 차이점을 발견했다. 먼저, 학교 교사들은 강사인 나를 매우 좋아했고, 심지어 칭송하기까지 했다. 내 강의를 대단히 경청했고, 나의 작은 행위 - 메일에 친절하게 회신하는 것이라든가, 제출한 숙제에 피드백을 써주는 것 등 - 에 대해 매우 고마워했다. 그래서 나 역시 그들이 편하고 좋았다. 단, 이런 생각은 들었다. '뭐, 이 정도 가지고 그렇게 고마워해주실 필요까지는 없는데…….' 일에 대한 나의 지론은 '돈값은 하자'이다. 그러니 강사료를 받은 만큼 당연히 그 값어치를 한 것뿐인데, 너무 고마워해줘서 되레 내가 황송하고 고마웠던 것이다.

한데 또 다른 집단인 기업체의 선생들은 완전히 딴판이었다. 하루 종일 직장에서 일하다 밤에 왔으니 피곤할 법도 한데, 그들은 날카로운 눈으로 내 강의를 관찰하고 예리하게 분석했다. 그들은 웬만해서는 내 말에 웃지도 않았고 감동받지도 않았으며, 심지어 간혹은 내 교수 방식에 대해 비판적 의견을 제시하기도 했다. 그래서 처음에 난 그들이 불편하고 부담스러웠다. 그러나 한두 학기가 지나면서 점차 그들에게도 적응이 됐고, 결국은 그들의 예리한 관찰과 지적 덕분에 내 수업의 질은 점점 더 나아졌다(…고 나 스스로는 믿는다).

그렇게 몇 해가 흐르면서 나는 이렇게 결론짓게 됐다. 학교 선생들은 내 수업 정도에 감동받는 데 비해, 기업의 선생들은 나의 열의 정도는 당연한 '돈값'으로 여기는 '프로'들이라고.

나의 이러한 결론은 두 집단의 판이한 발표 태도를 보며 더욱 공고해졌다. 학교 선생들은 분명 말솜씨도 좋고 설명도 또박또박 잘했다.

깔끔하고 별 흠잡을 데는 없었다. 하지만 철저히 강의자 중심으로, 자신의 페이스대로 교탁 뒤에 얌전히 서서 발표를 진행했다. 반면 기업의 선생들은 탁월한 말솜씨와 명료한 설명 능력을 갖췄음은 말할 것도 없고, 철저히 청중 중심적으로, 청중의 페이스에 맞춰 발표를 진행했다. 청중이 별로 반응을 보이지 않으면 "이해가 가세요? 무슨 말인지 아시겠어요?"라며 계속 되풀이해 묻거나, 자신이 방금 설명한 내용을 다른 방식으로 풀어내기도 했다. 그들은 한곳에 가만히 서 있지를 않았다. 끊임없이 움직이고, 항상 청중들과 시선을 교환했다. 때로는 청중석 안으로 깊숙이 들어왔다 나가기도 하는 등, 발표 내용이 청중의 머릿속에, 아니 마음속에 쏙쏙 들어갈 때까지 결코 포기하지 않았다. 이 두 집단을 여러 해 지켜보면서 내가 내린 결론은 '학교 선생들은 정해진 진도를 나가 수업을 마치는 것으로 만족하는 데 비해, 기업의 선생들은 주어진 학습 목표를 완벽하게 달성하지 않으면 직성이 안 풀린다'였다.

강남 학원가의 잘나가는 강사들도 관찰해보면 그 수업 태도가 위의 기업체 선생들과 유사하다. 즉, 오로지 실력으로 승부해야 하는 '시장'의 '프로'들은 공교육 체제 안에서 고용조건이 보장된 교사들보다 더 많은 노력을 수업에 쏟아붓는 것이다. 시장의 경쟁주의를 옹호하자는 말이 아니다. 다만 열성이라는 측면에서, 학교 선생들이 '시장의 선생들'을 따라갈 수는 없을지 묻고 있을 따름이다. 다수의 선생들이 학생들을 집중시킬 만큼의 열정적이고 감동적인 수업을 만들어내지 못하고 있는 게 사실이라면, 잠자는 학교가 선생 때문이라는 매스컴의 비판을 그저 정치적인 발언으로만 치부해버릴 수는 없지 않겠는가?

학교 수업은 자장가?

많은 아이들이 학교를 지루한 곳으로 여긴다. 이는 학교의 수업 방식이 흥미롭지 않고, 수업 내용은 이해하기 어려우며, 가장 중요하게 여기는 수능 준비에도 별 도움이 되지 않는다고 생각하기 때문이라고 본다. 한마디로 우리의 학교가 아이들에게는 '유용성도 없고 의의도 없는 곳'으로 간주되고 있는 것이다. 인류학적 차원에서 보자면, 학교는 이런 비유용성에도 불구하고 졸업장 때문에 어쩔 수 없이 다녀야만 하는 일종의 수용소 기능을 우리 사회에서 담당하고 있다. 그곳은 '수용' 자체가 목적일 뿐, 지식 습득이라든가 사회성 함양 또는 인성교육 따위는 형식적인 표어에 그칠 뿐이라고 비판받고 있다. 어쩌면 이러한 인식이 부지불식간에 학생들에게 내면화됐는지도 모르겠다. 많은 학생들에게 학교는 졸업장 때문에 어쩔 수 없이 다니는 곳이 돼버린 것일까? 이런 인식을 내면화한 것은 학생들뿐일까? 학부모들은 어떨까? 그리고 학교 선생들은?

우리의 교사들마저 학교가 표방하는 지식 교육과 인성 함양 등이 단지 표어에 그치고 있다는 인식, 나아가 학교가 학생들에게 수용소에 불과하다는 인식을 가지고 있다고 상상하니 끔찍하다. 그런 곳에서 교사는 선생이 아니라 간수의 역할을 담당하고 있는 것이나 다름없다. 나는 수용소의 간수들에게 교육에 대한 희망을 걸 수 없다. 그래서 일단, 그런 비관적인 학교관을 가진 교사는 극소수에 불과할 것이라 가정하고 논의를 시작하겠다.

자, 어떤 연유에서건 많은 아이들이 학교를 유용하거나 의미 있는 곳이라 여기지 않아 자연스레 그 안에서 잠을 잔다. 이에 교사가 보일 수 있는 태도와 반응에는 어떤 것들이 있을까? 논의의 폭과 깊이를 확보하기 위해 '이상'과 '현실'이라는 양극단에서부터 접근해보겠다. 세상의 어떤 문제도 이상주의적 견지에서만 볼 수는 없겠지만, 그렇다고 현실적 입장만 되풀이해서는 아무런 개선도 못 하기 십상이다. 어느 선에서인가 이상과 현실 사이의 접점을 찾아야겠지만, 그 전에 양쪽 끝의 가능성들도 포괄하고 들어가보자.

흥미로운 수업은?

교사 최윤아는 '초심'을 재발동시켰다. 비록 학생들이 경쟁주의 사회에서 살아남기 위해 학원을 전전하느라 기력이 빠져 정작 학교에서는 잠을 자고 있는지 모르지만, 그렇다고 세상 탓만 하고 뜻을 접기에는 자신이 너무 젊다는 생각이 들었다. 그래서 한 명의 선생으로서 자신이 할 수 있는 방도를 찾아봤다. 예전부터 동아리를 형성해왔던 지역 국어교사들과의 회의를 통해 '논술대비 토론수업안'을 만들어 '잠자는 학교'에 대한 처방에 몰두했다. 그렇게 해서 일종의 구성주의적이고 학습자 중심적인 수업안을 만들었다. 매일 쌓이는 공문과 잡무 처리만으로도 하루가 바빴기 때문에, 새로운 안을 만들기 위해서는 며칠 동안은 날밤을 샐 수밖에 없었다. 마침내 새로운 수업 안에 따라 학생들은 6명씩 조를 이뤄 조세희의 《난장이가 쏘아올린 작은 공》을 읽은 뒤 조별로 토의를 했고, 다음 수업 때에는 전체 학 급이 '빠른 경제발전'에 관해 찬반토론을 벌인 후 한 주 동안 개별 감 상문을 써냈다.

먼저 이상주의적인 태도라는 면에서 볼 때, 수업의 질을 향상시키고 수업이 학생들의 흥미를 이끌어낼 수 있도록 모든 수단을 동원해야 하 는 교수활동의 책임자는 교사이다. 예를 들어 역사 수업 시간에, '유교 는 덕치주의 이념을 표방하여 덕을 갖춘 인재를 관직에 등용하기 위해 과거제도를 통하여 문장력이 뛰어난 이를 선발했는데, 이는 시詩라는 것이 인간 정신의 고양된 경지를 나타낸다고 간주했기 때문이고, 이러 한 덕치주의는 고루하다기보다는 현대의 정치현실에도 중요한 시사 점을 지닌다'라고 학생들에게 설명했다고 치자. 아마 설명이 끝나기도 전에 다수가 이미 숙면에 빠져버릴 것이다. 그러나 다음과 같은 일련 의 질문들을 학생들에게 던져주며 학생들이 스스로 생각해서 답을 만 들도록 이끈다면, 학생의 흥미와 자발적 참여도 끌어낼 수 있다.

질문을 활용한 수업 진행의 예

춘향의 애인 이몽룡이 관리가 되기 위해 본 시험을 뭐라고 그러지? → 그 시험인 과거의 주요 시 험 과목이 뭘까? → 그럼 과거가 시를 쓰는 과목을 중시했다는 건데, 왜 시를 잘 쓰는 사람이 관리 가 돼야 할까? 즉, 시는 그 시를 쓴 사람의 어떤 능력을 보여주지? → 시가 정말 그 사람의 덕성을 보여준다면, 왜 덕이 있는 사람을 관리로 뽑았을까? → 유교가 본래 덕치주의를 포방하기 때문에 시를 잘 쓰는 사람을 뽑았다면, 나라를 다스리는 공직자에게 정말로 덕성이 중요할까? 뇌물 좀 먹고, 거짓말 좀 하더라도 머리에 든 게 많고 똑똑하면 되는 것 아닌가? → 나라를 이끄는 공직자는 학교 성적이나 토익 점수보다도 덕성을 최우선적으로 갖춰야만 한다는 주장이 옳다면, 덕을 갖춘 이를 뽑는 유교의 시스템은 낡아빠진 게 아니라 지금도 본받아야 될 점이 있는 것이겠지?

학교 선생이 학원 강사 못지않게 학생들을 잡아끄는 수업을 만들어야 한다는 학부모들의 요청이 비단 교단의 현실을 몰라서 나오는 무리한 요구에 불과할까? 물론 '교수자 중심의 일방적인 주입식 수업에서 벗어나 학습자 자신이 능동적 지식의 구성원이 되도록 선생이 도와야 한다'는, 강단 교육학의 최근 주장이 현장에서 실현되려면 교육제도뿐만 아니라 학부모들의 교육관에도 변화가 필요하다. 하지만 이런 여건이 미비하다는 핑계로, 선생이 이 시대적 대세를 외면하고 있을 수는 없지 않은가.

내가 존경하는 한 선생님은, 수업 시간에 강의가 재미없어서 학생이 조는 것은 전적으로 선생 책임이라는 다소 극단적인 주장을 견지하기도 한다. 물론, 학생이 전날 밤에 게임하느라 밤을 꼴딱 새워서 졸고 있는 것일 수도 있는데 어찌 '전적으로' 선생에게만 책임을 돌리느냐고 항변하는 것이 합리적이긴 하다. 하지만 이를 뒤집어 생각해보면, 그토록 비합리적일 정도로 철저한 '교수자적 책임의식'을 갖춘 선생이야말로 모든 학생들이 또랑또랑 눈을 빛내며 따라오는 수업을 제공해줄 수 있다는 의미가 아닐까?

아직 뭔가 부족하다

최 선생의 새로운 수업 방식은 금세 가시적 성과를 나타냈다. 엎어져 있던 아이들이 하나둘씩 일어나 수업에 참여한 것이다. 이전의 교사 중심적인 강의식 수업 때와는 다른 활기가 교실에서 느껴졌다. 그러나 이런 변화 앞에서 기뻐하는 것도 잠시, "선생님, 이거 시험에 나와요?"라는 식의 질문을 하는 아이들이 나타났다. 토론과 글쓰기로 사고력을 키우는 학습활동으로는 공식 교육과정의 진도를 따라잡기 어려웠고, 4지선다형 시험문제에 대한 똑 부러지는 '정답'을 제시해줄 수 없었다. 그래서인지 이른바 '주입식 교육'에 익숙해 있던 학생들은 이런 변화에 잘 적응하지 못했다.

토론수업을 이끌던 한 교사가 학생에게서 "선생님, 이제 진도 나가죠."라는 말을 들었다고 토로한 적이 있다. 내가 가르치는, 교사 지망생인 대학생들 중에서도 나의 토론식 수업에 대해 이렇게 반응하는 경우가 때때로 있는 마당에 중 · 고등학교에서는 어련할까?

앞의 과거제도에 대한 설명의 예와 같이, 질문을 통해 학생들이 스스로 답을 찾아가도록 이끌어주는 교수방식은 학생에게 물고기를 주는 게 아니라 물고기 잡는 법을 가르쳐준다는 점에서, 단순한 '정답'을 알려주는 것보다 교육적으로 훨씬 가치가 있다. 교육이 학습자를 독립된 사회인으로 성장시키는 일이어야 한다는 당위에 동의한다면 말이다.

배움에서는 결과보다 과정이 더 중요하다. 그러나 학생들에게는 이런 '진실'이 중요하지 않다. 스스로 사고하고 탐구하는 과정은 시간이 너무 오래 걸리기 때문이다. 그 시간에 조금이라도 더 빨리 진도를 나가서 더 많이 외우는 게 시험에서 고득점을 받기에 더 효율적이니까. 그래서 흥미로운 수업을 만들자는 이상주의적 대응은 초등학교를 넘어 위로 올라갈수록 불가능에 가까워진다.

누구를 위한 수업일까?

학습자가 주도적으로 침여하는 '진정한 배움' 따위에 다수 학생들은 별 관심이 없음을 실감했지만, 최 선생은 포기하지 않았다. 그녀는 '잠자는 학교'의 원인 중 하나가 수업 내용의 수준을 따라오지 못하는 학생들이 많기 때문이라고 보고, 모든 학생들에게 관심을 기울이는 교수 방식을 채택했다. 그래서 종래에는 늘 엎어져 잠만 자던 학생들을 수업으로 끌어들여 그들에게 쉬운 질문을 던지며 토의를 시작했다. 그리고 그 아이들의 수준 떨어지는 숙제를 꼼꼼하게 살펴보고 고쳐줬다.

학교가 실질적으로 아이들의 수용소 역할을 하고 있고, 학업에 열의가 있는 소수의 학생을 제외한 나머지 학생들에게는 선생이 베이비시터에 불과하다는 견해는 사실 최근의 국제비교연구에서도 확인되고 있다. 즉, 오늘날의 공교육 체제는 '고객'이라 할 학생들의 약 30%에게만 유효한 서비스를 제공하고 있고, 나머지 대다수가 학업 진도에서 소외되고 있다는 것이다. 이런 현상이 우리나라라고 크게 다를까?

선생의 수업을 따라가지 못하는 많은 아이들은 선생에게 인정도 받지 못한다. 반에서 상위권에 들지 못한 다수 학생들은 초등학교 시절부터 선생과 부모에게서 인정이나 칭찬을 못 받고, 늘 공부 못한다는 스트레스에 시달리며 자라게 된다. 이 아이들은 자기부정을 내면화하게 되고, 성적만을 우대하는 세상에서 열등감이 쌓여 간다.

수도권인 우리 동네 초등학교 5학년생들 중 여러 명이 이미 담배를 피웠다. 미성년자라 담배를 사지 못하는 이 아이들에게서 코 묻은 '알바비'를 받고 담배를 사다 주는 동네 아저씨도 있다. 그 아이들 중 다수는 학교의 제재나 처벌을 받게 됐고, 갈수록 학업에 대해 부정적 태도가 쌓여 갔다. 학교가 보듬어주지 않은 이런 아이들이 중등학교에 진학해 교실에서 엎어져 자고, 학업 일탈 행위를 저지르며, 심하면 '정상적인' 성장의 노선에서 벗어나 방황하게 될 가능성이 큰 것 아니겠는가. 선생이 몇몇 공부 잘하는 '범생이들'만 우대해주고 그 밖의 학생들을 외면하는 것은 우리 사회 전체에 어두운 그림자를 드리울 것이다. 선생은 한 반의 모든 아이들에게 손길을 뻗는 것을 중요한 의무로 여겨야 한다.

분신술이라도 해야 할까?

최 선생은 새로운 교수방식을 어렵게 시작하고 첫 두 주 정도는 의욕적으로 수업을 이끌어갔다. 공들여 준비한 토론식 수업답게, 경제발

전에서 소외된 계층에 대해 연민하는 학생들과 다수를 위해 산업투자가 불가피함을 강변하는 학생들 사이에 열띤 토론이 벌어졌다. 최 선생은 학생들의 반짝이는 눈동자에 고무되기도 했지만, 소집단 프로젝트 형식으로 진행된 수업에서 학생들이 제출한 감상문이 수백 편에 이르자 첨삭과 채점이 과중한 부담으로 다가왔다. 가뜩이나 학교 잡무 때문에 쉴 틈이 없는데, 40명에 달하는 학급을 여럿 가르치다 보니 혼자서는 감당하기 버거운 짐을 지게 된 것 같았다. 게다가 학생들 간의 학업 수준 격차는 매우 심했고, 글쓰기 훈련을 제대로 받지 못한 학생만 해도 수십에 이르건만, 그들을 별도로 지도해줄 짬을 도저히 만들 수가 없었다.

사설학원들은 성적에 따라 분반을 하여 학업 성취도 수준이 비슷한 학생들을 대상으로 맞춤형 수업을 실시할 수 있지만, 우리의 공교육 현실에서는 능력별 반편성이라는 시도가 적지 않은 어려움을 겪고 있다. 현실은 우리의 교사들로 하여금 모든 학생들을 보듬을 여력을 남겨두지 않은 듯하다.

또한 이른바 '구성주의식' 교수법이라는 것이 소극적 교수자상을 전제로 하는데, 소극적 교사로서 학습을 이끄는 것은 종래의 적극적인 강의식·주입식 교수방식에 비해 결코 쉽지 않다. 나는 임용고시 준비, '스펙 쌓기' 등에 시달리는 내 학생들이 조금이라도 더 자신만의 생각을 해보도록 하는 것을 내 소임으로 삼고 있기 때문에, 여건이 허락하는 한 토의·토론식 수업을 시도하곤 한다. 그러나 계획된 페이스대로 진도를 나가면 되는 강의식 수업에 비해 토의식 수업은 사전 준비도 더 철저해야 하고, 돌발 상황에도 대처할 수 있도록 완전히 집중하여 진행해야 하기 때문에 실행하기가 매우 버겁다. 나이를 먹을수록, 체력이 떨어질수록 점점 토의식 수업의 비중이 줄어만 간다. 예전에 텔레비전 프로그램 '백분토론'의 진행자였던 손석희 아나운서의 회당 출연료 이백만 원이 과하다는 논란이 인터넷에서 일어났던 적이 있는데, '회당 출연료' 삼사만 원에 불과한 시간강사인 나는 손 아나운서의 출연료가 오히려 과소하다고 생각했다. 이를 과다하다고 하는 사람들에게 묻고 싶다. "토론 진행해봤어? 안 해봤음 말을 마!"

주입식 수업은 '정답'을 고르는 시험문제를 출제하면 되는 데 비해, 과정이 결과보다 중요한 구성주의식 수업에는 정답도 없고 학생 각각의 고유한 학습방식이나 사고 등을 교수자가 꼼꼼히 살펴봐야 하기 때문에 학생평가의 업무량이 훨씬 증가한다.

내가 강의를 맡은 '교육행정'이라는 과목이 현실에서 완전히 '암기과목'으로 전락한 것에 분개하여, 내 수업을 사고형 수업으로 만들었다. 수업 효과는 나쁘지 않았다고 믿지만, 문제는 과중한 평가 업무다. 학점에 민감한 요즘의 대학생들을 사지선다형 시험이 아닌 논술 보고서를 통해, 그것도 엄격한 상대평가 방식으로 평가해야 하는 상황이 되고 보니, 내가 스스로에게 부과한 업무가 과중하다. 그래서 학기 내내 학생들 보고서를 읽고, 첨삭해주고, 토를 달아주는 게 일이 됐다. 시간이 부족하여 오가는 전철에서도 하고, 밤늦게 집에 와서도 하고, 때로는 주말에 가족과 바닷가에 놀러가서 파라솔 밑에 앉아서도 했다. 이렇듯, 학생들을 위하는 이상주의식 대응방식은 선생에게 너무 많은 일을 부과한다.

'진짜' 너는 누구냐?

비록 일이 늘어 힘들고 자신의 뜻을 알아주지 못하는 학생들 때문에 섭섭했어도, 최 선생은 국문학 텍스트의 숨은 뜻에 영감을 얻어 눈동자를 반짝이며 학습에 열의를 쏟아붓는 몇 명의 학생들만 봐도 피곤이 싹 가시는 듯했다.《죽은 시인의 사회》(N.H. 클라인바움, 서교출판사, 2004)에 나오는 키팅 선생과 자신을 동일시해보는 행복한 상상에 빠지기도 했다. 마치 키팅 선생이 명문대 진학만을 지고의 가치로 여기는 부모들과 교장에 맞서 학생이 진정으로 원하는 공부에 눈을 뜨게 도와준 것처럼, 자신도 대학 입시 경쟁의 그늘 속에서 신음하고 있는 학생들이 꿈을 잃지 않도록 돕고 있다고 생각했다. 그녀는 자신의 본래 소임이 아이들 안에 숨겨져 있는 각자의 고유한 재능과 개성을 밝혀주는 데 있다고, 자신은 잘하고 있는 거라고 스스로 되뇌어봤다.

나는 인간의 삶이 자기실현의 과정이라는 강한 신념을 갖고 있기 때문에, 내 학생들이 진정한 자기를 발견하는 데 도움이 되는 수업을 만들려고 노력한다. 뒤에서 상술하겠지만, 자기실현이란 육신의 안전과 쾌락을 위해 머리가 계산하는 바대로 연명해가는 것이 아니라 '영혼이 품고 있는 뜻을 삶에서 펼치는 과정'이다. 영혼의 뜻을 펼치기 위해서는 먼저 자신의 고유한 영혼의 존재를 느낄 수 있어야 하고, 나아가 영혼의 뜻을 감지할 수 있어야 하며, 그 뜻을 현실화시킬 재능을 키울 수 있어야 한다. 그래서 나는 내 학생들에게 자기를 돌아보는 성찰이 담긴 글쓰기를 과제로 요구하기도 하는데, 한 '명문대' 학생의 과제에서 읽은 내용이 떠오른다.

학생이 내가 준 과제를 하고 있을 때 한 친구가 다가와서 물었다 한다.

"무슨 과제야?"

"자아실현에 대한 보고서를 써야 돼."

"윽, 장난 아니네! 완전 어렵다. 차라리 전공시험이 낫지……."

처음 이 과제를 확인했을 때는 웃음이 났지만, 돌이켜보면 기가 막히는 일이다. 이것이 우리나라의 가장 우수한 젊은 인재들이 모여 있다는 명문대학에서 있었던 대화라니……. 그러나 그런 학생들을 수천 명 넘게 봐온 나에게는 놀라운 일도 아니다. 오늘날 우리의 대학생들은 자기실현을 알지 못한다. 그 의미조차 이해하지 못하는 학생이 대다수이다. 그래서 자기가 아닌 남의 소망에 맞춰 공부하고, 진학하고, 직업을 갖고, 늙어간다. 한 학생은 이런 고백도 했다.

어릴 적부터 나는 공부를 잘하는 편이었고, 선생님들과 부모님에게 칭찬을 받으면서 컸다. 그 당시에는 칭찬받는 것이 좋아 시험을 자주 보면 좋겠다는 생각도 했다. 나는 공부를 통해 내가 이미 자아실현이 되었다고 믿었다. 그러나 고교시절부터 교육에 대해 의문을 갖게 됐다. 배치표에서 가고 싶은 대학을 정하는 것은 쉬웠으나, 가고 싶은 과를 찾는 일은 굉장히 어려웠다. 나는 내가 무엇을 좋아하고 잘하는지 전혀 알지 못했다. 애당초 궁금하지도 않았다. 대학 2학년 때, 다른 친구들도 자아실현과 관련된 고민을 하고 있는지 궁금해 여럿에게 물어봤다. 대부분의 친구들 역시 자신들이 무엇을 왜 해야 하는지, 좋아하는 것이 뭔지 알 수가 없어 당황스럽다고 했다.

내가 믿는 바처럼 인간의 삶에서 자기실현이 꼭 필요하다면, 우리의 아이들에게 그것을 일깨워주는 일은 다른 사람이 아니라 선생의 몫이다. 자기실현에 관한 깊은 논의는 차차 해보도록 하자.

정말 대학에 가면 알게 될까?

얼마 뒤, 최 선생은 자신이 담임을 맡고 있는 반의 한 학부모로부터 항의성 전화를 받게 됐다. 자신의 아이가 수업 시간의 토론에 자극을 받아 학업과는 무관한 '쓸데없는' 소설책들이나 읽고 있다는 불평이었다. 지난번의 토론수업 후, '세상은 착한 사람을 짓밟느냐'는 한 학생의 질문에 최 선생은 자신이 십 대에 고민하며 읽었던 《우리들의 일그러진 영웅》(이문열, 민음사, 1994)에 대해 이야기해줬다. 그러자 아이가 《난장이가 쏘아올린 작은 공》에 이어 그 책까지 구해서 읽었던 것이다. 성적을 올리고 수능 대비에 온 정신을 쏟아야 할 고교생 아들이 최 선생의 수업 때문에 '대학 입시와는 아무 관련도 없는' 소설책에 빠져 밤을 새우는 등 '시간 낭비'가 일어났다는 것이 부모의 항의 내용이었다. 고등학교 교육이란 대학 진학을 위해 필요한 것이라 여긴 학부모는, 학교가 학생의 대학 진학을 방해하지는 말아야 하지 않겠느냐고 따졌다.

자신의 충정 어린 수업을 이해해주지 못하는 학생들과 학부모보다도 최 선생을 더 낙담시킨 것은 한 동료 교사의 말이었다.

"최 선생님 수업이 너무 튄다고 다른 선생님들께서 걱정하시던데요."

자기 자식에게 벌을 줬다고 학교로 찾아와 교사에게 폭언을 퍼붓거나 폭행을 가하는 학부모들의 이야기는 이제 그다지 놀랍지도 않다. 수십 년 전만 해도 한국인들은 '스승의 그림자도 밟으면 안 된다'고 여겼건만, 이제는 그림자가 아니라 아예 스승 자체를 밟아버리게 된 것이다. 이런 세태 속에서 선생은 수업 시간에 잠자는 아이를 깨웠다가 아이의 불평을 받기도 하고, 시험공부로 피곤한 아이의 휴식을 방해하지 말라는 학부모의 항의를 받기도 한다. 이런 형편에 학교 선생이 아이의 '진정한 자기실현을 위한 공부의 중요성'에 대해 학부모들을 설득한다는 건 매우 비현실적이라 공상에 가까워 보인다.

설상가상, 헌신적으로 학생들에게 정성을 바치는 선생은 동료 선생들에게 시기와 질투의 대상이 된다. '튀는' 선생 때문에 '보통' 선생들이 가만히 있어도 비교가 되어, 결과적으로 피해를 입기 때문이란다. 실제로 현직 교사들이 토로한 내용이다.

옆 반에서 바로 태클이 걸리죠. …(중략)… 내가 어떤 것을 한번 해보려고 해도 이게 참 어렵습니다. 어려운 부분이에요. 제 교실 안에서 이렇게 저렇게 해도 또 엄마들 사이에서 말이 돌게 되어 있고, 그런 여러 가지 어려움이 있긴 있어요.

그냥 좀 잘난 척한다, 열심히 한다, 쟤는 뭐 그렇게 열심히 하냐, 이렇게. 좀 열심히 한다는 이야기를 많이 들어요, 필요 이상으로……. …(중략)… 어떤 얘기냐면, 애들에게 열심히 하면 좋을 것 같죠? 저한테 플러스가 될 것 같죠? 사실은 저한테는 마이너스가 훨씬 커요. (제가) 나눠주고 나면 옆 반 선생님이 바보가 되는 거예요. 어떤, 저의 만족으로 인해서 주위 사람이 희생이 되는 거예요. 쉽게 말하면 우리 반 애들을 위해서. 그래서 인제 아까 말했듯이 갈수록 (열정이) 식어가는 이유 중의 하나가 그런 거예요. 이렇게 내 하는 일 자체도 좋지만 선의의 피해를 주게 되는 거예요. 그래서 나이 드신 분들은 직접적으로 막 뭐라고도 해요.[3]

이상과 현실의 대결에서 이상이 완패했다. 잠자는 학교를 깨우기 위해 아이들의 흥미를 불러일으키고 뒤처지는 모든 아이들을 품어주고 아이들 각각의 자기실현을 꾀하는 등 이상주의적 실천을 감행해봐야 대학 입학을 위한 성적 경쟁이 학부모와 선생들의 의식을 장악하고 있는 현실 속에서 그런 이상은 공염불에 그친다.

---

3) 《한국의 헌신적인 교사 특성 연구》(정광희 외, 한국교육개발원, 2007) 69-70쪽

현실의 역풍을 뚫을 묘수는?

최윤아 선생은 방황했다. 대학생 때 교육학 시간에 배웠던 훌륭한 이론들이 대한민국의 실제 교육 현장에서는 비현실적인 이상일 따름이다. 진정한 스승이 되기 위해 자신을 바치고 노력하여 아이들에게 다가가려 하면 너무 이상주의적이라는 말이나 듣는다. 그렇다면 자신은 앞으로 현실을 고스란히 받아들여야 하는 걸까? 잠자는 아이들은 본체만체하고, 잠 안 자는 몇몇 아이들을 위해 지루하게 강의록을 읊조려야 하는 걸까? 아이들을 지적知的으로 일깨워주고 인성을 키워주는 참된 스승이 되겠다는 이상을 버리기는 싫지만, 엄연한 입시경쟁체제에서 살아남아야 하는 아이들의 현실을 무시할 수도 없다. 이 이상과 현실 사이의 커다란 괴리를 어찌해야 좋을까?

그렇게 딜레마에 빠져 있던 윤아의 머릿속에, 불현듯 예전 철학 수업 때 들었던 '정반합正反合'의 변증법 개념이 떠올랐다. 이상正과 현실反 사이의 변증법적 통합合을 이룰 수도 있지 않을까?

미국에서 어렵게 박사학위를 받을 무렵, 인생의 전환을 이루는 계기가 되는 사건이 나에게 일어났다. 간단히 설명할 수 없는 과정을 통해, '나'라는 자그마한 개체의 수준을 뛰어넘는 중대한 메시지를 깨달은 것이다. 그 계기로 인해, 나는 내가 손에 쥐게 된 귀한 메시지를 세상에 전하는 일을 생의 과업으로 삼기로 마음먹었다. '젊어서 마르크시스트가 못 돼본 이도 바보고, 사십 살이 되도록 마르크시스트인 이도 바보'라고 칼 포퍼가 비아냥대기도 했지만, 나는 사십이 다 돼서 졸지에 철없는 이상주의자가 된 것이다.

그러나 이상은 금세 현실의 역풍을 맞았고, 처자식 먹여 살리는 책무의 막중함을 절감하게 됐다. 그 과정에서 나는 이상과 현실이라는 양극 사이의 변증법적 통합을 이뤄야 함을 어렴풋이나마 깨닫게 됐다.

정반합의 통합을 위해서는 다음과 같은 전제조건들이 필요했다. 첫째, 삶이 아무리 고난을 들이민다 해도 이상을 바라는 내 마음만은 절실해야 한다. 즉, 초심을 지켜야 한다는 것이다. 둘째, 현실은 바윗돌처럼 꿈쩍도 않는 것처럼 보이지만 사실은 가변적임을 항상 깨어 있는 눈으로 볼 수 있어야 한다. 즉, 현실에 대한 사회적 통념을 맹종하지 않고 늘 내 관점으로 재해석해야 하는 것이다. 여기에 이상과 현실 양자를 오가는 상당히 피곤한 상황에서도 지치지 않고 지속적으로 정반합을 이루어나가려면 한 가지 조건이 더 필요하다. 이상과 현실의 팽팽한 긴장·모순 관계 사이에서 줄다리기를 포기하지 않고 끌어갈 튼튼한 심신을 갖추고, 주어진 삶을 사랑할 수 있어야 한다는 것이다. 이 세 가지 조건이 구비돼야 이상이 뿌리내릴 현실의 토양을 내 힘으로 일굴 수 있다고 본다.

《때론 맘, 때론 쌤, 그리고 나》(한언, 2012)의 저자이자 초등학교 교사인 김영란 선생은 꽤 오랜 세월을 거쳐 위의 세 조건을 구비한 교사의 좋은 예이다. 책에는 그녀의 교육자적 이상이 교단의 어려운 현실과 끊임없이 충돌하는 과정에서 그녀가 한 인간이자 교육자로서 성숙해가는 과정이 진솔하게 담겨 있다. 어려서부터 오직 '훌륭한 선생'이 되겠다는 꿈만을 불태우다 교육대학에 입학한 그녀는, 자신의 꿈과는 거리가 있는 '교육적 기능인 양성소'에 근접한 대학 생활을 겨우 버텨내고 오지의 작은 초등학교에 부임했다. 하지만 그녀는 이곳에서도 창의적이고 전인적인 교육의 실천을 막는 관료주의적이고 행정편의적이며 보수적인 교단 현실의 벽에 부닥치게 된다. 결국 그녀는 어렵게 획득한 공교육 교사직을 버리고 만다. 얼마 후 대학시절에 이상을 나눴던 선배의 부름으로, 수도권에 개교하는 대안학교에 들어간다. 드디어 자신의 이상을 펼칠 수 있으리라 기대했지만, 생소한 유럽의 교육철학과 교육방식에 적응하기란 어려웠고, 남편과 떨어져 살면서 불안정한 가정생활로 인한 스트레스에 시달리다가 이곳도 그만 접게 된다. 그 후, 우여곡절 끝에 지방의 초등학교에서 기간제 교사로 근무하면서도, 틀에 박힌 교육과정과 이 사회의 메마른 교육관이라는 현실 앞에서 초라해진 자신의 이상을 쓸쓸히 목도한다. 그러나 이 모든 이상과 현실 간의 충돌 과정은 결국 김영란 선생으로 하여금 변증법적 합일의 경지에 이르게 해준 전조였던 것 같다. 중년의 나이에 이르게 된 그녀는 한 시골 학교에서 더 이상 '훌륭한 선생'이라는 추상적 목표에 속박되지 않고, 현실과 싸움을 벌이지도 않으며 그저 주어진 순간에 아이들 하나하나에게 깊숙이 다가가는 한 명의 기간제 교사로서 매일을 충실하고도 행복하게 지냈다.

김영란 선생은 이상을 잃지 않았지만 현실도 수용할 수 있게 됐고, 자신의 내면에 있어서도 또 세상을 품는 자세에 있어서도 전에 비해 훨씬 건강하고 훌륭한 한 인간이 되었다. 그녀는 자신과 평화를 이룰 수 있었고, 그래서 행복한 선생이 될 수 있었던 것이다.

이 글을 쓰고 있는 나의 공식적 지위는 '비정규직'인, 대학의 시간강사이다. 세상이 대접해주지 않는 비정규직 선생이지만, 이번에는 오만하게도 나 자신을 이상을 견지하고 현실의 가변성을 믿으며 '잘' 살고 있는 하나의 예로 제시하겠다.

나는 사회경제적 보상과 상관없이, 내게 맡겨진 학생들에게 최상의 서비스를 제공하기 위해 공부와 강의에 나를 온전히 바침으로써 이상주의적 초심을 견지해왔다. 또, 나는 교육자들의 헌신에 의해 세상이 느리게나마 조금씩이라도 변화할 것이라는 믿음도 버리지 않았다. 이러한 이상과 현실의 합일에 대한 지속적 시도를 가능케 해준 것은 심신의 건강과 삶에 대한 나의 사랑이었다.

그렇다면 나는 성공했을까? 비록 많은 돈은 못 벌고 번듯한 직함 하나 없으나, 본래의 나를 과도하게 희생시키지 않은 덕분에 스트레스도 적고 허례허식도 별로 없다. 그래서 나는 활기차고 행복하게 의미 깊은 하루하루를 살고 있다. 비록 검소한 살림살이지만, 내 가족은 평화로운 삶을 영위하고 있다. 그리고 고등학생과 초등학생인 내 딸들은 나에게 '행복하다!'고 명랑하게 말해준다. 수많은 제자들을 상대하며 상담해주고, 그들과 정을 나누는 일도 즐겁다. 내게는, 오십이 다 된 내가 이 사회를 위해 뜻깊고도 중요한 일을 하며 살고 있다는 당당한 자부심이 있다. 나는 내 안의 깊은 영혼의 부름에 응하면서 살고 있다고 믿는다. 그래서 이름도 없는 시간강사인 나 자신을 이상과 현실 사이의 변증법적 통합을 기하는 긍정적 사례로 감히 제시한다.

아무리 그래도 그렇지, 어떻게 자기 자신을 성공 사례로 거론하는지 묻고 싶은가? 최소한 다음과 같은 '직업선택 십계명'을 강당에 내걸고 있는 학교의 교장 선생님이라면, 이런 나도 너그러이 성공 사례에 넣어주실 것 같다.

직업선택 십계명

제1계명 월급이 적은 쪽을 택하라.

제2계명 내가 원하는 곳이 아니라 나를 필요로 하는 곳을 택하라.

제3계명 승진의 기회가 거의 없는 곳을 택하라.

제4계명 모든 것이 갖추어진 곳을 피하고 처음부터 시작해야 하는 황무지를 택하라.

제5계명 앞을 다투어 모여드는 곳은 절대 가지 마라. 아무도 가지 않는 곳으로 가라.

제6계명 장래성이 전혀 없다고 생각되는 곳으로 가라.

제7계명 사회적 존경 같은 건 바라볼 수 없는 곳으로 가라.

제8계명 한가운데가 아니라 가장자리로 가라.

제9계명 부모나 아내나 약혼자가 결사반대를 하는 곳이면 틀림없다. 의심치 말고 가라.

제10계명 왕관이 아니라 단두대가 기다리고 있는 곳으로 가라.

이것은 유명한 경남 거창고등학교의 강당에 걸려 있는 직업선택 십계명이다. 1953년에 설립돼 독특한 전인적 교육과정을 고수해온 이 자그마한 사립학교는 탁월한 지도자와 헌신적인 교사들의 노력으로 매년 수십 명의 학생들을 이른바 'SKY'에 진학시키는 '명문고'로도 이름을 떨치고 있다. 나는 이 학교의 교육자들이 순전히 위의 십계명과 같은 이상을 지키는 데 그치지 않고, 언젠가 필연코 현실이 변화하게 될 것이라는 비전 또한 놓치지 않았을 것이라고 생각한다. 거창고가 세상의 변화를 이끌 소수의 인재를 키우는 학교라는 자부심을 김선봉 교장의 말에서 엿볼 수 있다.

> 우리 학교 출신들이 사회에 나가 사법고시에 합격했다는 등의 소식을 전해 들을 때가 있습니다. 물론 축하는 해주지만 그렇다고 현수막을 건다거나 하지는 않습니다. 선생님들이 보기에는 공부를 잘해서 고시에 합격한 아이들이나 농사일을 잘 배워 농사를 하고 있는 아이들이나 또 출신지역에서 장사하는 아이들이나 모두 똑같이 성공한 제자이기 때문이지요.[4]

즉, 거창고등학교와 김선봉 교장의 목표는 세상이 규정하는 엘리트를 배출하는 것이 아니라, 사회적으로 대단치 않아 보일지라도 세상 구석구석에서 자신의 혼을 바침으로써 보다 고양된 인간상을 전파할 수 있을 이름 없는 인재들을 키우는 것이라고 할 수 있다. '세상'보다 '영혼'을 우선시하는 거창고는 이상과 현실 사이의 변증법적 통합을 이루기 위해 끝없이 노력하는 공동체로 보인다. 그리고 그런 통합은 큰 성과를 보여주고 있다. 이는 그간 내가 서울의 이른바 '명문대'에서 여러 명의 거창고 졸업생들을 만나보고 느낀 점이기도 하다.

---

4) 〈오마이뉴스〉2007. 12. 7.

잠자는 학교를 들여다보자

일전에 전철을 타고 가다가 겪은 일이다. 모처럼 조용하고도 한가로운 오전 11시대의 전동차에 앉아서, 나는 창밖에 펼쳐지는 한강의 풍광을 즐기고 있었다. 그런데 한 정거장에서 그 여인이 승차했다. 아가씨인지 아줌마인지 판단하기 어려운 연령이었다. 이 여인은 차가 출발할 때까지 자리에도 앉지 않은 채, 전동차 중앙의 통로에 서 있었다. 나는 그녀가 외판원이나 종교 전도인, 둘 중의 하나일 것이라 짐작했다. 아니나 다를까, 열차가 출발하자 그녀는 낭랑한 음성으로 연설을 시작했다. 그러나 연설의 내용은 마치 나를 조롱하듯 내 예상을 완전히 빗나갔다.

그녀는 부산에서 막 올라왔다는데 말씨는 전형적인 서울 말씨였다. 자신의 IQ가 150이 넘어 그 우수한 두뇌를 나라를 위해 쓰고 싶은데, 그런 자신을 막는 세력이 있어 서울시민들에게 이 억울한 사연을 알리고자 전철에 오르게 됐다는 것이었다. 그런데 자신을 막는 세력이란 다름 아닌 '이명박이'였고, '이명박이'는 자신을 청와대로 납치하여 회유하고 협박했다는데, 문제는 그녀가 가수 '비'의 숨겨진 연인이라는 것이었다. 그녀는 비와 '조폭'집단들과의 복잡한 사업을 자신의 우수한 두뇌를 활용하여 잘 정리해줬고, 그런 사업 중에는 '바다이야기' 사업도 포함돼 있었다고 한다. 그런데 또 이 '이명박이'가 자신을 '비'로부터 갈라놓기 위해 온갖 술수를 다 써서 고통을 받게 됐다는 것이다.

대체로 승객의 짜증을 유발하는 여타 전도자들과 비교해볼 때, 그녀의 음성은 낭랑하고 너무 시끄럽지도 않았으며, 말씨도 또박또박했다. 그래서인지 나는 조리 있는(?) 그녀의 이야기에 점점 빠져들었다. 열차 안의 다른 승객들도 나처럼 숨을 죽인 채 경청하고 있는 것 같았다. 그러나 안타깝게도 강의가 있어서 중간에 하차하느라 나는 그녀의 이야기를 계속 들을 수가 없었다.

전철에서 내려 대학 캠퍼스로 걸어가면서 그녀의 이야기를 다시 생각해봤다. 그녀는 과대망상적 정신질환을 앓고 있는 환자임이 분명해 보였다. 그런데 되짚어보니, 자기 자신에 대한 그녀의 설명 중 실제로 자신이 직접 경험하고 사고한 내용은 전무했다. 그녀가 자기 자신을 규정하고 해석하는 모든 '콘텐츠'는 기실 완전한 허구였고, 그 허구의 자료는 매스컴에 가장 많이 등장하는 뉴스나 드라마 등에서 취했던 것이다. 대통령, 연예인, 조폭 등등…….

사람이 정신줄을 놓쳐버리면 저렇게 되는구나, 쯧쯧. 이런 생각을 하며 걷던 내게 한 가지 질문이 떠올랐다. 혹시 정상적인 나나 다른 사람들도 그녀와 비슷하지는 않은가?

정신질환을 앓고 있을 그녀는 영혼과 자아 간의 이음줄을 놓쳐버린 경우라 할 수 있겠다. 그녀는 물론 극단적인 경우이긴 하지만, 따지고 보면 우리도 자기 자신을 규정하고 자신의 욕구와 의지와 선택을 해석함에 있어서 스스로 세상과 부딪치고 경험하여 획득한 '자신만의 사고와 성찰'은 별로 갖고 있지 않을 수 있다. 대부분 매스컴에 등장하는 별반 의미 없는 '세상 돌아가는 이야기'들이나, 사람들 입에 오르내리는 풍문 또는 통념을 재료로 삼아 자신과 세상을 규정하고 있지는 않은가 질문해봤다. 실은 우리도 여인처럼 세상의 통념(대세)과 유행(트렌드)의 흐름에 편승한 채 살아가다 보니, 자기 힘으로 사고하고 세상을 해석하고 삶을 개척하려는 의지가 박약해진 것은 아닐까? 현대인은 자신의 영혼을 기억하며 살고 있는가?

고정관념에 지배당하고 세상의 통념에 휘둘리며 인식의 주체로서의 자기에 대한 신뢰도 없는 사람. 자신의 앎을 삶 속의 실천을 통해 완성해보려는 의욕이 없는 이런 개인에게는 변증법적 통합의 사유가 일어날 수 없다. 이상과 현실 사이의 변증법적 상호작용을 밀고 나가기 위해서는 재래식 전통이나 다수의 통념을 무비판적으로 따르는 수동적 방청객이 아니라 능동적 사유자로서의 자세가 필요하다. '수동적 인식체' 또는 '비非인식체'로서는 자신의 재정립이라는 어려운 과정을 수행할 수가 없다. 이러한 사유를 위해 이 책의 독자는 무엇보다도 인식의 주체로서 자신을 재정립할 필요가 있다. 그래서 우리에게는 '나는 선생이다'라는 우렁찬 내적 외침을 뒷받침해줄 만한 새로운 자기 인식이 필요한 것이다. 사유의 주체인 나는 과연 어떠한 존재여야 하는가? 아니, 실은 이미 어떠한 존재인가? 이 질문은 자기성찰을 촉구한다.

변증법적 성찰을 밀고 나갈 내적 역량을 발휘하기 위해 내면 성찰을 시도해보자. 잠자는 학교라는 증상에 대하여 선생인 내 안에서는 어떠한 반응이 일어나는지 다음과 같은 질문을 던져보는 것으로 간단한 성찰이 가능할 것이다.

1. 선생인 나는 이상주의적 태도에 공감하는가?

2. 아니면 현실주의적 체념론에 동의하는가?

3. 또는, 양자의 변증법적 합을 추구해왔는가?

4. 위의 1~3의 질문에 대해 감정적으로 반응했는가? 아니면 이성
   적으로 반응했는가?(감정과 이성 간의 우열을 논하자는 것은 아님)

5. 왜 자신의 반응은 보다 더 감정적이거나 더 이성적일까?

6. 이 감정적이거나 이성적인 반응의 원천은 무엇일까?

7. 그 원천은 최근에 성인으로서 갖추게 된 합리적 시각 속에 자
   리 잡고 있는 것일까?

8. 아니면 과거 성장기간의 내적·심리적 변화 또는 외적 사건에
   서 찾을 수 있는 것일까?

이 질문들은, 나 자신의 사유를 스스로 살펴봄으로써 자신을 성찰의 주체로 다시 보기 위해 제시됐다. 또한, 교육적 문제에 대한 나의 일상적인 반응의 배후에는 어떤 작용이 있을지 알아보기 위해서이기도 하다. 자기 이해를 구하는 위와 같은 질문들을 내 안에 던지다 보면, 잠자는 학교라는 증상의 원인을 선생인 내 안에서도 찾아보라는 요청과도 조우하게 된다. 만약에 잠자는 학교의 원인을 정치경제의 변화나 교육 정책 또는 사회적 조건 등과 같은 외부적 요소들뿐 아니라 학교 선생들의 내면에서도 찾아야 한다는 주장이 타당하다고 생각한다면, 선생은 자신의 안을 들여다봐야 할 것이다. 자신의 내면에 대해 질문을 던지고 답을 찾아가는 과정은 깊은 자기이해의 과정인바, 그러한 모색은

‘나’의 형성 과정 또는 개인사個人史에 대한 검토를 수반하게 된다. 지금
의 ‘나’가 있기까지에는 ‘나’가 형성된 역사가 있을 터이므로…….

선생 먼저 눈을 뜨시게나

이상주의가 너무 말랑말랑해지는 것과 현실주의가 너무 딱딱해지는
것을 경계하기로 한 윤아는 양자의 통합을 구하는 변증법적 논리를
어느 정도 신뢰하게 됐다. 최윤아라는 한 개인도 지금껏 내면의 정과
반 사이의 상호작용을 통하여 양면을 다 갖춘 한 개인으로 성장해왔
다고 보기 때문이다. 삶에 대해 긍정적이고 타인들을 배려하며 봉사
정신을 갖춘, 주어진 일에 최선을 다하는 ‘바른’ 윤아. 반면에 세상사
에 대해 불평하고 자기만의 이득을 챙기며 종종 한없이 나태해지기도
하는 ‘그릇된’ 윤아. 그 양면이 지금의 최윤아 전체를 만든 것이리라.
그런데 이렇듯 모순처럼 보이는 양자의 합일을 추구한다는 게 결코
쉬운 일은 아닐 것 같았다. 좀 슬슬, 편하게 살고 싶었는데……. 윤아
는 자신이 교육적 개선을 위해 이상과 현실의 간극을 뛰어넘을 변증
법적 통합을 추구할 만한 의욕 또는 내적인 힘을 갖고 있을지 확신이
서지 않았다.

이상과 현실 사이의 변증법적 통합을 추구할 의욕이 자신 안에 있는
지 스스로를 점검해볼 수 있다. 이런 자기성찰의 과정에는 다음과 같
은 개인사에 관한 질문들이 수반되겠다.

1. 잠자는 아이들에 대한 나의 반응은 전적으로 '현재의 교사인 나'의 결정인가? 혹시 그렇게 반응하도록 만든 과거의 어떤 영향력 같은 게 있는 건 아닐까? 예컨대 매스컴이나 어떤 특정 체험을 통해 '요즘 아이들'에 대해 주관 또는 선입견을 가지게 된 것은 아닐까?

2. 만약 잠자는 아이들에 대해 분노했다면, 그 분노는 타당하기만 할까? 감정은 판단의 대상이 아니라는 이유만으로 타당하다고 할 수 있을까? 혹시 나의 분노가 나의 성장과정에서 부모와 선생들을 포함한, 권위적인 어른들과 형성했던 관계 속의 억압 때문에 생겨난 것은 아닐까?

3. 만약에 내가 잠자는 아이들에 대해 무감각함이나 무력감을 느꼈다면, 그건 내 나이 또래의 성인이라면 주어진 여건 속에서 당연히 보이게 되는 상식적 반응일까? 아동기 또는 청소년기에 체득하게 된, 능동성에 대한 냉소 때문은 아닐까?

4. 잠자는 아이들을 뒤흔들어서라도 '올바르게' 잡아주고 싶은 열정에 사로잡혔다면, 나의 열정은 학창시절 나의 성공과 실패 중 어느 쪽과 더 관련이 있을까?

5. 혹시 이렇게 쉽게 기억해낼 수 있는 나의 과거 너머에, 이를테면 영유아기의 성장 과정에 그 원초적 영향력이 숨어 있는 건 아닐까?

6. 이 질문들은 내가 지난 삶을 통틀어 어떤 경로를 밟아 지금, 여기의 '나'에 도달했는가를 묻는 것들이다. 잠자는 학교라는 이슈를

포함하여 현재의 교육 사안에 대해 내가 보이는 어떤 구체적 반응은 그 원천이 지금까지의 내 삶 전체 속의 어디엔가 숨어 있을 것이다. 그런데 그 원천은 하나일까 아니면 다수일까?

7. 인간 심성 발달의 복잡성을 생각해본다면 그 원천이 다수였을 가능성이 높다. 만약 그 다수의 원천들을 하나의 선으로 연결할 수 있다고 본다면 선형linear의 인생관에 동의하는 것이리라. 그러나 그 원천들이 파악하기 어려운 복잡한 방식으로 시간의 축 위에서 뒤엉켜 있다고 본다면 비선형non-linear 또는 유기적organic 인생관에 기울어져 있다고 볼 수 있겠다. 양쪽 중 어느 쪽이 지금의 나를 형성하는 데 더 큰 설명력을 가질까?

8. 비선형의 인생관으로 보자면 나에 대한 설명이 한층 복잡해진다. 나의 교육적 선택의 원천은 주로 나의 대對사회적 인격에서 나온 것인가? 아니면 나라는 한 개인의 고유한 개성에서 나온 것인가? 만약에 선생으로서 나에게 주어진 현실적 도전에 대한 나의 반응이 대사회적 인격, 즉 사회에 대한 체면치레의 성격을 띠고 있다면 그것을 나의 참된 반응이라 할 수 있을까? 그러나 만약에 나의 반응이 나의 참된 개성 또는 자아에서 솟아오른 것이라면, 그 '참된 나'라는 것은 도대체 누구일까?

이런 질문들은 선생이 되기까지의 삶의 궤적을 되짚어보는 자서전적 성찰을 요구하는데, 이런 '문답−성찰' 과정은 특히 서유럽과 북구 유럽에서 사회문화적 변화를 겪으며 정체성의 재형성 과정에 있는 성인 학습자들을 통해 그 교육적 성과를 인정받고 있다. 우리의 선생들도 오늘날 직업적 위상의 큰 변화를 겪으며 자신의 정체성에 대한 재정립을 요구받고 있다고 볼 때, 이런 자서전적 성찰이 유용할 수 있으리라 생각한다. 위의 질문들에 대한 답을 구하는 구체적 과정, 특히 마지막 8번 질문에 대한 접근은 이후의 장에서 깊이 있게 다룰 것이다.

이상과 현실을 함께 품는 과정에서 이런 자기성찰의 질문이 일어난다고는 했지만, 그래도 자신에 대해 새삼스럽게 왜 이런 질문들을 해야 하는지 의구심이 들 수도 있다. 자고로 인류의 큰 스승들은 이런 질문들을 던지라고 참 많이도 권고해왔다. 소크라테스는 '너 자신을 알라'는 메시지를 전했다. 예수는 《도마복음》에서 '네가 네 안에 있는 것을 낳으면 네가 낳은 것이 너를 구할 것이다. 네가 네 안에 있는 것을 낳지 못하면 네가 낳지 못한 것이 너를 파멸시킬 것이다'라고 가르쳤다.

'교육의 목적은 자아실현에 있다'는 통상적인 주장에 반대하지 않는다면, 선생의 역할은 학생이 자아를 실현하도록 도움을 주는 일일 것이다. 그 실현할 자아 또는 '자기'라는 게 도대체 무엇일지에 대해 학생들을 인도해줄 수 있어야 함은 물론이다. 그래야 할 선생이 바로 자신의 자기실현에 대해 잘 알아야 함은 당연하다 하겠다. 먼저 선생이 자기 자신은 누구인지 제대로 질문을 던지고 답을 구할 수 있는 역량을 갖춰야 함이 당연하지 않겠는가?

우리는 과연 '나는 누구인가?'라는 질문에 대한 확답을 얻을 수 있을까? 그럴 것이라고 장담은 할 수 없지만, 최소한 이런 말은 할 수 있다. 그러한 질문들에 대한 답을 찾아가는 자기성찰 과정 그 자체가 인식의 주체인 '나'의 '내공'을 키워준다고. 그리고 그런 내공을 갖춤으로써 자기 앞에 주어진 실질적 과제에 대한 변증법적 통합의 사유를 밀어붙일 수 있을 것이다. 즉, 선생인 나를 깊이 돌아보고 이해할 때, 잠자는 학교에 대한 변증법적 통합의 대응책을 만들어낼 수 있다.

이런 전제하에 이 책은 독자로 하여금 선생인 자신을 되돌아보도록 이끌어가고, 그 과정을 통해 보다 깊고 풍부한 자기인식에 도달하도록 도울 것이다. 이는 난해한 철학적 사변이나 정치精緻한 논증의 과정이 아니다. 선생인 나 자신에게 스스로 이야기를 거는 개인적인 과정일 뿐이다.

왜 선생이 잠자는 학교 같은 골 아픈 일에 대해 이렇게 부담스러운 자기성찰까지 해야 하느냐는 질문에 매우 '실용적인' 답도 덧붙이겠다. '평생 선생으로 남아 있을 나 자신의 진정한 행복을 위해서'라는.

행복이 우연의 산물인 것 같지는 않고, 그런 훌륭한 것을 손쉽게 차지하리라고 예상하는 건 도둑놈 심보일 게다. 자신을 바치고, 정성을 들이며 열심히 해야 이룩할 수 있는 것이다. 그래서 부담스러운 자기성찰 같은 게 필요하다는 말이다. 자기성찰은 참된 자기를 알려는 시도다. 참된 자기를 잘 알지 못하는 사람이 진정한 행복을 누릴 수 있다고 생각하는가? 참된 자기가 아닌, 남들이 바라는 바에 의해서만 형성된 '나'가 어떻게 무엇이 자신을 진정으로 가장 행복하게 해주는지 알 수 있겠는가? 얼마 전 세상을 떠난 스티브 잡스도 "남의 인생을 살아주느라 귀한 삶을 낭비하지 마십시오."라고 말했다고 하지 않나. 나의 인생을 살기 위해서는 '진짜 나'를 알아내야만 한다. 나는 어떤 사람인가?

이건 특히 학생들을 자기실현의 길로 인도해줘야 하는 모든 선생들에게 절실한 과제이다. 자신의 길도 알지 못하는 선생이 어찌 남들을 인도할 수 있겠나? 눈 먼 이가 눈 먼 이를 이끌면 둘 다 불행해질 게 뻔하다.

선생 일을 할 준비가 되었나?

선생의 일, 쉽지 않다

중요하면서도 핵심적인 것은 자기보존을 넘어서는 차원에서 나타난다.
그 차원에 이르러야 자비를 느끼게 되고,
친구나 낯선 사람들과의 관계에서 인간적 품성을 열어 보이게 된다.
_ 조셉 캠벨

당신은 인간에 대한 믿음을 잃어서는 안 됩니다.
인간은 거대한 바다입니다. 그 바다의 물 몇 방울이 더럽다고 해서
그 바다가 더러워지지는 않습니다.
_ 마하트마 간디

영광스러운(?) 직업선호도 1위!

몇 해 전, 한 유명 여성 정치인이 모 강연회에서 이런 발언을 했다.

"1등 신붓감은 예쁜 여자 선생님, 2등 신붓감은 못생긴 여자 선생님, 3등 신붓감은 이혼한 여자 선생님, 4등 신붓감은 애 딸린 여자 선생님."

이 발언은 성차별적이라는 사회의 지탄을 받기는 했지만, 교사라는 직업에 대한 우리 사회의 인식이 어떠한지를 잘 보여주고 있다. 교사는 특히 여성에게 최고의 직업이라는 인식 말이다. 매년 각 지자체의 공립학교에서 근무하게 될 신임 교사를 뽑는 교원임용고시의 경쟁률

은 하늘 높은 줄 모르고 치솟고, 사립학교의 채용 공고에도 수많은 인재들이 몰린다. 심지어 비정규직 기간제 교사 자리도 금세 채워진다. 교사가 되기를 원하는 젊은이들이 유치원 교사부터 중등 교사까지 양성하는 사범대학과, 초등 교사를 키우는 교원대학을 비롯해 여러 교육대학원에 몰리거나 각 대학에 설치된 교직과정을 이수하고 있다. 교사를 희망하는 인력이 과다 공급되고 있다고 판단한 정부가 교원양성체계를 구조조정하겠다는 의지를 표명해오고 있음에도 여전히 교사직은 젊은이들 사이에서 인기가 높다.

교원양성과정을 통해 교사자격증을 취득하는 것에도 적잖은 노력이 필요하지만, 그보다 훨씬 어려운 일이 교원임용'고시'에 합격하는 것이다. 초등교원임용의 문호는 최근 들어 다소 넓어졌지만, 중등교원의 경우 각 교과목들의 평균 경쟁률이 23:1에 이르고 있다. 이렇게 경쟁이 치열하다 보니 판정의 시비 소지가 있는, 이른바 주관적 평가인 논술이나 면접 등이 임용 절차에서 큰 비중을 차지하기 어렵다. 그래서 시비 논란 없이 '정답'을 정하기 쉬운 '객관식' 문항으로 채워진 지필 시험이 당락을 결정하게 된다. '정답'을 맞히기 위해서는 방대한 정보를 암기해야만 하고, 이 어려운 암기를 효율적으로 도와주는 사설학원들로 교사 지망생들이 몰리게 된다. 이런 학원들이 다수 포진하고 있는 노량진은 교사를 희망하는 수많은 젊은이들로 항상 북새통을 이루고 있다.

그렇다면, 요즘의 젊은이들은 왜 그렇게 교직을 선호하는가? 2011년 5월, 어린이들이 가장 희망하는 장래 직업에 대한 여론조사 결과는 다소 충격적이다. 조사 결과, 의사나 변호사와 같은 전통적 선호 직종이 17% 이상의 선호도를 보이며 여전히 최상위를 차지했지만, 의외로 공무원이라고 응답한 어린이들이 11%에 이르렀다. 공무원이 정확히 무얼 하는 사람인지조차 제대로 알 리가 없는 어린이들이 그리 대답한 배경에는 틀림없이 그 부모의 소망이 자리 잡고 있을 것이다.

난다 긴다 하는 대기업도 평생고용을 보장해주지 못하고 사십 대면 퇴직 스트레스에 시달리는 이 시대의 불안정한 고용 현실 속에서, 이 땅의 성인들은 직업적 안정성을 대단히 중시하게 됐다. 이에 따라 '철밥통'이라 불리는 공무원의 인기는 나날이 상승 중이다. 공립학교 교사는 국가 공무원이고, 교직은 일반 공무원 못지않게 대표적인 안정 직종이다. 한 번 채용되면 해고될 일이 거의 없고, 복리후생제도가 잘 돼 있으며, 연한이 보장된 정년 이후에는 연금 혜택이 기다리고 있다. 노후대책도 없이 중장년을 맞게 되는 이 땅의 다수 성인들에게 이만큼 매력적인 직업이 또 있겠는가. 게다가 이 시대의 젊은이들은 극심한 구직난에 신음하고 있다. 오늘날 교직이 그토록 인기가 있는 배후에는 그 직업적 안정성이라는 요인이 떡 버티고 있는 것이다.

먼지도 좀 묻혀보자

나는 십 수년간 수도권의 다수 대학에 출강하며 수많은 대학생들을 상대해왔는데, 그들과의 대화와 그들의 글을 통해 요즘 젊은이들이 교직을 희망하는 이유, 즉 그들의 지원 동기를 알아볼 수 있었다.[5] 그 동기란 크게 세 가지로 분류해볼 수 있다. 첫째, 교직의 직업적 안정성과 현실적 혜택의 매력. 둘째, 자신의 적성이나 재능과 잘 맞는다는 믿음. 셋째, 교직에 대한 남다른 사명감. 물론 이 밖에도 '아무 생각 없이, 그냥 부모님이 시키셔서, 또는 사람들이 좋다고 해서' 등의 솔직한 답변도 적지 않았지만, 이런 사회 순응적 태도는 교직의 직업적 안정성에 대한 호의적 평가에서 비롯됐을 것으로 짐작한다.

나는 사람이 사람을 심판할 수 없다는 옛 성현의 가르침을 신봉하지만, 이 세 가지의 동기에 대해서는 감히 심판의 잣대를 들이대겠다. '동기'가 사람은 아니니 성현의 가르침을 어긴 것은 아니리라.

먼저, 직업적 안정성 추구라는 동기를 보자. 처자식 먹여 살리기 위해 아등바등 살고 있는 도시 소시민인 내가 요즘 젊은이들이 지극히 현실적인 이유 때문에 학교 선생이 되기를 희망한다고 해서 거룩한 도덕적 심판자의 자세를 취할 마음은 없다. 그렇긴 하지만, 필자의 수업을 들은 몇몇 학생들의 표현대로 교사들 중 '그저 봉급과 연금만 바라거나 일등 신붓감이 되기 위해 교사가 된 이들'이 대부분이라면, 그들에게 맡겨진 우리의 아이들이 너무 불쌍하지 않은가? 내 아이의 선생이 내 아이를 '먹고 살기 위해 나가는 직장에서 어쩔 수 없이 봐줘야 하는 아이' 정도로만 여긴다면, 나는 참 화가 날 것 같다. 공교육이라는 영역의 사회적 중대성을 고려할 때, 보다 이타적인 동기가 필요하다. 우리가 공직자들에게 돈과 권력에 대한 욕망을 넘어서는 이타적 멸사

---

5) 최근 3년 동안은 학생들에게 교직 지원 동기와 목적이 포함된 자기소개서를 제출토록 요구했고, 그 기간 동안 7개 대학에서 받고 읽은 삼천 개 이상의 자기소개서를 바탕으로 한 내용이다.

봉공 정신을 요청하듯이 말이다. 장 자크 루소는《에밀》에서 선생과 돈의 관계에 대해 다음과 같이 외친다.

> 사람들은 훌륭한 선생의 자질에 대해 많이 이야기한다. 내가 요구하는 첫 번째 자질 ─ 이 자질은 다른 많은 자질을 필요로 한다 ─ 은 돈에 자신을 팔지 않는 인간이어야 한다는 것이다. 무척이나 고귀해서 돈만을 위해서는 할 수 없는 직업들 ─ 그렇기에 돈을 위해 그 직업들을 선택하는 사람은 자격 없음이 반드시 드러날 수밖에 없는 ─ 이 있다. 군인이 그렇고 선생이 그렇다. …(중략)… 선생! 오, 얼마나 고귀한 영혼인가. …(중략)… 사실 한 인간을 만들려면 그 아이의 아버지가 되어야 하거나 아니면 인간 이상의 어떤 존재가 되어야 한다. 그러할진대 당신은 돈으로 고용한 사람들에게 그 역할을 태연히 맡기고 있는 것이다.[6]

나는 교육대학원 등에서, 만약 루소가 보았더라면 틀림없이 인정해줄 정도로 훌륭한 현직 선생들을 많이 만났다. 그러나 그렇지 못한 선생들도 너무 많다. 학교에서 돌아온 자기 자식들 돌보려고 오후 세 시에 퇴근해버리는 여선생, 아이들에게 자습시키고 자신은 인터넷 쇼핑하기에 바쁜 선생, 퇴근 시간 전에 공문 처리를 마치기 위해 수업을 빼먹는 선생, 빼먹은 수업 시간에 몇 번이나 본 비디오를 또 틀어주는 선

---

6)《에밀》(장 자크 루소, 한길사, 2003) 84-85쪽

생 등등……. 이런 사람들은 비록 악의적으로 아이들을 학대하고 상처를 주는 최악의 선생이 아니라 그저 자기 몸 조금 더 편하고자 아이들을 홀대한 선생일 따름이지만, 아마도 루소는 그들에게 '반드시 자격 없음이 드러나게 될 것'이라 지적할 게다.

얼마 전, 평일에 서울시 외곽의 하천 변에 나 있는 자전거 도로를 달리고 있었다. 자전거 두 대나 겨우 지나갈 수 있을 정도의 좁은 길이었는데, 달리다 보니 저 앞에 아이들 행렬이 길게 늘어서 있었다. 백여 명은 됨 직한 초등학생들은 자유로운 대형으로 걸으며 자전거 도로를 완전히 막고 있었다. 나를 비롯하여 그 길 위로 자전거를 타고 달리던 여러 명의 중년 사내들은 벨을 따르릉거리며 영 움직이지 않는 아이들을 헤치고 나가느라 진을 뺐다. 초등학생들의 단체 하이킹이 명백한 민폐를 끼치고 있었다. 나는 그 많은 아이들 틈에 지도하는 선생 하나 없다는 게 매우 의아했다. 그런데 그 아이들 무리를 겨우 빠져나올 즈음, 뒤의 소란에는 완전히 무관심한 듯 자신들끼리 대화를 나누며 걷고 있는 선생 세 명을 발견했다. 그들은 여러 대의 자전거 운전자들이 투덜대며 지나칠 때에도 자신들만의 수다에 몰두해 있었다. 아이들의 안전이나 공공질서 등에는 털끝만큼의 관심도 없어 보였다. 나는 그 선생들의 무관심에 매우 놀랐다. 야외로 아이들을 데리고 나왔으면 그들을 잘 지도하고 안전을 확보하는 것이 선생의 당연한 직무 아니겠는가? 그들은 그 당연한 직무를 완전히 유기하고 있었다. 그들에게 학교란 그저 월급 주는 곳에 불과한 것일까?

선생이 학생들을 위해서가 아니라 벌어먹기 위해 출근할 때, 학생은 선생에게 자신들이 중요한 존재가 아님을 쉽게 감지한다. 그런 선생은 단순히 아이들에게 도움을 주지 않는 것에 그치지 않고, 나아가 어른들과 기성 사회에 대한 냉소와 불신을 아이들에게 심어주게 된다.

직업적 안정성이라는 동기만을 추구할 때 일어나는 또 다른 문제는, 그것이 학생뿐 아니라 선생 자신의 삶도 불행하게 만들 수 있다는 것이다. 선생의 일 중에는 극복해야 할 난관이 하나둘이 아닌데, 만약 선생이 일의 보람을 안정성과 혜택에서만 찾는다면 그런 난관들을 돌파할 의욕 자체가 없을 것이고, 해결되지 않은 난관들은 쌓여만 갈 수밖에 없다. 누구든 그런 일터에서 행복해지기는 어렵다. 따라서 직업적 안정성 때문에 선생이란 직업을 선택한 사람들도 그 이유를 넘어서는 더 큰 이유를 찾아내야 한다. 이 책은 그 이유를 찾아내보고자 쓴 것이다.

교직 선택의 두 번째 동기에 관해 생각해보자. 선생 일이 적성이나 재능에 부합하여 교직을 택하는 것은 매우 긍정적 동기라 할 수 있겠다. '가르친다'는 것은 종합예술적 측면을 지닌 일인 만큼, 그러한 소질에 의해 동기가 유발된 사람은 실제 선생이 돼서도 학생들을 잘 가르칠 수 있을 가능성이 높다.

다음으로 세 번째 동기인 소수의 지망생들이 제기하는 '사명감'에 대해서도 생각해보자. 대부분의 교사론 교과서들은 교사에게 가장 필요한 것이 학생에 대한 사랑이나 교직에 대한 사명감이라고 외친다. 지당한 말이겠지만, 과연 한 사람이 '어떻게' 사명감을 품을 수 있는가? 이는 매우 어려운 문제다. 따라서 그 어려운 답을 이미 찾아낸 사람은 선생이 되기 위한 중요한 조건을 갖췄다고 할 수 있겠다.

주의해야 할 것은, 사명감이라는 이상이 너무 드높을 경우, 이상과는 거리가 먼 현실에 직면했을 때 쉽게 좌절할 수 있다는 점이다. 실로 많은 이상주의적 신임 선생들이 교직의 현실에 대한 인식이 부족한 상태에서 부임하여 열과 성을 바쳐 아이들을 가르치다가 굳건한 현실의 장벽 – 학교와 학생, 학부모와 사회 – 을 실감하고는 실의에 빠지는 경우가 허다하다. 심지어는 교단 현실에 낙담하여, 고생 끝에 획득한 교사직을 버리고 사설학원으로 가버리는 젊은 선생도 많다. 지나친 이상은 위태롭다.

이렇듯 지나치게 현실주의적인 동기나 지나치게 이상주의적인 동기, 둘 다 문제가 있다. 현실주의자는 이상의 숨은 가능성을 깨달을 필요가 있고, 이상주의자는 현실의 엄존에 대해 배울 필요가 있다.

앞장에서 언급한 변증법적 통합의 사유를 다시 끄집어내보자. 현실 또는 이상, 어느 한쪽으로만 기운 시각은 선생에게 도움이 되지 않는다. 양자의 통합을 꾀할 수밖에 없다. 교직의 안정성이라는 현실적 이유로 선생이 된 이는 자신의 현실을 개선하기 위해 이상의 인도를 받아야 하고, 이상주의적 이유로 선생이 된 이는 그 이상이 땅에 뿌리를 내릴 수 있도록 이 땅의 현실을 직시해야 한다.

여기에서 노자老子의 가르침 중 화광동진和光同塵을 음미해볼 필요가 있다. 이는 인간이 자신의 순수한 이상만 중시하여 빛光만 우대하는 것도 치우침이고 현실적 생존에만 함몰돼 먼지塵만 뒤집어쓰고 살아가는 것도 치우침이어서 둘 다 온전함과는 거리가 있으므로, 빛과 먼지가 항상 공존하는 자신의 전체성을 수용하라는 가르침이다. 빛이면서 동시에 먼지이기도 한 모순된 존재인 인간의 온전한 전체성을 변증법적 합일을 통하여 실현할 수 있다는 말이다.

선생이란 직업을 돈과 지위 획득의 수단으로만 여기고 학생들을 대하는 이의 먼지에 뒤덮인 삶에 진정한 기쁨과 행복이 깃들 수는 없을 테니, 그런 이는 자신 안에 숨겨진 빛을 찾아볼 일이다. 일신의 생존을 뛰어넘는 이타심이 그런 빛이라 할 수 있겠다. 반대로 학생의 영혼을 구원해내야만 한다는 듯이 자신의 인간적 약점들을 무시하고 빛만 우대하다 보면 위선에 빠지기 쉽다. 인간은 누구나 물욕과 육욕이 있다. 그런 욕구들은, 빛만을 우대해 홀대받고 억압될 경우 의식 밑바닥에 도사린 채 복수의 일격을 획책하고 결국에는 더욱 강렬한 욕망의 형태로 분출될 우려가 있다. 마치《노트르담의 꼽추》에 나오는 도덕주의자 프롤로 주교가 오직 종교적 열정에만 자신을 바치려 했으나, 자연스러운 욕구를 지나치게 억압한 결과 에스메랄다라는 집시 여인에 대한 뒤틀린 애욕을 분출한 것처럼 말이다.

나는 대단히 이상주의적이자 이상적인, 모든 선생들의 모범과도 같았던 선생 한 사람을 예전에 알고 지냈다. 하지만 그랬던 그가 초로에 어린 여제자를 성추행했다. 무시된 내면의 욕망은 언젠가 보복하기 마련이다. 그래서 끝까지 빛을 꺼트리지 않기 위해서는 현실의 땅 위도 좀 뒹굴고, 먼지도 적당히 묻혀볼 일이다. 먼지는 툭툭 털어내면 된다.

빛을 죽이는 세상

빛이 너무 밝아서 먼지를 좀 묻혀봐야 할 정도로 순수한 사명감에 불타는 교사 지망생들은 소수에 그치는 데 비해, 교직을 밥벌이 수단으로나 여겨 자신의 빛을 소외시켜버리는 이들은 꽤 많은 것 같다. 그러니 우리의 선생들에게 군이 먼지를 묻혀볼 것을 권하기보다는 내면의 빛을 끄집어내 보라고 요청하는 편이 옳겠다. 그러나 많은 현직 선생들이 우리의 교육 현실에서는 내면의 빛을 드러내는 것이 불가능에 가깝다고 주장한다. 왜 그런 주장을 하는가?

내가 비록 전국을 돌며 우리나라 전체 교사들의 의견을 접해본 것은 아니지만, 수도권에 재직 중인 교사들의 의견은 많이 들어봤다. 또한 전국적인 조직망을 갖춘 교원 단체나 교육 행정기관을 통해서 접할 수 있는 현직 교사들의 목소리도 참고한 결과, 불행하게도 많은 선생들의 사기가 땅에 떨어져 있다. 앞 장에서 예로 든 최윤아 선생과 같은 경우가 만연하다.

우리나라의 교사들이 이러한 상태에 빠진 원인은 한국의 특수한 정황에서 찾을 수도 있지만, 전 세계의 보편적 정황에서도 찾아볼 수 있다. 한국뿐 아니라 서구의 많은 발달된 국가에서도 공교육 체제가 시대의 변화를 잘 따라잡지 못하는 것이 전 세계 교육계의 정황이다. 이는 근대 공교육 체제의 전반적인 경직성과 관련돼 있다. 국가 공교육 체제는 공룡처럼 거대해서 세상의 변화에 발 빠르게 따라가지를 못한다. 예컨대, 전국 초·중등학교의 학습용 PC를 새로운 버전의 윈도우로 업그레이드하는 일은 어마어마한 예산과 기획과 인력이 필요하다. 열심히 기획하고 준비해서 겨우 다 업그레이드를 끝내고 나면, 이미 그 버전은 고물이 돼 있다. PC방의 고성능 컴퓨터에 익숙한 아이들은 '언제나' 느리고 낡은 학교의 컴퓨터를 대하면 학습 의욕마저 잃어버린다.

많은 국가들이 난국을 타개하기 위해 대대적인 교육 개혁의 기치를 드높여왔고, 한국도 마찬가지다. 단, 한국 정부가 주도해온 교육 개혁은 교단과 학부모, 학생들의 지지를 거의 받지 못하고 있다. 정부는 시장의 경쟁주의 시스템을 공교육에 적용하기 위한 무척 어리석은 장치들을 계속해서 마련해왔는데, 교사와 학생의 반응은 매우 부정적이다. 게다가 서구의 선진국과 달리 우리나라는 교육에 투입되는 재정도 불충분해서, 우리나라의 학급당 학생 수는 2007년 통계상 전체 평균 35.6명이다. 이는 OECD 가입국의 평균치인 23.9명을 훨씬 웃도는 수치로, 교육 여건의 대표적 지표인 학급당 학생 수가 과다할 때 수준 높은 교육은 기대하기 어렵다.

'21세기의 학생들을 20세기의 교실에서 19세기의 교사들이 가르친다'는 말이 돈다. 이 말에는, 교육 체제는 그나마 20세기 수준에 이르렀으나 교사의 수준은 19세기에 머물러 있다는 세간의 냉소가 반영돼 있다. 많은 학생과 학부모가 한국의 교사들은 여전히 구식이고, 권위주의적이며, '경쟁력'이 떨어진다고 보고 있다. 다음과 같은 구조적이고 체제적인 원인들이 교사들로 하여금 '빛'을 드러낼 수 없게 만들고 있지만, 학생과 학부모는 주로 교사에게만 책임을 묻는다.

① 교육과학기술부와 시·도교육청이 주도하는 공교육의 행정
체계 안에서 교사에게 부여된 자율권은 미미한데, 학부모와 학
생들은 교사에게 대학 입시 전문가가 될 것을 요구한다.

② 행정이 주도해온 교육 개혁안에는 교원 평가나 성과급제처럼
교사들 간의 경쟁을 부추기는 방안은 물론이고, 자율형 공·사
립학교 지정과 학교 자율화 정책처럼 학교들 간의 경쟁을 부
추기는 방안들이 핵심을 차지하고 있다. 기업과는 다른, 교육
의 특수성이 철저히 외면되고 있는 것이다.

③ 학부모와 학생들은 학교 선생들이 학원 강사들에 비하여 경쟁
력이 떨어진다고 불평한다. 수능 성적뿐만 아니라 학생들의 인
성과 사회성 함양에도 신경 써야 하고, 숱한 행정 잡무에 시달
리며 공무원으로서의 소임도 다해야 하는 교사 직무의 특성이
무시되고 있는 것이다. 학교 선생의 낮은 경쟁력이 불만인 '교
육 수요자들'은 갈수록 학원에 의존하게 되고, 잠자는 학교는
늘어만 간다. 결국 교사의 위상은 땅에 떨어졌다.

④ 이렇게 가뜩이나 어려운 처지에 때맞춰 체벌 금지 정책이 결
행되고, 학생들 사이에서는 선생을 우습게 여기는 것이 일종
의 유행처럼 퍼지게 됐다. 인터넷에는 체벌을 가하는 교사들
을 고발하는 동영상이나 학생에게 얻어맞는 선생에 대한 이야
기 등이 상시 유통되고 있다. '요즘 아이들'에 질려버린 많은
중진 교사들이 조기 명퇴를 희망하고 있고, 젊은 교사들도 실
의에 빠졌다.

분명히 교육 당국과 행정기관은 무리한 정책을 남발해왔고, 학부모의 자녀교육관은 심하게 오도돼 있다. 이런 조건하에서 제대로 가르치는 선생이 되기란 지극히 어려울 수밖에 없다.

그러나 어떤 일이든, 성패에 대한 책임은 그 일에 간여한 모든 구성원들에게 있다고 할 수 있다. 그렇다면 우리의 공교육과 교사들의 위상 추락에는 정부와 사회뿐 아니라 선생들의 책임도 필히 있을 것이다. 더군다나 교사는 교육의 최전선을 맡고 있기 때문에 교사들이야말로 그 누구보다도 교육의 정상 회복에 대한 책임감을 가져야 한다. 여건이 어떻든 간에, '교육의 질은 교사의 질을 뛰어넘을 수 없다'는 상투적인 격언은 여전히 참이기 때문이다. 세계 최고의 교육적 성공 케이스로 주목을 받고 있는 핀란드의 교육자들은, 교육의 성공 요건으로 첫째도 선생, 둘째도 선생, 셋째도 선생임을 늘 강조한다.

전 워싱턴 D.C. 교육감 미셸 리의 저서에는 이런 구절이 있다.

(여러분은) 워싱턴 D.C. 공교육 개혁에 반대하는 몇몇 사람들의 주장에 놀랄지도 모른다. 예를 들면 학생들의 학업 성적과 사회에서의 성공 여부를 결정하는 것은 성실한 노력이 아니라 사회·경제적 배경일 수밖에 없으며, 학교와 교사들은 아이들의 성공 여부에 거의 영향을 끼치지 못한다는 주장 말이다. 나는 그러한 사고방식이 옳지 않을 뿐만 아니라 우리 학생들과 경제를 생각할 때 위험한 사고방식이라고 생각한다. …(중략)… 모든 아이들이 성인이 되어 어떤 직업을 선택하든 최대한의 성과를 얻을 수 있도록 돕는 것이 성인들의 책임이라는

의식이 널리 확산되어야 한다.[7]

현 세태가 아무리 불만스러워도, 선생이 교육 개선의 책무를 외면하는 것은 변호해줄 수가 없다. 군대의 여건이 아무리 불만스러워도 군인이 국방의 책무를 외면하는 행위는 용납될 수 없는 것과 마찬가지로…….

머리여, 가슴을 따르라

악조건하에서 맡은 바 소임을 잘 수행하고 교육의 개선까지 꾀하기 위해서는 우리의 교사들이 출중한 역량을 갖춰야 한다. 과연 우리의 선생들은 그런 역량을 지니고 있는가? 한 원로 교사의 말을 들어보자.

요즘 신규 교사들은 고교 시절 최소 상위 10%에 들던 우수 인재들이다. 그런 인재들이 교육대학을 지원하고 체계적인 양성 교육을 거쳐 자질과 소양을 쌓은 후 교직에 입문해 그들의 역량을 마음껏 발휘하는 교육 현장을 바라보는 것은 참으로 마음 든든한 일이다. 그런데 걱정은 이런 우수 인재들이 마주 대하는 학교라는 현장이 대학에서 이론이나 책으로만 대하던 것과는 너무 다르다는 사실이다.

공부에 전부를 걸었던 것이 그동안 새내기 교사들이 살아온 짧은 삶

---

7)《미셸 리, 잠든 교실을 깨워라》(리처드 위트마이어, 청림출판, 2011) 7-8쪽

의 궤적일 것이다. 공부를 잘해야만 교대에 입학할 자격이 주어지고, 입학한 후에도 오로지 임용고시에만 매진해야 하는 시스템이 오늘의 교원 양성 체계이다. 그러다 보니 주위를 둘러볼 수 있는 여유, 다른 사람에 대한 따뜻한 배려, 나를 희생하는 헌신과 같은 인간적 자질이나 품성을 함양할 기회가 없었던 것 또한 사실이다.

교사로서의 품성과 자질은 이론만으로는 습득할 수 없다. 인간에 대한 배려, 타인의 상황을 이해하는 따뜻한 감성 등은 부재한 채 차가운 이성만 가득 차 있다면, 사랑과 헌신이라는 평범하지만 본질적인 자질이 필요한 교사로서 충분히 기능할 수 있을까? 마주 대하는 학생 한 사람, 한 사람마다의 삶은 저마다 다르기에 각각의 차이를 다르게 감지할 수 있는 따뜻한 감성을 갖추는 것이 그 어떤 교육학 이론보다 우선해야만 한다. 또 이것은 동시에 교육자로서 살고자 하는 사람들이 갖추어야 할 필수 자질이기도 하다.

그동안 논리·연산적 지능 개발을 위해 전력을 다하는 삶을 살아왔다면, 이제는 공부만 잘하는 샌님에서 벗어나 주위를 둘러보고 소외된 학생과 돌봄이 절실한 아이, 도움이 필요해도 표현하는 방법을 몰라 가슴앓이를 하는 아이들을 볼 수 있는 선생님의 눈을 가져야 한다.[8]

'이성 vs. 감정'의 구도에 대해 루소적인 결론에 도달한 이 교장 선생님은 현재 교사들의 가능성과 제약, 양자를 핵심적으로 짚고 있다.

---

8) 〈한교닷컴〉 2011. 3. 14. (충남 서산 서림초 교장 이병로)

최고의 인기 직종인 교원의 임용과정에는 그 경쟁률에 걸맞은 우수한 인재들이 몰리고 있고, 그들은 그간 거쳐 온 학교 시스템 안에서 대체로 높은 성취도를 보인 소위 '모범생'들이다. 그들은 교사 자격증을 따고 임용고시를 통과하기 위해 대학의 양성과정에서 자신의 교과목에 대한 전문지식을 열심히 축적했다. 문제는 이러한 양성과 임용의 과정에 있다. 미래의 교사를 키우고 뽑는 과정에서 오직 '머리'만이 강조되고 '가슴'이 들어설 자리가 없는 것이다. 한데 위의 글에서 교사의 핵심 역량으로 강조하고 있는 것은 머리가 아니라 가슴이다. 이는 낭만적 감상주의가 아니라 냉정한 관찰이라 할 수 있다. 실제로 선생의 일은 머리만으로는 제대로 수행이 불가능하고, 가슴의 역량이 절실하기 때문이다. 선생이 매일 수행해야 할 일에는 뛰어난 의사소통 능력과 타자에 대한 이해력과 감수성 그리고 창의적 문제해결 능력 등이 필요하다. 이것들은 피상적인 기술의 습득으로는 가질 수 없는 역량이다. 진지하고 깊은 자기 인식에 터 하여 오랜 시간 동안 체험을 거쳐야만 조금씩 키워나갈 수 있다.

한국교육개발원이 조사한 바에 따르면, 교사 지망생들이 사범대학이나 교직과정 등에서 배우기를 원하는 학습영역으로는 다음과 같은 것들이 있다.[9]

---

9) 《교원양성 교육과정 실태분석》(김갑성 외, 한국교육개발원, 2009) 103-107쪽

1. 실제적인 수업 기술

2. 학생을 다루고 상담하는 능력

3. 공문서 작성 능력, 교과 외 활동 지도 능력

4. 인성교육 프로그램

5. 다양한 경험

아직 교직에 들어서지 않았음에도 교사 지망생들은 미래의 학생들과 인간적으로 상호작용할 준비가 되기를 원하는 것이다. 흥미롭게도 교과목 내용에 대한 전문성은 이 순위에 들지 못했다. 아마도 현 양성 과정에서는 교과목에 대한 전문성만이 배타적으로 제공되고 있기 때문이 아닐까 싶다. 또, 교원임용고시 준비를 위해 학생들이 이미 전공 교과목을 달달 외우는 일에 매달려 있기 때문이기도 할 게다.

다음은 2012년도 중등교원임용고시의 교육학 과목 1번 문제다.

1. 고대 그리스 시대의 교육사상에 대한 설명으로 옳지 않은 것은?

① 소크라테스는 교수방법으로서 반어법과 문답법을 활용하였다.

② 플라톤은 웅변가를 이상적으로 교육받은 인간상으로 간주하였다.

③ 이소크라테스는 논증과 변론을 통한 수사학 교육을 강조하였다.

④ 프로타고라스는 모든 가치의 기준이 개인에 따라 상대적이라고 주장하였다.

⑤ 아리스토텔레스는 최고선으로서의 행복을 추구하기 위해 지성

적 삶과 습관 형성을 중시하였다.

철저한 암기형 문항이다. 나는 '교육철학과 교육사'라는 과목을 강의하는데, 내 수업은 사고와 성찰을 강조한다. 왜냐하면 교사 지망생이 교육의 철학과 역사를 공부해야 하는 본래 목적이, 선생으로서의 직무와는 아무런 관련도 없는 지엽말단의 정보를 달달 외우는 것이 아니라, 선생이라는 역할에 필요한 사고력과 성찰 지향성을 갖추도록 돕는 것이라고 굳게 믿기 때문이다. 도대체 플라톤과 이소크라테스 둘 중의 누가 웅변이나 수사학을 더 강조했는지를 외우고 있어야 할 필요가 무엇인가? 그런 단순한 정보보다는 2,400년 전에 플라톤이 인간의 성장에서 강조한 덕목이 21세기의 선생인 내가 아이들을 가르칠 때에도 강조할 만한 것인지 깊이 생각해보는 편이 실질적 도움을 주지 않겠는가? 그러나 임용고시에서 그런 문제를 찾기는 지극히 어렵다.

임용고시를 꽉 채우고 있는 암기형 문제의 '정답'을 맞추는 데 사고와 성찰은 불필요하다. 아니, 불필요함을 넘어 방해가 된다. 그래서 내 수업에서 A학점을 받은 학생들은 사고를 중단하고 성찰의 불을 끈 후, 단순 암기 훈련에 특화된 노량진의 임용고시 대비 학원으로 간다. 대학 입시를 준비하느라 여러 해를 단순 암기에 바쳤던 학생들이 몇 해도 채 지나기 전에 임용고시를 준비하기 위해 단순 암기를 재개해야 한다. 이를 우리 교육에서 보기 드문 일관성의 일례로 봐야 할지…….

이 나라의 초·중등교육과정은 가슴의 역량, 즉 '인성'이라고 불리는 역량을 심어주는 데 성공적이지 못했고, 이 나라의 교원 양성과정은 결

핍된 인성의 함양에 별 도움을 주지 못했으며, 이 나라의 교원 임용과정
은 인성에 대한 평가를 제대로 포함하는 데 실패했다.

초·중등교육은 대학 입시를 겨냥한 주지적 학습이 주를 이룬다. 대
학의 양성과정이 선생 될 젊은이의 인성 함양을 너무 무시하고 있다는
대학생들의 불만이 높다. 교원임용고시에서는 '정답'만이 중시되기 때
문에 복잡한 세상의 다양한 변인들에 대한 깊이 있는 사고 따위는 들어
설 자리가 없다.

이런 상황에서 선생들의 인성은 개개인의 소양에 의존할 수밖에 없
게 된 것이다. 그러니 인성이라는 소양 또는 역량의 개인별 격차가 벌
어질 수밖에 없다. 더 심각한 것은, 다수의 교사 지원자들이 직업적 안
정성이라는 지극히 현실주의적 동기에서 교직을 선택했고, 안정된 직
업의 획득 과정인 임용고시와 무관한 인성에 대해서는 큰 관심을 기울
이지 못했다는 점이다. 어쩌면 현재 교사의 위상이 추락한 원인들 중
에는 이처럼 인성 형성을 홀대하고 선생이 돼버린 사람들의 '무능한
가슴'이라는 요인이 큰 부분을 차지하고 있을지도 모른다. 교사에 대
한 만족도를 묻는 여론조사의 결과들은 국민들이 우리 선생들의 인성
적 역량에 대해 불만을 품고 있음을 보여준다.[10] 훌륭한 인성을 갖춘
존경할 만한 선생이 설마 없겠는가? 문제는 그런 선생의 수가 결코 충
분하지 않다는 데 있다.

---

10) 《교육여론조사 2010》(한국교육개발원)

나의 역할도 가슴이 알려주리라

오늘날 우리 교육의 열악한 현실에는 높은 역량을 갖춘 선생들이 절실하게 필요하지만, 우리의 선생들에게는 그중 가장 중요한 역량인 인성을 함양할 기회가 부족했다. 부족한 인성적 역량으로는 어려운 교직을 제대로 수행할 수가 없고, 그럴 경우 학생뿐 아니라 교사 자신도 만족한 삶을 영위하기 어려우니 그 역량을 키우는 것이 가장 합리적이고도 건전한 대응책이 되겠다. 그런데 인성은 의식의 표피에서 찾을 수 있는 것이 아니라, 의식 저 깊은 곳에서 길어 올려야 할 나의 영혼과 맞닿아 있는 부분이다. 그렇기 때문에 나의 깊은 곳을 볼 수 있어야 하고, 나를 알아야 한다. 자기인식이 필요하다.

문제는 현대인인 우리가 자기인식과 친숙하지 않다는 데 있다. 아니, '나를 안다'는 것은 어쩌면 현대인에게 가장 황당한 말일지도 모른다. 나는 나를 볼 수가 없다. 거울에 비친 겉모습만 볼 수 있을 뿐이다. 우리에게 '나'는 언제나 인식의 주체였을 뿐, '나' 자신을 인식의 객체로 삼아본 적이 없다.

신화학자 조셉 캠벨은 현대 이전의 전근대인들이 어떻게 자기인식에 이르렀는지 심오하게 설명했다. 그의 설명을 요약하면, 청소년들은 자신이 속한 공동체의 전래신화를 깊이 이해함으로써 공동체의 일원이 지녀야 할 역량과 의식을 인식하게 되고, 따라서 성인이 됐을 때 공동체 내에서 자신이 어떤 일을 맡아 타고난 역량을 최대한도로 발휘할지 스스로 깨닫게 된다는 것이다. 그런데 이런 깨달음에 이르는 과정이 험난해서 가혹한 통과의례가 부과되기도 한다.

이러한 전근대의 청소년에 비해 현대의 청소년들은 공동체 내에서 자신의 역할에 대한 자각이나, 자신이 무슨 일을 맡아서 왜 해야 하는지에 대한 인식이 없다는 것 ― 공동체의 신화 자체가 망각됐다는 것 ― 이 캠벨의 지적이다. 쉽게 말해 '뭘 하고 살다 가야 할지'에 대한 의식이 없다는 것이다. 결국 사회와 부모가 제공하는 과보호 아래, 뜻도 의욕도 없이 몸만 어른으로 성장해 제도와 시스템 속에서 연명해가게 된다. 현대인의 이러한 삶에는 팔팔한 생명력이 결여됐기 때문에, 결국에는 고사枯死 상태에 빠져 의미 없는 여생을 보내다 가게 된다는, 즉 그저 '먹고 살다'가 죽는다는 말이다.

"나는 그렇게 먹고 살다가 죽고 싶지 않다. 십 대는 대학 입학의 준비 단계, 이십 대는 직장생활의 준비 단계, 삼십 대는 가족 부양의 준비 단계, 사십 대는 노후의 준비 단계여야 하는 다수 한국인의 삶을 그대로 따르기 싫다. 나는 더 이상 미래를 준비하며 현재를 희생하지 않고, 지금 이 순간을 온전히 살고 싶다."

이것이 심층 심리학에서 볼 때 인생의 중대 전환기인 중년의 도입부에서 내가 감히 결정한 바였다. 그러고 십여 년이 흐른 지금, 난 팔팔하게 살아 있음을 매일 느끼며 산다. 나는 내가 속한 공동체 안에서의 내 역할을 스스로 결정했고, 그 역할을 제대로 수행하려 노력하고 있다. 나의 이런 삶은 '의미'로 가득 차 있다. 내 역할이란 선생이다. 나는 이런 자기인식에 도달했기에 내 일에 충실하고, 학생들에게 도움을 주고, 그래서 행복하다. 나는 행복한 선생이다.

일본에서 수십만 부가 팔리고 우리나라에도《애들아, 너희가 나쁜 게 아니야》(에이지21, 2005)라는 제목으로 출간된 책의 저자는 '밤거리 순찰 선생'이라 불리는 미즈타니 오사무 선생이다. 원래 명문 고교의 교사였던 미즈타니 선생은 자신의 상처 입은 자아를 치유하는 과정에서 자신처럼 상처 입은 청소년들을 돕는 일을 자신의 소임으로 정했다. 그래서 결국 학교를 떠나 거리와 사이버 공간에서 방황하는 청소년을 상담해주고 구해주는 일에 헌신하게 됐다. 상처 입은 자기 자신을 직면해야 했던 그의 자기인식 과정은 험난하였겠으나, 자신을 깊이 이해하게 된 결과 세상을 위해 자기만이 할 수 있는 최상의 소명을 찾아낸 것이다. 밤거리에서 청소년들을 구하는 과정에서 야쿠자에게 손가락을 내주는 등 위험도 많이 겪었지만, 이제 그는 일본의 소외된 청소년들 수십만이 신뢰하고 따르는 독보적인 어른이 되었다. 위대한 선생이 된 그는, 일본의 어른들에게 당당히 외친다. 밤거리의 아이들 수만 명은 자기가 돌보겠으니, 어른들은 제발 자신의 아이들을 사랑해달라고. 아무나 할 수 있는 말이 아니다. 미즈타니 선생처럼 자기를 제대로 이해하게 됐을 때, 자기 영혼의 요청을 알아듣게 됐을 때, 사람은 위대해질 수 있다.

미즈타니 선생처럼 위대한 정도는 아니더라도, 소박한 수준에서라도 뭔가 제대로 하는 사람이 되기 위해서는 자신의 머리와 몸과 가슴과 영혼이 다 힘을 보태줘야 할 것이다. 그 힘을 끌어낼 원천인 '나'라는 존재의 깊숙한 내면과 드넓은 외연을 볼 수 있어야 한다. 나 자신을 잘 알아야 한다. 그래서 자기인식이 최우선 과제다.

미래의 소망 = 현재의 재료

자기인식은 '행위' 이전의 '존재에 대한 인식'이다. 선생인 나의 이런 저런 행위에 집중하기보다는 선생인 나의 존재를 깊이 파헤쳐보는 작업이고, 그래서 행동주의적이 아니라 존재론적인 작업이다. 나를 알아가는 존재론적 작업을 시간의 축 위에서 분류하면, 다음의 세 가지 '모드mode'를 상정해볼 수 있다.

첫째, 지금의 나를 만들어낸 원인들을 자신의 과거에서 찾아보는 일종의 발굴 작업으로서의 자아성찰 모드. 둘째, 지금의 나라는 존재와 동시간대에 일어나는 사건들과의 상관성을 따져보는 동시성 식별 모드. 셋째, 지금의 나를 만들어가고 있는 이유를 미래의 나에게서 찾고자 하는, 일종의 의지가 투영된 의미부여 모드가 그것이다. 이 세 번째 모드에 따라, 내가 이루고자 하는 궁극의 목적에 비춰 지금의 나를 규정해보겠다.

나는 늙어서 다다르고자 하는 상像이 있다. '곱게 늙은, 현명한 노인'이 그것이다. 젊어서는 성실하게 살다 보면 다 현명한 노인이 될 줄 알았다. 나이를 먹고 보니, 그런 노인은 세상에 거의 눈에 띄지 않았다. 사람이 자신의 삶을 일관되게 어떤 분야에 바치며 늙게 됐다면 그 과정에서 축적한 지혜가 있을 것이고, 그 지혜를 후대를 위해 사용하면 정말 아름답지 않겠는가. 그러나 세상의 노인들은 후대에 지혜를 나눠주기보다는, 자기 자신도 제대로 못 추스른 채 고루하고 꽉 막힌 훈계와 잔소리만 후대에게 퍼붓는 불평불만 분자들인 경우가 비일비재하다. 그런데 사십 대를 다 살고 노년층에 가까워지고 보니, 나라고 해서 그런 노인이 되지 않으리라는 보장이 없어 보였다. 해서, 일견 소박해 보일 수도 있는 이 '현명한 노인이 된다'는 것은 내 눈에는 대단히 어려운 필생의 과업이자 도전해볼 만한 가치가 있는 미래상이라고 생각하게 됐다.

미래의 자기상을 품고 살 때, 지금에 대한 설명에 능동적인 힘이 붙는다. 하루하루의 삶이 그 미래상으로 다가가는 고마운 구성요소가 된다. 잘 보낸 하루는 미래상에 한 걸음 접근하게 해준 과정이다. 반면 잘못 보낸 하루는 미래상에 멀리 돌아서 가게 하거나 심지어는 미래상으로부터 멀어지게도 한다. 즉, 나의 성공과 실패 모두에 의미가 있다. 아니, 내가 그것들에 의미를 부여한다. 새로 시도한 수업방식이 성공했을 때, 그것을 후대와 지혜를 나누는 방법 하나를 더 채워준 경험으로 여기고 감사한다. 열심히 가르쳤지만 학생이 내게 등을 돌렸을 때, 내 교수방식이나 인간관계의 어떤 면이 사람을 쫓아버릴 소지를 갖고 있는지 알아보게 해준 계기로 여겨 감사한다.

미래의 자기상으로부터 큰 힘을 얻어 현재에 의미를 부여함으로써 당면한 고난을 이겨낸 경우는 비전을 품은 고금의 위인들에게서 찾아볼 수 있다. 로고테라피를 창시하여 현대 정신의학계에 큰 기여를 한 빅토르 프랑클 박사는 제2차 세계대전 당시 유태인 집단수용소에 감금당해 생사가 경각에 달린 나날을 보냈다. 그는 지옥과 같은 수용소의 참상 속에서, 같은 처지에 놓였다 하더라도 '지금 이 순간이 미래에 이르는 유의미한 시간'임을 잊지 않은 이들은 현재의 고통을 더 잘 견

더낸다는 사실을 발견했다. 프랑클 박사 자신도 세상 사람들을 치유하고 돕는 연구를 완성시키겠다는, 미래에 대한 의지로 지옥에서 살아남을 수 있었다. 미래의 자기상이 현재의 자신을 살아남게 한 것이다.

미래에 이루고자 하는 자기상에 터 하여 지금의 나를 설명하는 사유의 모드는 과거에서 원인을 찾는 인과론과 다른 목적론적인 사유라 하겠다. 현대의 자연과학은 만사를 인과론적으로만 설명하는데, 인과론적 사유는 분명히 이성적이고 유용한 세계인식 방법이다. 그러나 삶이란 과학적 탐구의 재료인 감각적, 현상적 근거들만으로는 잘 설명이 되지도 않을뿐더러 인과론적인 분석을 통해 해부해놨을 때보다는 그냥 직접 살아봤을 때 더 잘 이해할 수 있는 것이 아닐까 생각한다.[11] 따라서 삶을 '분석 대상'이 아니라 '그냥 살아내는 것'으로 볼 때, 삶은 이해의 대상이라기보다는 그 주인인 개인이 만들어가야 할 과정이라고 할 수 있다. 그래서 우리는 우리가 의식적 또는 무의식적으로 미래에 이루고자 하는 자기상에 다다르기 위해 지금의 나를 형성해가고 있다고도 말할 수 있는 것이다.

내가 미래에 이루고자 목적하는 바가 지금의 나를 만들어가고 있다면, 그런 목적을 명확히 할 필요가 있다. 그렇다면 선생인 나는 무엇을 미래의 목적으로 삼아야 할까? 노후가 보장돼 안정된 삶을 누리고 있는 중진 교사? 어려운 여러 자격요건들을 충족시켜 장학사나 교장으

---

11) 이는 지그문트 프로이트의 동지였지만 정신분석학과 결별하여 분석심리학이라는 자신만의 학문을 창시한 칼 구스타프 융(C. G. Jung)이 제시한 사유 모드이다. 분석심리학에서는 완성된 자기상을 향해 다가가는 무의식적인 과정을 자기실현 과정의 요체로 본다.

로 승진한 교사? 잠자는 학교를 극복한 실력 있는 선생?

물론 다 괜찮을 것이다. 하지만 같은 값이면 다홍치마이고 상상에 돈이 드는 것도 아닌데, 보다 원대한 목적은 어떨까? 이를테면 '이 세상의 진정한 개선이라는 과업을 수행하는 변화의 주역'과 같은…….

선생, 영혼으로 혁명을 이루는 사람

2011년 5월, 한국의 엘리트주의와 경쟁주의 교육의 처참한 결과를 보여주는 사건이 일어났다. 한국 최고의 명문 사립대학 의대생 세 명이 자신들의 동기생인 여학생을 집단으로, 반복적으로 성추행하고 휴대폰 카메라로 이를 촬영까지 한 사건이다. 이 사건은 우리 교육의 실패에 대한 확증이다. 이 의대생들이 누구인가? 이 나라의 공교육 체제가 배출한 최고의 산출물 아닌가? 우리가 배출한 최고의 인재들 셋이 합작하여, 힘없는 한 여성 동기생을 강제로, 그것도 반복적으로 능욕했을 뿐 아니라, 그러한 만행에 부끄러움조차 전혀 느끼지 않았다. 오히려 자신들의 형량을 조금이라도 줄이기 위해 파렴치한 모략까지 서슴지 않았다. 우리가 배출한 최상의 인재가 최악의 인간 전형이었던 것이다. 한국의 교육이 철저히 망했다. 이 땅에 희망은 있는가?

희망이 없다면 만들어야 한다. 그리고 희망을 만들기 위해서는 다른 그 무엇보다도 교육이 뒤바뀌어야 한다. 피비린내 나는 경쟁 속에서 서로를 짓밟고 죽이는 교육을 왜 부여잡고 있어야 하는가? 남을 짓밟고 1등 하는 엘리트가 아니라 남들과 더불어 사는 사람을 키워야 한다. 교육이 그렇게 변화해야 한다. 이 교육을 변화시키는 과업의 주체는 누구여야 할까? 정부? 정치가? 기업? 글쎄, 누군가는 시작해야 할 텐데, 혹시 선생이 적임자는 아닐까?

오늘날의 이 세상은 지독하게 심각한 문제들에 직면하여 공멸의 불안감마저 자아내고 있다. 생태계 위기라든가 부의 불균등 같은 문제들에 비하면 잠자는 학교와 같은 교육계의 난제마저도 그다지 위급하게 느껴지지 않을 정도다. 그런데 우리 인류는 자고로 세상을 개선하는 임무를 교육에 부과해오지 않았던가? 비록 현대의 다수 사회과학자들이 개선 주체로서 교육의 역량을 회의하고 있지만, 교육에 대해 수천 년을 이어져 온 인류의 인식을 간단히 부정하는 것은 현명하지 못하다. 그러니 그 교육의 주역인 선생들이 이 세상을 개선하는 주체가 될 수 있으리라 상상해볼 수 있지 않은가? 실로 미래의 인재를 길러내는 교육 이외의 그 어떤 사회적 영역에서 세상의 개선을 기대할 수가 있겠는가? 정치나 경제가 세상을 개선하려는 조짐을 보여주고 있는가? 수많은 현실적 여건의 어려움에도 불구하고 교육이 개선의 주체여야만 한다면, 그 절실한 당위를 선생의 목적으로 삼는 것이 옳지 않을까?

만약 선생이 세상을 개선할 수 있다면, 그것은 지난하면서도 대단히 점진적인 대신 느린 만큼 가장 확실한 과정이 될 수 있다. 순식간에 세상을 뒤집어엎는 신속한 혁명들 중에서 진정으로 성공하여 세상을 개선한 혁명이 얼마나 되는가?

변화의 주역으로서 교육을 문학적으로 표현한 글이 있다.

교육이란 이 우주에서 가장 자연스럽고 가장 평화롭고 가장 안정적이며 가장 느리고 가장 이상적인 혁명이며 가장 지난하고 가장 고달프며 가장 긴 인내를 필요로 하는 혁명이다. 이 우주 어느 혁명도 자연의 강물을 따라 흐르는 교육보다 위대한 혁명은 없고 더 위험한 혁명도 없으며 더 희생을 필요로 하는 혁명도 없다. 더 많은 끈기를 필요로 하는 혁명도 없다. 더 많은 영혼의 피를 흘려야 하는 혁명도 없다. 그것에 몸담은 혁명가는 그 어떤 혁명가보다도 지혜로운 혁명가이며 진정한 혁명이 무엇인지를 아는, 대관大觀정신을 가진, 영원을 시야에 담은 깊고 넓은 영혼의 혁명가, 최상 최고의 혁명가인 것이다. 종교가 머리 큰 준準악마에게 신을 알리는 사명이라면, 교육은 신을 가르치는, 이 우주에서 가장 크고, 중성자별보다 더 막중한 소명인 것이다.[12]

사실 우리나라처럼 우수한 인재들이 교직에 경쟁적으로 몰리는 나라도 없다. 그 우수한 자질을 직업적 안정성의 확보를 위해서만 사용한다는 것은 자신에게 주어진 소중한 인생 속에서 지나치게 몸을 사리는 게 아닐까? 자신에게 주어진 건강, 인간성, 재능, 지성, 열정을 월급과 연금에만 바치는 것은 소중한 인생의 낭비가 아닐까? 알베르트 슈바이처 박사는 인간성을 투자할 만한 곳을 삶에서 찾아보라고 조언했다. 세상을 개선하는 위대한 주역으로서의 선생상을 가슴에 품고, 자기인식에 관한 깊이 있는 철학적 논의에 불을 지펴보는 것은 어떨까?

---

12) 필자의 개인 홈페이지에 아이디 '바람'님이 2004년 5월 31일에 올린 글이다.

지식과 감성, 그 너머
선생 일의 가장 깊은 부분

엄친아 = 엄마가 친히 인생을 계획해준 아이?

고등학교 영어교사 서유진은 2년 전 교원임용고시에 합격했을 때의 그 기분을 생생히 기억하고 있다. 어렸을 때부터 모범생이었던 그녀는 이른바 '엄친딸'로, 그녀의 어머니는 늘 주변 학부모들의 부러움을 샀다. 그녀는 어머니의 기대에 보답하듯 명문대를 졸업한 뒤 임용고시에 합격했다. 그때 기뻐하시던 어머니의 얼굴을 잊을 수가 없다. 그녀도 인생의 모든 목표를 달성한 것 같은 기쁨을 맛봤다. 그러나 인생의 오르막길이 결코 끝난 것이 아님을 처음 부임한 학교에서 절감하게 됐다.

학교에서 그녀는 생소한 행정 업무를 맡아야 했는데, 거의 매일 처리해야 할 산더미 같은 공문들보다도 더 생소한 것은 학생들 다루는 일이었다. 초등학교부터 고등학교 때까지 12년을 보았으니 잘 알고 있다고 여긴 교실 운영이란 것이, 선생이 되고 보니 완전히 다른 일이었다. 수업 시간에 스마트폰을 보고 있는 아이를 지적했더니, 아이는 서 선생을 한 번 쓱 쳐다본 뒤에 아무 말 없이 다시 스마트폰만 만지작거리는 것이었다. 그런 아이 앞에서 얼굴만 붉으락푸르락했지, 명색이 선생인 그녀는 도무지 어떻게 대응해야 할지 알 수가 없었다. 언제나 모범생이었던 그녀로서는 모범적이지 않은 다수의 학생들을 도저히 이해할 수 없었고, 그런 학생들과는 영 말이 통하지 않는다고 느꼈다. 해외 연수까지 다녀올 정도로 열심히 익힌 영어 실력으로 아이들을 휘어잡아보려 했지만, 학교의 현실은 대학에서 배운 이론과는 딴판이었다. 읽기, 쓰기, 말하기를 통합한 수업을 시도하려는 그녀의 의도가 무색하게도 중간 성적대의 아이들은 문제 풀이 방식에만 매달렸고, 해외에서 몇 해 살다 온 소수의 아이들은 선생의 영어 발음이 '후졌다'고 속닥거렸으며, 하위권 성적의 아이들은 기초 문법도 이해하지 못했다. 그녀에게 학교란 가르치고 배우는 곳이라기보다는 다양한 인간들 간의 복잡한 상호작용이 일어나는 갈등의 장이었다. 유진은 부임 첫해부터 자신의 일에 대한 회의감에 빠졌다. 인생에서 처음으로 자신이 가고 있는 길을 회의하게 된 것이다.

서유진은 우리의 현직 교사들과 무척 유사한 평균적 선생이다. 부모와 어른들의 기대에 잘 부응하여 교육 시스템을 성공적으로 통과한, 지적으로 우수한 성인이다. 교사가 되기까지의 학창시절이 성공적이었던 만큼, 교사가 된 후 그다지 성공적이지 못한 직업생활은 매우 당혹스러울 수밖에 없다. 번듯한 교사가 되어 부모님을 기쁘게 해드렸고, 주위의 칭송을 받게 됐으며, 소위 '1등 신붓감'으로서 마음만 먹으면 어렵지 않게 좋은 배우자를 만날 수도 있다. 그러나 정작 그녀의 하루하루는 좌절과 고단함의 연속이다.

세상의 뜻에 맞춰 열심히 살아온 서유진 선생은 왜 이런 난관에 봉착해야 하는가? 바로, 앞 장에서 끄집어냈던 이야기인 자기인식이 충분치 않았기 때문이다. 그녀의 자기인식이 부족한 것은 그때까지의 삶이 충분히 자기실현을 지향하지 못했기 때문이다.

이 글을 쓰고 있는 나도 서른 살이 넘도록 '자기인식'이란 개념 자체가 희박했다. 나의 삶은 대체로 남의 삶을 베껴가는 과정이었다. 남들이 좋다고 하는 기준에 맞춰 나를 만들어가고 있었다. 그러던 나는 어른이 되어 내적 공허함과 맞닥뜨렸다. 진짜로 내 삶에서 내가 원하는 것을 잘 알 수가 없었기 때문이다. 나의 그런 공허함은 미국의 명문대에서 박사학위를 받는 순간에 절정을 이뤘다. 나의 지적 · 사회적 허영심이 완전히 충족된 그 순간에 역설적으로 나는 내가 좇던 것들이 내용 없이 텅 빈 거품 같은 것임을 깨달았다.

'고작 이런 거였어?'

너무도 오랫동안 진짜가 아닌 가짜를 좇았음을 깨닫게 됐다. 그래서 지금의 나는 내 학생들에게 궁극적으로 내면의 참된 자기를 찾아낼 것을 권고하는 선생이 돼버렸다.

한 학기가 다 끝나고 나서, 나의 '교육철학 및 교육사' 수업을 들은 3개 학교 약 200여 명의 학생들에게 대체로 다음과 같은 내용이 담긴 메시지를 보냈다.

숨차게 기말을 향해 달려오던 학기 종반에 실은 한 가지 토의를 여러분과 해보려 했는데, 진도를 맞추느라 타이밍을 놓쳐버렸네요. 그건 이른바 '이상주의적' 교육사상을 기반으로 성장하고 교육받은 사람들이 현재의 한국 사회에서 생존할 수 있을지 또는 성공 가능성이 있을지에 관한 토의였습니다. 성리학이나 루소 또는 듀이 사상의 정수에 따라 교육받고 자라난 이들이 우리 사회에서 살아남을 수 있을까요? 과거의 경험에 비춰볼 때, 대체로 여러분과 같은 서울의 '명문' 대학의 학생들 중에는 그들의 생존 가능성이 낮다고 응답하는 이들이 다수였습니다. 그런데 학생들에게 남한산초등학교의 사례가 담긴 다큐멘터리를 보여주니 응답이 달라지더군요. 남한산초는 대안적인 전인교육 프로그램을 전적으로 실천하여 전국의 이목을 끈 유명한 케이스입니다.[13] (이번 학기에는 그 영상을 볼 시간을 확보하지 못해 아쉽습니다.) 그곳의 어린이들은 자연친화적 환경에서 자신의 흥미와 관심, 즉 개성이 존중받는 교육을 받고 열심히 뛰어놀며 학원도 안 다니는

---

13) 경기도 광주의 남한산 자락에 위치한 남한산초등학교는 2000년까지만 해도 전교생 26명의 소규모 학교로 폐교 위기에 처했으나, 성남시 주민들과 교사들의 노력으로 다수 전입학생들을 받게 됐다. 이후 변화를 추구하는 교사들을 중심으로 공교육의 틀 안에서 학생중심적이고 전인적인 교육과정을 충실히 실행함으로써 세간의 주목을 받았다.

데, 중 · 고등학교 과정에도 잘 적응하고 건강하게 자신들의 길을 찾아 나선다는 이야기죠.

나는 이상주의적 교육이 꿈같은 이야기만은 아니라는 말을 하고 싶은 겁니다. 어려서 전인교육, 인성교육을 잘 받고 일찌감치 자신을 잘 이해하며 자라난 청소년들은 그런 이상주의적 경험 때문에 현실에 적응을 못 하는 것이 아니라 오히려 내적으로 튼튼하고 전인적으로 고루 성숙하였기 때문에 (에밀처럼) 현실의 도전을 더 힘차게 긍정적으로 받아내고 극복할 수도 있다는 말을 하고 싶습니다. 이건 대안적 교육을 받고 대학에 진학한 학생들이 실제로 말하는 바이기도 합니다.

물론 이상주의적 대안교육을 받은 학생들이 모두 현실에 잘 적응하거나 현실을 잘 극복하는 건 아니겠죠. 또 중 · 고등학생 시절에 전인교육에 치중했던 학생이 예를 들어 서울대 법대에 진학하는 건 불가능에 가까울지도 모르지요. 그러나 그런 교육을 받은 적지 않은 학생들은 이미 십 대에 자신을 잘 파악하고 자신에게 잘 맞는 길을 의욕적으로 (!) 찾아 나서게 되며, 따라서 매우 힘차고 건강하게 인생을 개척해나간다는 것도 알 수 있습니다. 혹시 인생의 성패에 대한 고정관념을 품고 있다면, 그에 대해 철학적으로 회의해보는 것이 어떨까 싶습니다. 소크라테스 싸부님 말마따나, '평탄한 삶은 인간에게 적합한 삶이 아니다'라고 믿습니다. 우리는 험로에서 우리의 근육을 더 키울 수 있지 않을까요? 우리는 편안하고 안전하려고 태어났을까요, 아니면 험로를 극복하여 더 완전해지기 위해서 태어났을까요? 답은 자기가 정하는 거죠.

내가 보기에 요즘의 대학생들은 예전의 나와 마찬가지로 내면의 참된 자기를 찾는다는 말의 개념 자체를 잘 이해하지 못하고 있는 것 같다. 또한 자신보다도 타인의 기대에 더 맞춰 자신의 삶을 계획해온 게 아닐까 싶다. 물론 타인들이 없으면 나도 없다. 그러나 내가 있어야 타인들과도 진짜로 만날 수 있다.

엄친아, 그 예쁜 가면

모범생이었던 교사 서유진의 삶을 이끌어온 큰 동기는 타인들의 인정과 칭찬이었다. 특히 부모님, 그중에서도 어머니의 인정과 칭찬을 받기 위해 열심히 공부했고, '나쁜 짓'을 하지 않았다. 이렇게 '착한' 그녀를 누가 비난할 수 있겠는가. 그러나 착한 모범생으로 성장한다는 것이 곧 불가사의할 정도로 깊고도 복잡한 인생에서 보장된 정답일 수는 없다. 흔히 말하는 모범생들은 타인의 인정을 너무 중시한 나머지 이와는 무관할 수도 있는 자기만의 고유한 개성 또는 본질적 자기를 지나치게 홀대하기 쉽다.

서 선생은 타인의 인정에 맞춰 자신의 인격을 성장시켜왔는데, 이러한 대사회적 인격을 심층심리학에서는 '페르소나persona'라고 부른다. 페르소나는 '가면'이라는 뜻으로, 정상적인 성인은 누구나 이런 자기만의 가면을 쓰고 세상을 살아간다.

사회생활에서 가면은 매우 중요하다. 자신 혼자 독방에 있을 때 자유롭게 아무렇게나 삐져나오는 행동거지를 사회에서 그대로 드러내는 성인은 없다. 이는 성인만이 아니라 사회화된 아동들도 터득하고 있는 바이다. 우리는 밖에서 남들에게 보여주기 위한 행동거지를 익혀야만 한다. 언어, 행동, 예의범절, 눈치, 사회적 지위 등등이 다 페르소나를 형성한다. 우리는 사회적 존재이기 때문에 사회 안에서 기능하는 데 반드시 필요한 이 페르소나를 정성 들여 가꿔야 한다. 페르소나가 형편없으면 자존감도 형편없어진다. 서 선생은 이 페르소나를 정성껏 가꾸어 자존감 드높은 성인이 됐다. 문제는 이처럼 페르소나만 너무 정성 들여 가꿀 때 일어난다. 그 가면 안에 또 다른 '나'가 들어 있기 때문이다.

다음은 근대 서양 교육사상의 핵심 전수자인 장 자크 루소의 《에밀》에 실린 구절이다.

> 세상 사람들은 온통 가면을 쓰고 살고 있다. 거의 자기 자신으로 존재하지 않기에, 자신에게로 돌아가야 할 때에도 항상 자기 자신에게 낯설고 편하지 못하다. 자신이 누구인가 하는 문제는 그들에게 아무 의미가 없으며, 오로지 자신이 어떻게 보이는가 하는 것만이 문제다.[14]

18세기에 루소가 던진 비판이 21세기의 서유진 선생에게도 적확하게 적용된다. 서 선생은 세상의 칭찬과 인정을 받기 위해 정성껏 자신의 페르소나를 만들어왔지만, 그 안쪽에 있는 고유한 자기 자신은 낯설고 편하지 못한 것이다.

---

14) 《에밀》(장 자크 루소, 한길사, 2003) 410쪽

'소우주'라고까지 일컬어지는 인간 존재의 깊이를 고려해볼 때, 한 사람의 대사회적 인격이란 그 사람 전체의 일부에 불과할 뿐이다. 서 선생은 그 작은 일부분에 지나치게 집착하여 그 부분만 키우며 살아온 결과, 그 이외의 거대한 자기 자신에 대해서는 잘 알지 못하게 된 것이다. 어머니가 원하는 것에 대해서는 잘 아는데, 자기 자신이 원하는 것에 대해서는 심각하게 생각해본 적이 없다. 따라서 외적 인격과 내면의 인격 사이에 커다란 간극이 발생했다. 이 간극이 크면 클수록 존재의 불균형과 부조화는 심해지고, 결국 원만하고도 온전한, 성숙한 인격으로 크지를 못하는 것이다. 바꿔 말하면 자기실현을 이루지 못하게 된다는 말이다.

자기실현은 미국의 심리학자 에이브러햄 매슬로우도 천착했던 개념이다.[15] 그의 욕구위계이론에 따르면 인간은 먹고 살기 위한 생리적 · 본능적 욕구와, 사회에 소속되기 위한 인정 욕구를 뛰어넘는 '자기실현 욕구'를 품고 있다. 그는 인간이란 최상위 욕구인 자기실현 욕구를 충족시키지 못하면 완전히 만족하지 못하는 존재라고 봤다.

다수 국민이 실제로 '먹고 살며' 최소한의 복지를 누리고 있는, 세계 13위의 경제대국 대한민국에서 매슬로우의 생리적 욕구나 안전 욕구는 더 이상 한국인들이 평생 매달려야 할 궁극적 욕구는 아닐 것이다. 특히, 우리의 학교 선생들은 먹고 사는 문제를 벗어나서 사회적 소속

---

15) 종래에는 '자아실현'이라는 용어가 상용됐지만, '자아'가 흔히 의식된 인격인 에고(ego)를 지칭하여 그 범위가 제한적이기 때문에, 의식과 무의식 등 '나'의 모든 범위를 통합하는 전체 인격의 주체인 '자기(Self)'를 실현한다는 의미의 '자기실현'으로 표현이 바뀌어왔다.

감도 꽤 충족시키고 있다고 볼 수 있다. 또한, 최근 학부모와 학생들의 교권 침해 사례들이 늘고 있다고는 하지만 그래도 여전히 사회적으로 인정받는 직종에 종사하고 있으므로 인정 욕구도 어느 정도는 만족되고 있는 것이다. 그런데 문제는 인간이라면 죽을 때까지 꼭 실현하기를 갈망한다는 저 최상위 욕구인 자기실현 욕구이다.

그렇다면 우리의 선생들은 자기실현 욕구를 충족시키며 살고 있는가? 앞의 서유진 선생으로 대표되는 적지 않은 교사가 그러하지 못하다. 선생으로서의 직무에서 만족을 느끼지 못하고 회의에 빠진 그들은 선생 일을 통해 '자기'를 제대로 실현하지 못하고 있기 때문이다. 그녀가 실현한 건 선생이라는 그럴 듯한 외양일 따름이다. 자신의 대사회적 인격인 페르소나에 집착해온 그들에게 실현시켜야 할 '자기'란 도무지 낯설기만 할 것이다. 매슬로우는 자기실현 욕구가 최상위 욕구이면서 실은 인간의 가장 원초적인 욕구이기도 하다고 만년에 자신의 의견을 정정한 바 있다. 이에 따르면, 자기실현과 동떨어진 사람은 결코 진정으로 행복해질 수 없는 셈이다.

깨달음을 얻은 백정

그렇다면 페르소나의 저 밑에 있는 내면의 나, '자기'는 누구란 말인가? 현대의 학문이 그토록 오랫동안 인간의 마음을 이해하려 노력해왔음에도 아직까지 충분히 이해하지는 못하고 있다. 그런 의미에서 '내면의 나'는 여전히 미지의 세계이자 신비로운 영역이라고 할 수 있겠다. 그러나 인류의 위대한 스승들은 이렇듯 신비로운 미지의 영역을 이해하기 위해 영웅적인 모험을 감행해왔다.

지구의 대기권 밖으로 나가 외연의 우주를 탐험하는 것만이 영웅적인 모험이 아니다. 어쩌면 지구 밖의 우주보다 인간 내면의 우주가 더 위험할지도 모른다. 그런 인간 내면의 우주로 모험을 떠난 스승들 중 노자는 '마음의 텅 비어 있음'이 전 우주를 담고 있다는 역설의 진리를 접했다. 또한 성리학을 집대성한 주자는 그 마음속에 우주적 진리인 '리理'가 자리 잡고 있음을 배웠고, 서양의 융은 마음의 심연 속에 신적인 경지로 이어진 '참된 자기the Self'가 있음을 감지했다. 나는 융의 '자기'가 인간 개체를 초월하는 신적인 경지와 이어진 만큼 영혼과 다르지 않다고 보고, 그의 서양적 인간 내면 인식이 동양의 성리학적 인식과도 통하는 면이 있다고 생각한다.

페르소나 밑의 우리 내면에는 이렇듯 언설로 설명이 불가능할 정도로 깊고도 거대한 '나'와 '나의 영혼'이 있다. 그래서 '나를 안다'는 것은 지난한 과제다. 그 과제를 풀지 못하면 나는 부분적으로만 성장한 상태로 생을 마감할 것이다. 그래서 그 어려운 과제를 제대로 푸는 것이 인간 성장의 길이자 자기실현의 길이며 영혼 성숙의 길이다. 그리고 그 길을 제대로 밟아가기 위해서는 어린 시절부터 내면의 고유한 자기를 알고자 노력해야 한다. 하지만 위의 예에서 서 선생은 오직 외적인 치장, 엄마가 칭찬해주는 페르소나에만 몰두해왔다. 그래서 내면이 낯설고 진정한 자기가 낯선 것이다.

세상이 우대하는 페르소나를 버리고 진정한 자기를 발견한 사람에 관한 옛 이야기가 있다.

일본의 한 사람이 깨달음을 얻었다. 그는 천황의 식사를 위해서 짐승을 잡는 백정일 뿐이었지만, 그가 깨달음을 얻었을 때는 천황조차 그를 존경하였다. 그러나 그는 깨달음을 얻은 뒤에도 여전히 궁전 뒤에서 짐승들을 도살하였다. 이런 상황을 믿을 수 없어 천황은 그에게 물었다.

"부엌에서 일을 하는 것이 어떤가? 당신은 깨달음을 얻은 사람이다. 이제 당신은 옛 직업에 매여 있을 필요가 없다."

그러자 그는 웃으며 말했다.

"아닙니다. 나는 이 일을 계속할 것입니다. 이제 나는 더 많은 자비심과 더 많은 사랑, 더 많은 은총을 가지고 짐승들을 죽일 수 있습니다. 내가 이 일을 그만두더라도 어차피 이 짐승들은 다른 누군가의 손에 죽을 것입니다. 하지만 누가 나만큼 자비심을 갖고 이 일을 할 수 있겠습니까? 누가 나만큼 은총을 베풀면서 이 일을 할 수 있겠습니까? 이 짐승들이 결국 도살될 것이라면, 내가 안 한다고 달라질 게 무엇입니까? 나의 깨달음은 그 어떤 상황에서도 더럽혀질 수 없습니다. 나의 내면의 하늘은 다시는 구름에 가려지지 않을 것입니다. 나는 다시는 추락하지 않을 완전한 자리에 이르렀습니다. 그러니 아무 걱정 마십시오. 나는 내일도 이 일을 할 것입니다. 이것은 나의 직업입니다."

그는 깨달음을 얻고 나서 20여 년을 더 살았다. 그동안 그는 매일 아침 짐승을 도살했고, 저녁에는 깨달음에 대해서 제자들을 가르쳤다.

그 자신만 깨달은 것이 아니라 몇 명의 제자들까지 깨달음을 얻게 되었다.[16]

'깨달은 백정'은 극단의 예이겠다. 이 백정은 얼핏 보기에 세상이 이해하기 어려운 관점을 가지고 있다. 바로, 자비심을 가지고 은총을 베풀며 도살한다는 관점이다. 백정은 그게 이 세상을 위해 필요하다는 자기만의 결정을 내린 것이다. 도대체 어떻게 도살이 자비로울 수 있는가?

조셉 캠벨은 '인간의 마음과, 다른 생명을 죽여 그것을 먹이로 삼는 잔혹한 삶의 전제조건을 화해시키는 것'이 고대 인간 성숙의 주된 과제임을 간파한 바 있다. 인간을 짐승과 대별해주는 내면의 자비심에도 불구하고, 인간은 불쌍한 짐승을 죽여서 먹어야 했다. 이런 모순을 외면할 수 없는 것이 삶이고 현실이다. 어쩔 수 없이 누군가는 도살을 해서 손에 피를 묻혀야만 한다면, 그 역할을 자신이 맡겠노라고 백정은 결정한 것이다. 앞에서는 나오지 않았지만, 백정은 어릴 적부터 칼을 다루는 법을 배워 가축을 가장 고통 없이 도살할 수 있는 능력을 가진 사람이었다. 그가 이 역할을 맡지 않았다면 대신 다른 누군가가 이 일을 할 수밖에 없고, 생명을 죽이는 일을 맡은 그 사람의 영혼은 피폐해졌을 것이다. 백정은 타인을 위해 자신을 내어준 동시에, 그 누구보다도 죽어가는 짐승을 위하는 마음으로 도살을 했을 것이다. 이를테면 짐승의 두려움과 고통을 최소화하여 도살하고, 자신의 칼에 쓰러진 짐

---

16) 필자 홈페이지의 방문객이 보내준 내용으로, 출처가 명확지 않으나 옛 불교 선사들의 설법에 간혹 등장하는 이야기이다.

승의 명복을 빌어주며, 그 고기를 소중히 여겨 정성껏 다뤘을 것이다. 자신은 그 역할이 나름대로 중요하다는 것을 알고 있으므로, 역할을 남들이 어떻게 보든 상관없다는 뜻이다.[17]

세상이 규정한 규범, 윤리, 지위, 명예를 초월한 그의 이런 관점은 그의 '참된 자기', 즉 '영혼'에서 나온 것이라 하겠다. 세상의 평가와 무관하게 세상에 꼭 필요한 일을 하는 사람이 된다는 점에서, 전술한 거창고등학교가 키워내고자 하는 인재상과도 일치한다. 이 이야기는 우리가 교육의 목적이라고 되뇌어온 '자기실현'이라는 말에 담긴 '진정한 자기'는 어떤 존재인지 귀한 가르침을 주고 있다.

과연 '자기'란 누구인가? 그리고 무엇인가? 인도의 힌두교 경전인 《바가바드기타》는 '참자아는 겉으로 드러나 있지 않으며 인간의 모든 생각 너머에 있어서 사유의 대상이 될 수 없다'고 천명했다. '자기'는 나의 진짜 주인이면서 동시에 나를 초월한다. 이 점에 있어서 《바가바드기타》와 융의 '자기'에 대한 이해가 크게 다르지 않을 것으로 보인다. 그들에게 있어서 자기란 내가 아는 나보다 훨씬 거대한 그 무엇이다. 입에 풀칠하기 위해 소를 잡던 백정에 불과한 사람임에도 그 참된 자기는 자비롭게 도살하는 것의 의미를 깨달을 정도의 존재다. 불립문자不立文字. 너무도 크고 위대하여 인간의 언어로 담기 어려운 것이다. 그럼에도 언어를 사용할 수밖에 없는 우리는 '자기'를 흔히 '영혼'이라 부른다.

---

17) 불교의 《숫타니파타》에서는 소를 도살하는 행위로 인해 인간성이 파괴될 것에 대해 경고하고 있고, 유태인 사회에서는 가축을 도살할 때 가능하면 잔인하지 않게 하여 자비로운 심성을 잃지 않도록 노력한다. 이로 미루어, '은총을 베풀며 도살'한다는 것이 실로 심오한 인식에 터 하고 있으리라 짐작할 수 있다.

숨은 개성 찾기

비록 참된 자기, 즉 영혼이 과연 어떤 것인지 또는 누구인지 말로 표현하기란 거의 불가능한 일이지만, 최소한 그런 영혼을 드러낼 수 있도록 도움을 주는 단서들에 대해서는 말할 수 있다. 그러한 단서들 중에는 한 개인이 타인들과 차별화되는 고유한 재능과 적성 또는 개성이란 것이 있다. 모든 사람은 자신만의 재능과 개성이 있는 것이다.

그렇다면 이것들은 어디에서 온 것일까? 조상으로부터 물려받은 유전자의 독특한 조합에서 왔을지 전생에서 온 것인지 아니면 하늘에서 주어졌는지는 알 도리가 없다. 이는 비단 개체에 국한된 것이 아니고, 부모가 준 것도 아니다. 자신의 재능과 개성의 원천을 부모에게서 다 찾을 수는 없음을 보면, 부모는 매개체라고 보는 것이 옳다. 결국 재능과 개성은 나보다 훨씬 거대한, 핏줄의 전승을 뛰어넘는 원천으로부터 온 것이라 볼 수 있다. 즉, 재능과 개성이란, 진정한 고유성의 단서 중 생물학적 또는 사회적인 원천을 뛰어넘는 것이다. 그렇기 때문에 재능과 개성 등은 진정한 나, 참된 자기와 연결돼 있다. 자기실현은 이러한 재능과 개성의 요청에 응답해가는 과정이라고도 할 수 있다.

문제는, 서유진과 같은 오늘날의 적지 않은 선생들이 자기만의 재능과 개성을 낯설어한다는 데 있다. 즉, 자기인식과 자기성찰이 부족한 것이다. 자기에 대해 도통 오리무중일 때, 그 사람의 자기실현 역량은 현저히 약할 수밖에 없다. 교육의 중대한 목표는 자아실현에 있다고 오래도록 외쳐온 이 교육 체제의 우수한 산물인 모범생 서유진 선생이 정작 자기실현 역량이 형편없다는 점은 아이러니다. 그녀는 영어 단어와 수학 공식만 외울 것이 아니라, 자기의 고유성을 사랑하고 존중하는 법을 배웠어야 했다.

다음은 일본의 대안형 사립학교인 키노쿠니木の國 학교에서 초등학생들에게 '자기'의 개념에 대해 싹을 틔워주는 장면이다.

블록이나 돌을 나란히 세워서 화단터가 정해지자 아이들은 꽃모종을 손에 들고 자기 꽃을 화단의 어디에다 심을까 생각하면서 옆 사람 것과 너무 바짝 붙지 않을 곳에 구멍을 파기 시작했다. 꽃모종을 심고 나자 거의 대부분의 아이들은 화단 가운데에 '내 꽃밭'이라고 표시하기 위해 돌을 동그랗게 둘러 세웠다. 그뿐만이 아니다. 꽃모종 하나하나도 잔돌로 둘러싼다.

4월이지만 한낮에는 햇살이 벌써 따갑다. 모르는 사이에 꽃을 둘러싼 돌이 뜨거워져서 꽃이 상하지 않을까 걱정스러웠다. 주의를 줘야 하는 게 아닐까 생각했다. 그러나 아이들의 진지함은 보통이 아니다. "흙이 단단하니까 부드러운 부엽토를 넣고 심는 게 좋아요."라는 설명을 아주 확실하게 귀에 담고 있었다. 부엽토를 매우 소중한 것처럼 다루고 있다. '자기 꽃'을 부드러운 흙으로 감싸고 나서 단단한 돌로 지키려고 한 것이다. "이것은 내 꽃이에요."라는 메시지다. 하나하나의 돌을 나란히 세우고 있는 아이들을 보고 있노라면 말을 걸기도 어려울 정도다.

처음으로 집을 떠나 공동생활을 시작한 아이들……. 소리 내 웃기도 하고 여기저기 줄달음치기도 하지만 사실은 다들 긴장하고 있는 것이 틀림없다. 둥글게 둘러싼 돌멩이들을 보고 있으면 '내 것이 필요해', '나를 지키고 싶어'라고 하는 목소리가 들리는 듯하다. 돌에 둘러싸인 꽃들이 한층 가련하고 애처로워 보인다.

그래, 그렇게 자라는 거다. 스스로가 자기를 지키면서 말이다. 키노쿠니는 '자기'를 소중히 하는 학교다. '모두'를 소중하게 생각하는 것도 중요하지만 그에 앞서 먼저 '자기'를 소중히 하는 학교, 그곳이 '키노쿠니'다. 자기 자신을 좋아하는 아이가 다른 아이들과도 참으로 사이 좋게 지낼 수 있는 것이다. 마치 바위 정원처럼 된 공무점의 화단이지만 그해 봄부터 잇달아 꽃이 계속 피었다. 코스모스도 아주 멋지게 피었고 겨울에는 꽃양배추도 건강하고 크게 자랐다.[18]

2000년대 중반에 키노쿠니의 호리 신이치로 교장 선생께 연락을 드리고, 답신 엽서를 받은 적이 있다. 찾아가 뵙고 학교도 구경하고 싶어서 연락을 드렸건만, 정작 그럴 기회를 만들지는 못했다. 신이치로 선생은 자신이 미국의 철학자 존 듀이의 친구라고 농담 반 진담 반으로 말씀을 하셨는데, 선생의 실천을 볼 때 그게 완전히 허풍이라고는 생각지 않는다. 선생은 영국의 서머힐 학교와 친밀한 교분을 맺고 있는 것으로 알고 있는데, 그렇다면 서머힐의 창립자인 A.S. 닐의 동지일 테

---

18) 《키노쿠니 어린이 마을 : 일본의 새로운 초등학교 이야기》(호리 신이치로(掘眞一郎), 민들레, 2001) 48-49쪽

고, 닐의 동지였던 정신분석학자 에리히 프롬의 사상과도 친숙할 것임에 틀림없다. 따라서 위의 글에서 언급하는 '자기'는 루소가 말하는 '가면'이 아니라 그 밑의 의식 저 깊숙한 곳에 숨어 있는, 자기만의 고유한 개성임에 틀림없다. 신이치로 선생은 각각의 아이 안에 숨은 개성을 포착하여 키워주는 것이 사회적 삶에 필수라는 점을 짚어주고 있다. 참된 자기를 발견해야 세상과 참된 관계를 맺을 수 있을 테니까.

"이 아이는 병이 있는 게 아닙니다."

서 선생은 자기실현 역량을 키우기 위해 어떻게 해야 했을까? 쉽게 단언할 수는 없지만, 적어도 자신만의 독특한 재능과 개성을 보다 잘 보살피고 키웠어야 했다는 말은 할 수 있겠다. 학교 성적이나 공부와 관련이 있을 수도 있지만 전혀 관련이 없을 수도 있는, 자기가 잘하고 좋아하는 어떤 것을 더 소중히 여겼어야 했다. 만약 그런 것을 어릴 적에 찾아내고, 그것을 부모들도 귀히 여겨준다면 이는 행복한 경우이다. 그러나 자녀의 학업 성적만을 중시하는 한국의 부모들에게는 학교 성적과 직접 관련되지 않은 재능과 개성은 눈에 들어오지 않는 듯하다.

TED.com에 올라온, 영국의 교육학자 켄 로빈슨의 강연 중에 줄리안 린이라는 세계적인 안무가의 성장 이야기가 있다. 린은 처음 학교에 들어갔을 때 너무 주의가 산만해서 수업에 집중을 못 하고 학교생활에 통 적응을 못 했다 한다. 걱정에 가득 찬 어머니가 그녀를 의사에게 데려갔더니, 세심히 아이를 관찰하던 의사는 잠시 린을 혼자 방에 남겨둔 채 어머니와 진료실 밖으로 나갔다. 단, 진료실 안에 라디오의 음악은 켜둔 상태로……. 린은 곧 혼자서 그 음악에 맞춰 몸을 흥겹게 움직이기 시작했다. 밖에서 가만히 진료실 안의 린을 들여다본 후 의사는 어머니에게 이렇게 말했다. "이 아이는 병이 있는 게 아니라, 그저 타고난 춤꾼일 뿐입니다. 무용학교에 데려가 보세요." 그래서 처음으로 무용학교에 들어가게 된 린은 그곳에 온통 자신과 똑같은 아이들만 있는 것을 보고 대단히 기뻤다 한다. 모두가 자신처럼 몸을 움직여야만 생각할 수 있는 사람들이었다. 결국 그녀는 세계적인 무용가가 되었고, 〈캣츠〉나 〈오페라의 유령〉과 같은 뮤지컬 안무를 맡는 등 세상에서 큰 역할을 하고 부와 명성을 그러쥐었다.

만약 산만한 초등학생이었던 린에게 학교 부적응자 딱지를 붙이고 성적이 나쁘다고 구박했거나, 요즘처럼 ADHD 진단을 내렸더라면 어떻게 됐을까? 그녀만의 타고난 재능을 알아보고 키워줄 어른들이 없었다면 그녀는 성공하기는커녕 사회 낙오자에 그쳤을지도 모른다. 줄리안 린은 사회적 통념보다 개인의 고유한 재능을 밝혀서 빛을 본 긍정적인 케이스다.

나의 지인 중에는 아동기에 집안이 망하면서 겪었던 트라우마와, 부모와의 관계에서 형성된 애정결핍 등이 복합적으로 작용해 오직 학벌과 금전적 성공만을 바라본 사람이 있다. 그는 자신의 내면을 돌볼 여유를 갖지 못했고, 그래서 안팎이 조화롭고 균형 잡힌 성숙을 이루지 못한 나머지 끝 간 데 모르게 돈과 여색만을 탐하다 파멸했다. 이같이 자신의 고유한 내면보다 사회에서 우대하는 돈과 명예만을 좇다가 무너진 예들은 도처에 있다. 재미교포 중 정부에서 최고의 지위에 오른 고故 강영우 차관보는 꿈과 목표도 없이 학벌만을 좇는 한국의 젊은이들에게 다음과 같이 일침을 가했다.

> 한국 교육은 지력 중심일 뿐, 심력에는 관심이 없어요. 꿈의 크기와 인물의 크기는 비례한다는 게 교육의 원리 가운데 하나인데 말이죠. 큰 꿈은 더 아름다운 세상을 만드는 거고, 그다음은 그 꿈을 이루기 위해 무엇을 하느냐, 즉 과정이 중요한 거죠. 그런데 한국 교육은 '서울대' 같은 과정을 꿈의 전부로 여기게 만들어요. 그러니까 못 들어가면 실망하고, 들어가도 갈 곳을 몰라 방황하는 겁니다.[19]

강 박사는 그 우수하다는 한국인 유학생들이 하버드대에서 낙제율이 높은 이유가, 그 학생들이 그곳에 입학하여 인생에서 스스로 무엇을 일굴 것인가는 생각지도 않고 그저 하버드라는 간판만을 바랐기 때문이라고 지적했다. 세계 최고 명문에 들어가면 뭐하겠는가? 그곳에서 자신의 개성에 맞는 일을 찾아 재능을 발휘하여 행복해지지 못한다면.

자녀의 사회적 성공을 바라는 이 땅의 수많은 부모들이 바로 그 성공 때문에 자녀의 고유한 재능과 적성을 억압한다. 이 사회의 교육 시스템에서 '성공'하기 위해서는 개인의 재능과 적성보다는 단순 암기와 문제 풀이를 되풀이할 인내 또는 추종이 훨씬 더 중요한 역량으로

---

19) 〈조선일보〉 2011. 4. 20.

인정받기 때문이다. 그래서 자기실현의 길로 이끌어줄 중요한 단서인 개인의 재능과 적성은 이 땅의 수많은 어린 학생들에게 별 관련이 없는 사항으로 전락하고 개인의 고유한 내적 성향은 무시당하게 된다. 만약 한 개인의 인생에서 성공이 그의 재능과 개성의 발휘에 달려 있다고 본다면, 이 땅에서는 교육의 성공자가 곧 인생의 성공자라고 장담하기 어렵다.

자신의 고유한 재능과 적성을 멀리하고 살아왔다는 것은 큰 문젯거리다. 바로 거기에 우리 인생의 성패를 결정할 비밀이 담겨 있기 때문이다. 재능과 적성을 발견하여 발현하고 완성하는 것은 한 개인의 독특한 능력을 제대로 발휘할 수 있게 해주며, 그런 독특한 능력을 지니고 있는 독특한 존재로서의 '나'를 온전히 성장시킬 수 있게 해준다. 즉, 자기실현을 효과적으로 촉발한다. 이렇듯 자기실현이 촉발된 개인은 그저 자신의 개인적 성향을 충족시키는 데 그치는 것이 아니라, 자신의 최상을 발휘함으로써 주위에도 큰 이득을 주게 된다. 융의 후예인 이부영 교수는 이러한 개성화individuation 작용을 이렇게 평했다.

개성화는 개별적인 존재가 되는 것이다. 그리고 우리가 개성이라는 말을 우리의 내적이며 궁극적이고 다른 것과 비길 수 없는 고유성(일회성, 유일무이성)이라고 이해한다면 그것은 본래의 자기가 되는 것이다. 개성화는 자기화 또는 자기실현이라고 규정될 수 있을 것이다. … (중략)… 자기실현(개성화)을 통하여 '있는 그대로의 그 사람'이 되면 개체의 고유성을 소홀히 하거나 억압함이 없이 인간의 집단적 사명을

보다 나은 방향으로, 보다 충실하게 충족시키게 된다.[20]

다른 이들이 중요하다고 말하는 일만 따라 할 때, 만일 그 일이 자신의 진정한 재능이나 개성과 관련이 없는 경우라면 그 일에서 최상의 역량을 발휘하기는 어렵다. 그러나 자신의 재능이나 적성과 맞아떨어지는 일일 경우 그 일에 최상을 바칠 수 있고, 또한 최상의 결실을 거둘 가능성이 훨씬 높아진다. 따라서 누구나 자신의 고유하고도 독특한 개성에 집중할 때, 이 세상에 최대의 공헌을 할 가능성이 높아지는 것이다. 이것이 바로 '개성화'다. 동일한 논지를 원로 철학자 김형효 교수는 이렇게 표현했다.

내가 하루 종일 공부에 몰입하면, 나는 선악과 손익계산을 전혀 생각하지 않는다. 그냥 공부가 좋아서 거기에 몰입할 뿐이다. 마음은 한없이 고요하고 어떤 성취감에 젖게 된다. …(중략)… 노래 부르기와 그림 그리기에 열중한 예술인, 어떤 손재주로 무엇을 공작하는 장인, 회사 경영에 열중하면서 돈벌이에 몰입해 있는 기업인, 무엇을 열심히 제자들에게 가르치는 선생님, 어떤 운동에 심혈을 기울이는 스포츠맨, 집안 살림을 잘 꾸려나가는 일에 열중하는 가정주부들……. 호오의 갈등과 선악의 판단과 손익계산을 넘어선 허심의 상태에서 저런 본성의 자발적 욕망이 일어나는 것이 아니겠는가?

---

20) 《자기와 자기실현 : 분석심리학의 탐구 3》(이부영, 한길사, 2002) 94-95쪽

본성은 본능의 소유욕과 달리 우리가 어떤 일에 몰입했을 때에 생기는 무심한 마음이라는 것을 앞에서 지적했다. 그 무심한 마음이 왜 욕망일까? 본능은 생존을 위한 소유욕이지만, 본성은 자기의 특성을 그냥 꽃피우고 성취하고 싶은 욕망이다. 우리는 이런 욕망을 존재론적 욕망이라 부른다. 왜냐하면 자기 특성을 꽃피우려는 마음은 자기의 존재를 충만케 하여 그 존재의 열매를 만인에게 나누어주고 싶은 그런 희망과 다르지 않기 때문이다.[21]

위에서 말하는 '존재론적 욕망'은 자기의 고유한 재능과 개성이 '억지로 함[有爲]' 없이 자연스럽게 드러나도록 자신을 생긴 꼴 그대로 놓아두고 싶어 하는 욕망을 일컫는다. 세상의 이목에 예뻐 보이기 위해 억지로 노력해 꾸며야 하는 페르소나가 아니라, 그 안 깊숙이 자리 잡고 있는 참된 자기를 발현시키는, 재능과 개성을 꽃피우고자 하는 욕망이다. 자기만의 꽃을 피우는 이들은 융의 언어로 말하자면 '자기실현의 길을 가는' 사람들, 루소식으로 말하면 '자연으로 돌아간' 사람들이다. 이들은 사회적 삶 속에서 궁극적으로 자신의 공동체에 이익을 주는 사람들인데, 이들의 사회성이 갖고 있는 특성은 공자가 《논어》의 〈자로〉편에서 말한 군자의 특성과 일치한다.

─군자화이부동, 소인동이불화 君子和而不同, 小人同而不和

군자는 타인들과 조화로운 관계를 이루지만, 타인들과 같아지지는

---

21) 〈서울신문〉 2006. 1. 19.

않는다. 즉, 군자는 자기만의 고유성을 고집하면서도 타인들과의 관계가 원만하다. 반면 소인은 타인들과 똑같아지지만(자기의 고유성을 알지 못하고), 화합할 줄(타인과 조화로운 관계를 이룰 줄)도 모른다.

서유진 선생의 경우 개성화가 제대로 이루어지지 않았고, 존재론적 욕망에 눈뜨지 못했다. 그녀는 세상에 자신을 맞춰왔으나同 세상이 자신에게 부여한 선생 일에 열의를 갖지 못하고 살고 있기에 세상에 제대로 기여를 하지 못하고 있다不和. 자신의 고유한 개성을 잘 모른다는 것은 자신을 잘 모른다는 뜻이다. 그저 세상 사람들이 칭송하는 삶의 방식이 뭔지에 대해서만 알고 있을 뿐이다. 과연 진정한 자기는 누구일까? 이 질문에 대한 답을 심각하게 찾아보지 않았다는 사실 자체가 서 선생에게는 심각한 문제이다.

모범생 콤플렉스는 저리 치우고

서 선생은 자기 자신을 모른다. 그러므로 다른 사람들에 대해서 잘 모른다. 즉, 인간에 대한 이해가 부족하다. 인간의 다양성과 복잡성에 대한 이해가 부족한 것이다. 인간에 대한 이해가 부족하다는 것은 다양한 개성을 지닌 수많은 학생들을 상대해야 하는 선생으로서 커다란 결격 사유이다. 모범생으로만 자라난 많은 이들이 이런 결격 사유를 지니고 있다. 명문대 출신의 엘리트들이 서민의 삶을, 아니 인간의 삶을 가슴으로 느끼지 못하는 경우가 적지 않듯이 서 선생은 공부 못하는 아이들을 잘 이해하지 못한다. 또 그녀는 이른바 불량학생들, 즉 학교라는 공간에서 공식적으로 인정받는 페르소나인 '모범생'상으로부터 동떨어진 페르소나들을 이해하지 못한다. 서 선생의 경우가 현재의 교사집단에서 특이한 경우도 아니다. 다음 글은 한 사범대 학생의 고백이다.

> (사범대생들이) 정말 진실로 아이들을 이해하고 받아들일 수 있을지 의문이다. 가까운 예로, 앞으로 선생님이 될 우리 과 아이들을 보면, 공부에 큰 흥미가 없고 술이나 담배를 즐기는 주변 친구들을 소위 '쓰레기'라고 여기는 경향이 있다. 같은 대학에 다니는 친구들조차 그런 색안경을 끼고 바라보는 마당에, 자신이 교사로 있는 학교에서 방황하는 학생들을 어떤 눈으로 바라볼지 짐작이 간다.

필자도 위의 학생과 유사한 느낌을 이른바 모범생 집단에게서 받아본 적이 많다. 명문대 출신의 모범생들은 모범적이지 못한 페르소나를 이해하지 못한다. 그들은 모든 학생들이 모범생의 '가면'을 써야만 한다는 당위에 매달린다. 아동과 청소년의 다양한 동기와 욕구, 좌절과 상처에 대해 잘 알지 못한다. 이러한 모범생 페르소나, 모범생 콤플렉스는 선생이 될 사람에게는 심각한 장애요인이다. 소수의 모범생을 제외한 나머지 학생들 전부를 '문제아'로 바라보게 만들기 때문이다. 청소년들은 치료해주어야 할 '문제'를 품고 있는 이들이 아니라, 자신만의 고유한 방식으로 세상과 관계를 맺기 위해 분투하고 있을 뿐이다. 그들이 분투하고 있는 – 따라서 세상과, 학교와, 선생과, 부모와 충돌이

나 갈등의 양상을 드러내고 있는 – 이유가 그들 내부에만 존재한다고 보는 것이 모범생 콤플렉스에 빠진 선생의 관점이다. 조금만 생각해봐도 이 관점이 지적으로 무척 제한돼 있음을, 지적으로 우수한 모범생인 선생이라면 쉽사리 깨달을 수 있을 것이다. 아이와 세상 간의 갈등은 오히려 대부분 세상에 그 원인이 있다. 그러나 선생의 고정된 페르소나는 자신의 온전한 지적 활동에 제동을 걸고, 그래서 모범적이지 못한 아이의 행동거지에만 비판적으로 초점을 맞추게 된다.

선생으로서 다양한 인격에 대한 이해가 부족하다는 점은 자신의 자기실현 여정에 있어서도 장애요인이 된다. 나아가, 자기실현이 방해받으므로 결국 행복에 이르는 길도 방해받는다. 선생이 다양한 학생들과 제대로 의사소통하고 그들과 인간적인 감정을 나누려면 먼저, 그들을 이해할 수 있어야 한다. 이에 앞서 자신을 이해해야 하고, 특히 자신 내면의 다양성과 모순성을 이해해야 한다. 그러지 못해 자기의 일부분에 불과한 모범생 콤플렉스만 부여안고 아이들을 바라보면, 모범생상에 맞지 않는 수많은 아이들을 이해할 수가 없다.

남과 다른 나만의 성장 프로그램

틀에 맞춘 사회화 과정 속에서 대학 진학이라는 단일 노선으로 모두를 밀어 넣는 지금의 교육 현실에서는 학습자의 다양한 개성을 돌봐주기가 어렵다. 그러나 인간은 원래 다양하다. 세상에는 똑같은 사람이 한 명도 없다. 이 당연한 진리를, 나는 자식을 낳아보고 나서야 비로소 제대로 깨칠 수 있었다.

　나는 미국에서 첫딸을 봤는데, 하루는 태어난 지 몇 달 안 된 딸을 데리고 정기검진차 병원에 갔다. 한국이나 미국이나 소아과 한쪽 벽에는 커다란 그래프가 걸려 있다. 바로, 아이가 나이를 먹어가며 다다르는 평균 체중과 신장이 어느 정도인지 보여주는 '정상' 성장 곡선이 그려진 그래프다. 그런데 내 아이의 신장과 체중을 재보고 그 그래프의 평균치와 대조해보니 내 아이는 '정상'이 아니었다. 너무 컸다. 첫애를 얻고 아이 양육에 대해 아무것도 모른 채 우왕좌왕하던 나는 내 아이가 정상, 아니 평균치로부터 떨어져 있다는 사실에 놀란 나머지 잠시 후에 만난 의사에게 호들갑을 떨며 질문을 퍼부었다.

　"선생님, 선생님이 시키는 대로 접종 다 해주고 먹일 거 다 먹이고 키웠는데, 앤 왜 비정상이죠? 우리가 뭘 잘못한 거죠?"

　나의 항의를 가만히 듣던 그분 - 은퇴가 가까운 백인 여의사 - 이, 자애로우면서도 다소 한심하다는 듯한 눈빛으로 해준 말을 아직껏 생생히 기억한다.

　"한 선생, 내가 병원에서 아이들 받고 치료하고 연구하며 40년 넘게 일해왔는데 말예요, 아직까지 도저히 이해하지 못하는 게 딱 한 가지 있답니다. 그건, 아이들 한 명, 한 명 안에 내장된 성장 프로그램이 각자 다르다는 거예요. 나는 그게 왜 다 다른지, 그 이유를 알지 못하겠어요."

　박사과정 공부를 하고 있는 정도의 머리라면 이 정도만 얘기해줘도 알아듣겠지 하는 식의 표정을 노의사는 보여주었다. 그리고 그 말을 듣고 나는 루소의 교육사상을 온전히 이해할 수 있었다.

'아, 맞아! 자연으로 돌아가라!'

자연 속의 개체는 그것이 어떤 생명체이건 간에 똑같은 것이 없다. 어떤 짐승도, 나무도, 풀도 다 제각각 다른 속도로 성장한다. 왜 그렇게 프로그램됐는지는, 의사 말대로 알 수가 없다. 어찌 됐든 똑같은 성장이라는 건 자연에는 없다. 다 자기만의 페이스대로 자라는 거다. 그러나 인간사회의 교육제도는 그러하지 못함을 루소는 본 모양이다. 동일 연령대 학생들을 모두 똑같은 페이스로 키우는 학교가 자연을 존중하지 못함을 파악한 것이다. 세상에 '정상적인' 성장이란 없다. '평균치'는 실재가 아니라 관념일 뿐이다. 그러나 사람들은 '정상치'에 맞춰 자신의 아이들을 재본다. 그러고는 내 자식이 비정상적이라고 오인한다.

내 딸의 과다 성장을 두려워한 나만큼이나 세상의 부모들은 어리석다. 모두가 동일한 속도로 자라야 할 것처럼 생각한다. 그것이 몸이 됐건 머리가 됐건 아니면 마음이 됐건 간에……. 그러나 자연은 개체의 고유성, 즉 개성을 보장한다. 우리가 자연의 원리를 거스르고 인위적으로 아이들을 성장시킬 수 있을까? 그래도 되는 걸까?

자신 앞에 있는 수십 명의 학생들 하나하나가 자연이 부여한 성장 프로그램에 따라 나름의 방식대로, 자신만의 속도로 자라나고 있다는 점을 선생은 인식해야 한다. 그래야 모범생만이 아니라 모든 학생을 이해할 수가 있다. 똑같은 시각으로 선생인 자기 자신도 이해해야 한다. '나 자신은 제대로, 나의 고유한 속도에 맞게 성장했을까?'

앞의 서유진 선생처럼 좋은 학벌과 그럴듯한 직업만을 목표로 성장한 사람들은 대체로 청소년기에 자아 중에서 특정 부분만 과다 발육되고 다른 부분은 오히려 발육이 억압된 양상을 보인다. 대학 진학이라는 하나의 목표에 맞춰진 그들의 중·고등학생 시절은 대부분 학업과 시험, 학원과 과외로 채워진 경우가 많다. 자아의 모든 영역이 주어진 기간에 고르게 성장해야 한다는 것은, 살아 있는 한 개체의 신체 모든 부분이 고르게 발육해야 한다는 것 못지않게 자연스러운 원칙이다. 예를 들어 한 사람이 팔만 집중적으로 발육하고 다리는 발육을 멈추고 있을 수는 없는 것 아닌가. 그와 마찬가지로 비육체적인 자아, 인격의 성장과정에서도 주어진 기간 동안 인지적 영역만을 성장시키고 감성, 정서, 심리, 도덕성, 사회성 영역 등은 성장을 멈추고 있는 것은 불가능하다. 그런데 많은 부모들과 선생들이 이러한 부자연스럽고 비정상적인 발육을 요구하고 있다. "대학만 붙어 봐. 그다음에 인성도 키우고 감수성도 키우고 그러면 되는 거야." 그야말로 비정상적인, 아니 비틀린 성장을 강요하고 있는 것이다.

서 선생 같은 이는 청소년기에 주지적 기능만 집중적으로 키우다 보니, 그 밖의 영역에서는 성장이 지체되거나 유예됐다. 정말 대학에 들어간 다음에 후자의 지체된 발육을 회복시키면 될까? 인간이 자연을 거스르며 그렇게 제 편의대로 생명체의 성장과정을 조작할 수는 없다. 자연의 성장 프로그램에 따르면 17살 때에 일어날 지적인 발달은 그 시점에 적합하고, 그에 조응하는 정서적, 심리적, 도덕적 발육과 함께 연동해서 일어나야 제대로 성과를 거둘 수 있다. 그러지 않고 지적인 영역의 발육에만 집중하느라 기타 정신적 영역을 도외시할 때, 총체적이고 통합적이고 전인적인 성숙을 이루기는 어렵다. 서 선생은 대학 입학시험을 충분히 잘 치를 정도로 주지적 역량을 키웠지만, 자신의 정서, 감정, 사회성 등과의 연동 과정을 누락시켰기 때문에 통합적이고 전인적인 성장 과정을 통해서 거둘 수 있는 사고력, 창의성, 상상력 등의 성숙에는 실패한 것이다. 실패의 증거는 자신과 세상을 보는 시각의 협소함, 세상의 통념에 대한 맹종, 변화 가능성에 대한 상상력 결여, 그리고 무엇보다도 자기에 대한 믿음의 강퍅함 등으로 나타난다.

그렇다면 유예된 성숙을 성인이 된 후에 회복시킬 수 있을까? 2003년, 아일랜드 국립대학의 존 쿨러핸 교수는 OECD의 한국교육평가단으로 내한하여 우리 교육의 구석구석을 관찰했다. 그는 현 방식대로 한국의 학생들을 계속 점수의 노예가 되도록 키울 경우 그들이 '영구적인 폐해permanent damage'를 입게 될 것이라고 한국의 교육정책 리더들에게 경고했다.

여기서 말하는 '폐해'에는 어떤 것들이 있을까? 대표적으로, 성인이 돼서도 계속 배움 자체를 싫어하게 될 것이라는 점을 들 수 있다. 공자는 '배우고 때로 익히면 즐겁지 아니한가'라고 했지만, 우리의 중고생들이 배움을 즐기는가? 성장기에 배움 자체에 질려버릴 때, 성인이 돼서도 배움의 기쁨을 알지 못하는 것이다.

나는 쿨러핸 교수의 이 경고에 대체로 동감하지만, 환경적 장애에 대한 인격과 자아 성장의 적응력이 쉽사리 '영구적인 폐해'를 입고 도태될 정도로 약하리라고 보지는 않는다. 그래서 청소년기에 자연스럽고 적절한 정서적, 심리적, 사회적 발육이 유예된 서 선생의 경우에도 충분히 성인기에 그 결핍을 회복할 수 있다고 믿는다. 실은 나 자신도 성장기에 그런 유예를 겪었고, 그래서 성인이 되어 조금씩, 어렵사리 회복해오는 중이라고 믿기 때문에, 그 과정이 실패라고 보고 싶지 않아 이런 믿음을 고수하는 것인지도 모른다.

어쨌든 나는 서유진 선생과 같은 경우도 유예된 성장을 다 회복할 수 있다고 믿는다. 실제로 유예된 성장, 미진한 지적 역량을 성인교육이나 평생교육 등의 과정을 통해 회복시키는 데 성공하는 예도 많기 때문이다. 충분히 의지를 가지고 노력한다면, 그래서 유예된 성장의 회복 노력을 통해 보다 큰 경지로 나를 들어 올릴 수 있다면 이 또한 귀중한 자기실현 여정의 일부분이 아니겠는가. 자기실현의 전제조건인 자기인식을 위해 선생인 나의 내면을 계속 살펴보자.

나의 길을 걸으며 '이유'를 만든다

나는 왜 선생이 되기로 했나? 선생이 되겠다는 나의 결정에 영향을 끼친 요인이나 사건들은 무엇이었을까? 선생이 되기로 한 '이유'가 선생을 자기실현으로 이끌어줄 수 있을지 알아보자.

지금의 이 길을 선택하게 된 원인은 자신의 인생 전반에 걸쳐서 찾아볼 수 있다. 예컨대 친구가 2년 전에 스치듯 꺼낸 말 때문일 수도 있고, 초등학생 시절의 경험 때문에 지금 교사를 지원하게 됐을 수도 있다는 말이다. 아니면 부모가 초·중등학생 시절부터 지속적으로 교사가 되라고 해서일 수도 있다. 문제는 이와 같이 '기억할 수 있는 과거'가 아닌, 더 원초적이고 머나먼 시절, 기억할 수 없는 유아기나 그 이전까지 소급해서 원인을 찾아보는 것도 부당하지 않다는 점이다. 비록 두세 살 때에 일어난 일들을 기억하는 것은 거의 불가능하겠지만, 굳이 그 시절까지 되짚어 추정해보려 하는 것은 항문기肛門期와 구순기口脣期의 무의식적 형성에 대한 프로이트의 가르침 때문이다. 태아 이전의 이른바 전생에서까지 원인을 찾는 것은 그 방법을 모르니 접기로 한다.

지금의 나를 있게 한 원인을 시간의 축에서 찾아보는 작업에는 여러 가지 고려해볼 질문들이 있다. 아마도 그 원인이 다수이고 복합적이었을 가능성이 높다고 본다면, 그 원인들은 하나의 선으로 연결될 수 있을까? 즉, 나의 형성은 선형이었을까? 아니면 비선형, 즉 유기적이고 복합적이었을까? 그 연계는 우연이었을까, 필연이었을까? 원인의 연계는 명백한가 아니면 희미한가? 원인은 깊은 곳에 숨어 있는가? 원인은 나의 페르소나에서 찾을 수 있는가, 내적 인격(자기)에서 찾을 수 있는가?

이 밖에도 수많은 질문을 던질 수 있겠다. 영화 〈빠삐용〉에서 천신만고 끝에 자유의 몸이 된 빠삐용은 이렇게 회고한다.

'내가 여기에 이르기까지 모든 우회로와 막다른 길과 험난한 경사로들이 필요했다.'

지금의 선택의 원인이 자신의 페르소나에 있다는 말은 '나는 세상에 잘 보이기 위해 선생이 되기를 선택했다'는 말과도 같다. 그러나 그 원인이 참된 자기에 있다면 이는 '나는 진정한 나 자신이 되고 싶어서 선생이 되고자 한다'는 말이다. 전자는 선생직의 사회경제적 보상과,

후자는 선생직의 질적 차원에 대한 지적知的이고 심적인 관심과 더 많이 관련 있을 것이다. 이 질문을 던지는 이유는, 페르소나의 측면에서만 자신의 선택을 이해하는 것은 온전하지 못하기 때문이다. 나아가, 지금의 선택이 나의 참된 자기에서 나왔을 가능성을 모색해보기 위해서이기도 하다.

물론 선택의 원인을 페르소나나 참된 자기 중 어느 한쪽에서만 찾을 수는 없다. 양자가 확연히 분리되는 것도 아니기 때문이다. 외면과 내면의 분리 지점이란 존재하지 않는 게 아닐까 싶기도 하다. 내가 대외적으로 멋져 보이고 싶은 그 소이연이 나의 진정한 고유성과 완전히 무관하지도 않을 것이니 말이다. 그러나 나의 선택이 나의 참된 자기와 도무지 연결돼 있지 않다면 큰 문제일 것이다. 그건 자기실현에서 멀어지는 길일 수 있으니까.

나의 선택의 원인은 과연 어디에 있을까? 나는 그 답이 아마 평생 하나의 미스테리로 남아 있지 않을까 생각한다. 나는 이런 질문의 답이 궁극적으로는 찾아내야 할 대상이 아니라, 나 스스로 만들어가야만 할 어떤 것이라고 이해한다. 즉, '나는 이런 연유로 선생이 됐다'는 그 답을, 살아가면서 실천을 통해 만들어내야 한다고 본다는 뜻이다. 삶이란 인식의 확장 과정이라는 측면도 있긴 하지만, 그보다는 살아내고 끌어안아야 할 어떤 것이 아닐까? 그것이 어떤 형태로 주어지든지 간에 말이다.

내가 삶을 인식의 확장 과정으로 보기를 주저하는 이유는, 간단히 말해서 내 삶의 한 단계, 한 단계가 의식적인 이해 과정이나 이성적인 선택에 의해 진전됐다고 보지 않기 때문이다. 그보다는 그냥 벼락처럼 주어지는 경우가 대부분인 것 같고, 나의 역할은 각 단계를 살아내면서 그 의미를 만들어가는 것에 국한된다고 생각하게 됐기 때문이다.

나는 왜 지금 이 길에 서 있게 됐나? 나는 왜 선생이 되려 했나? 멈춰 서서 이유를 생각해내려 애쓰기보다는, 그 길로 나아가며 적절한 이유를 스스로 만들어내야 하는 것 아닐까? 선생이 되어 살아가기로 한 선택을 온당하게 해줄 만한 이유들을 스스로 만들어내야 하는 것 아닐까? 그 이유들을 만들어가는 작업이 바로 진정한 자기실현의 길이 될 것이다. 지금 이 순간 자신이 있는 곳에서, 이곳에 오게 된 당당한 이유를 스스로 만들어감으로써 선생으로서의 자기실현에 이를 수 있으리라.

선생은 선생으로서 행복해야 한다

선생은 자신의 일을 통해 자기실현을 추구해야 한다. 현실적으로 보더라도 어차피 선생은 대부분의 시간을 학교에서 보내야 한다. 아침 8시부터 오후 5시나 더 넘어서까지, 62세가 될 때까지 학교에 머물러야 한다. 커리어 구도상, 성인기 삶의 대부분을 학교에 바쳐야 한다는 것이다.

그렇다면, 선생이 학교에서 자신의 일을 통해 자기실현을 한다는 것은 구체적으로 무얼 어떻게 한다는 말일까? 결론적으로 말하자면 선생의 일을 함으로써 자신의 고유한 재능을 발휘하고 자신만의 개성을 꽃피운다는 것이 그 답이다. 즉, 선생 일을 통해 본래의 자기로서 있기를 원하는 존재론적 욕망을 충족시키는 것이라 하겠다. 나는 그런 선생들을 많이 봐왔다. 초등학교 아이들과 힘을 합쳐 야생화박물관을 차리고 줄넘기를 재미있게 가르쳐 아이들의 삶에 활력과 건강을 불어넣어 준 선생, 가정이 불우하거나 학습을 따라가지 못하는 중학생들을 한 명씩 개인적으로 붙잡고 가르쳐 제 갈 길을 찾아가도록 힘을 주는 선생, 중등교육과정의 전공과목을 통해 학생들의 지적·인성적 발전을 위해 끊임없이 공부하고 연구하는 선생, 토론 및 글쓰기반을 만들어 자기 사고가 없던 고등학생들이 생각도 깊고 글도 잘 쓰는 학생이 되도록 쉬지 않고 지도하는 선생 등등……. 예를 들려고 한다면 매우 많다.

내가 보기에 이들의 공통점은 영화 〈코러스〉의 주인공 마티유 선생처럼 꿋꿋하게 자기실현의 길을 간다는 데에 있지 않을까 싶다. 마티유 선생은 음악가로서는 실패했지만, 불우한 소년들을 상대로 자신의 음악적 재능을 십분 발휘하여 성공적인 지방 합창단을 만들어낸다. 이를 통해 아이들이 삶과 자신에 대해 긍정적인 힘을 갖고 자라날 수 있도록 도와주는 인물이다. 비록 돈과 명예를 그러쥐는 사회적 성공은 거두지 못했지만, 많은 아이들을 방황하지 않고 건강한 성장의 길로 접어들도록 인도하는 일에서는 크게 성공했다. 결국 자신만의 고유한 재능을 제대로 발휘해 세상에 큰 도움을 줬고, 따라서 자신의 개성에 맞는 방식으로 나름의 가치 있는 삶을 만들었다. 이런 점에서 아름다운 자기실현의 길을 걸었다고 할 수 있다.

내가 목격한 앞의 선생들도 세상의 통념과 헛된 성취를 이루기보

다는 자신만의 재능을 활용해 제자들을 밝고 건강한 길로 인도해주
는 데 헌신한 이들이고, 그런 점에서 자기실현의 길을 충실히 걷고 있
는 것이라 하겠다.

이러한 헌신적인 선생들의 삶은 고되고 힘들지 않을까? 그럴지도
모른다. 허나 일이 고되지 않다 하여 인생이 고되지 않을까? 인생은 어
차피 내 의지와 상관없이 고되고 험난해지기도 한다. 또한 '몸을 사려
서' 수업이나 학생 지도를 대충한다고 덜 고될까? 내 경험에 따르면,
그럴 경우에 오히려 더 피곤하고 기분만 더 나빠진다. 아무리 몸 상태
가 나쁠 때라도 나를 온전히 다 바쳐 열심히 수업을 진행하여 학생에
게 도움을 줬을 때 성취감과 승리감으로 피곤을 극복할 수 있다.

다음의 보고가 밝히고 있듯이, 헌신적으로 자기를 바치는 선생들은
자신의 존재론적 욕구를 충족시키며 살고 있기에, 일이 고됨에도 불구
하고 매우 행복한 사람들이다.

헌신적인 교사들은 교직에 크게 만족하는 모습을 보여주었다. 교직에
대해 교직 초기부터 만족하는 교사도 있지만, 대부분은 경력이 쌓여
가면서 교직에 대한 만족도가 높아지는 것으로 나타났다. 교직 생활
중간에 불만족을 느꼈던 교사들도 그 시기를 거치면서 교직에 대한 만
족도가 높아짐을 보여주었다. 그런데 교직에 대한 이들의 만족은 '단
순한 만족'이 아니라 '대만족'임이 특징이다. '아이들과 함께하는 교
직생활이 너무 행복하고 좋으며 만족스럽다'는 것이다. 이로 인해 이
들은 자신을 교직으로 이끌어준 할머니, 부모, 선생님 등에게 감사의

마음을 갖기도 한다. 이러한 만족은 교직에 대한 지속감으로 이어지기도 하는데, '아이들이 밀어내지만 않는다면, 건강이 허락하는 한 끝까지 교직에 남아 있고 싶고, 아이들이 교직으로 들어와 교직을 이어주었으면 하는 바람도 있다'고 답했다. 그리고 대부분 '다시 태어나도 교직을 하고 싶을 만큼' 만족스러워했다.[22]

나는 그다지 헌신적인 선생은 아니지만, 선생이라는 내 일에는 대만족이다. 비정규직 대학 시간강사들의 열악한 처우에 대한 이야기가 우리 사회에서 회자된 건 어제오늘 일이 아니고, 나도 우리나라 대학 집단이 어느 기득권 집단 못지않게 이기적이라고 생각하긴 한다. 그러나 나는 학위를 받고 첫 강의를 맡은 이후로 단 한 번도, 단 하루도 강의하러 가는 것이 즐겁지 않았던 날이 없다. 지금까지 12년 동안 7개 대학에 출강했고, 최근 2년 동안은 한 학기에 27학점씩 맡을 정도로 강행군도 했다. 간혹 몸이 안 좋아 약간 나태해진 적은 있지만, 매 수업을 감사하는 마음으로 받아들였다. 그래서 나도 위의 헌신적인 선생들과 비슷한 점을 갖고 있다고 감히 말하고 싶다.

그런데 헌신적인, 그래서 성공적인 선생들은 왜 자신의 일에 대만족일까? 그건 아마도 그들이 본질적인 동기유발이 됐기 때문일 것이다.

---

22) 《한국의 헌신적인 교사 특성 연구》(정광희 외, 한국교육개발원, 2007) 59-61쪽 편집

행복한 선생의 원천

자기계발 컨설턴트이자 미래학자인 댄 핑크라는 미국인이 있다. 우연
찮게 동기유발에 관한 그의 강연 동영상을 TED.com에서 보고 홀딱
반해, 기회만 생기면 학생들에게 보여주거나 보라고 권하기도 한다.[23]
댄 핑크는 책도 썼는데, 그가 강연과 책에서 강조하는 메시지는 본질
적 동기유발의 위력에 관한 것이다. 그의 메시지를 선생의 일에 적용
할 때 다음과 같이 요약할 수 있다.

사람이 어떤 일을 열심히, 헌신적으로 하도록 동기를 유발하는 방식
은 크게 외재적 방식과 내재적 방식으로 나눌 수 있다. 외재적 동기유
발 기제에는 당근과 채찍, 즉 요즘에 정부에서 시행한 성과급이나 교
원평가제(징벌적)가 있다. 반면 내재적 동기유발 기제에는 자율적 주
인의식autonomy, 달인의 경지mastery, 목적의식purpose이 있다. 당근과 채
찍은 사고능력이나 창의성이 필요 없는 단순작업에서는 훌륭한 동기
유발 기제로 작용하지만, 조금이라도 복잡한 지적 능력이 필요한 일에
대해서는 효력을 발휘하지 못하고 오히려 목적 달성에 방해가 되기도
한다. 복잡한 일은 내재적인 동기유발이 됐을 때 더 잘 성취될 수 있다.
예컨대, 선생의 일은 다양한 인간들과 지식체계를 다뤄야 하는 매우
복잡한 일이다. 따라서 선생은 당근과 채찍이 아니라 내재적 동기유발
기제를 갖고 있을 때 자신의 일을 훨씬 잘 해낼 수 있다.

---

23) http://www.ted.com/talks/lang/en/dan_pink_on_motivation.html (한글 자막 제공)

나는 핑크의 주장에 동의한다. 나에게 강의료를 훨씬 많이 준다면 나는 아마 훨씬 더 열심히 강의를 준비하고 실행할지도 모른다. 그러나 그렇다고 해서 내 강의의 질이 반드시 높아지는 건 아니라는 말이다. 고액의 돈값을 해야 된다는 부담감으로 인해 나의 시야가 좁아지고, 창의성이 짓눌릴 수 있기 때문이다. 그리고 실제 수업을 진행함에 있어서 자신이 받는 강의료의 고저에 맞춰 수업의 품질을 딱 그만큼만 높여 실행할 수 있을 정도로 인간이 스마트(또는 영악?)하지는 못하다. 학생들을 만나면, 어쩔 수 없이 내 밑천 다 뽑아서 잘 해낼 수밖에 없는 것이다. 사자가 임팔라 한 마리를 사냥할 때도 매번 혼신의 힘을 다해야 하는 것처럼, 숙련된 선생도 한 번의 수업을 할 때마다 제 능력을 다 바칠 수밖에 없는 것이다. 한 시간에 오십만 원 받고 기업체에서 하는 강의라고 해서 한 시간에 삼만 원 받고 하는 대학에서의 강의보다 질이 더 낮지는 않다. 내가 강의를 열심히 하게 되는 건 금전적 보상 때문이 아니라, 내가 내재적 동기유발이 됐기 때문이다. 나의 경우를 위에서 말한 내재적 동기유발 기제 세 가지에 맞춰 살펴보자.

첫째, 나는 내 수업의 거의 완전한 주인이므로 자율적 주인의식이 강하다. 내가 계획 짜고 내용 만들어 내 맘대로 진행한다. 알바생은 대충 일해도 자영업자는 목숨 걸고 일을 하듯이, 내 '사업'의 주인인 나는 내 힘을 다 쏟아붓게 된다. 내가 만든, 내 것이니까. 매 학기 새로운 교육과정을 만드는 거창고 교사들, 최고의 수업을 만들기 위해 고심하는 남한산초 교사들, 아이들의 전인적 성숙을 위해 한데 뭉쳐 고민하고 회의하는 키노쿠니 학교 교사들, 이들은 모두 자기 수업의 주인이기에 교육에 혼신을 바친다.

둘째, 어떤 일이든 달인의 경지에 이르면 그 일을 하는 것 자체가 즐겁기 때문에 그 일을 하게 된다. 예를 들어 어떤 악기의 연주법을 배울 때, 처음에는 악보를 읽고 건반을 두드리는 일이 스트레스를 주지만, 한 곡을 여러 번 연습해 완전히 그 곡에 숙달되고 나면 연주하는 것 자체가 즐거움이 된다. 스포츠 게임도 마찬가지로, 탁구건 배드민턴이건 수영이건 처음에 배울 때에는 힘들지만 일단 숙달되고 나면 그 운동을 하는 것 자체가 즐거워진다. 승패나 어떤 효과 또는 득실의 유무가 중요한 게 아니라, 그저 잘하기 때문에 즐거운 것이다. 비록 나는 달인은 아니지만, 이십 대 때부터 학생들을 가르쳐오면서 수업 준비하느라 자료를 모으고 질문과 토의 안건을 만들고 그 완성물을 학생들에게 선보이는 일을 오래 해오다 보니, 꽤 능숙해져서 일을 하는 것이 재미있고 즐겁다. 즉, 누가 뭐래도 내가 재미있으니까 열심히 하는 것이다.

셋째, 자그마한 나보다 더 큰 목적이 있을 때에도 고무되어 자신을 바치게 된다. 내가 아는 존경할 만한 교육자들 중에는 서울 이외 지역의 유명하지 않은 대학의 교수 분들이 있다. 이들은 보장된 정년과 보수체계에 안주하지 않고, 이른바 '명문대생'들에 비해 자기존중감이 떨어지는 자신의 제자들에게 자긍심을 심어주고자 강의와 학생 지도에 불철주야 매진한다. 교사 연수에서 만난 전문계고 교사들 중에도 방황하는 제자들을 밝은 길로 이끌어주기 위해 머리가 하얗게 새도록 사람 키우는 일에 헌신하는 분들이 있다. 이들은 선생이라는 직업이 자기 자신만을 위한 일이 아니라 수많은 젊은 영혼들을 키워주는 일이라 믿기에 그런 정열을 쏟아낼 수 있는 것이리라. 나 자신도 남들이 뭐라 하건, 내가 학생들에게 내 메시지를 전하는 일이 우리 사회에 대단히 중요한 일이라는 깊은 자부심이 있다. 그래서 때로 부당한 대우 등으로 현실이 고달프고 힘들 때에도 자조감에 빠지지 않고 신 나게 일할 수가 있다. '나'를 뛰어넘는 큰 목적은 사람을 묵직하게 움직인다.

물론 초·중등학교 교사는 대학 시간강사인 나와 많은 차이가 있겠지만, 같은 선생으로서 겹치는 부분도 많을 것이다. 선생의 경우는 자율적 주인의식을 발휘하기에는 제도적 제약이 너무 많고, 수업의 달인이 될 정도로 준비를 하기에는 잡무가 너무 많으며, 나름의 목적의식을 가져도 입시 현실 속에서 그 뜻을 펼치기가 어렵다. 그러나 그렇다고는 해도, 제한된 영역이나마 자신의 일을 주인의식으로 바라보고 교수역량과 학생 지도 기술을 갈고닦으며 나름의 소중한 목적의식을 키운다면 학교 선생도 본질적인 동기유발이 될 수 있지 않을까?

'어떻게 하면 본질적인 동기유발이 되어 선생 일을 더 잘할 수 있을까?' 하는 행동론적 논의는 이 책의 범위를 벗어나기 때문에 자세히 다루지 않겠다. 그러나 본질적인 동기유발이 된 존재 상태에 관한 논의는 지속해야 하겠다. 그 존재 상태는 자기실현을 지향하는 상태이다. 선생 일을 통하여 자기실현하기를 원하는 이는 선생 일을 통해 자신의 재능을 다 발휘하고 자신의 개성을 드러내고 싶어 할 것이다. 이렇게 자신을 다 바치기 때문에 그 일을 성공적으로 수행할 가능성이 크게 높아진다. 따라서 성공적인 수행을 위해서는 '본질적인 동기유발'이 돼야 하겠다.

본질적 동기유발의 기제는 자기실현에 이르는 열쇠들이다. 선생으로서의 자기 일에 주인의식을 갖고, 그 일을 수행하는 능력을 키우고, 그 일의 고귀한 목적을 깨닫고 있을 때, 자신의 재능을 최대한으로 발휘하고 고유한 개성을 꽃피워 자기실현의 길로 더 뻗어나가게 된다.

자기실현과 본질적 동기유발이 선생에게 대단히 중요한 이유는 그것들이 선생 개개인으로 하여금 자신의 일을 통하여 진정한 만족 또는 행복에 이르도록 도와주기 때문이다. 무슨 일이든 신 나서 즐겁게 해야 잘할 것이고, 자신이 맡은 일을 잘해야 행복하지 않겠는가. 그 일에 자신의 영혼을 바칠 때, 그 일에서 최상의 성과를 뽑아내고 자신도 행복해질 수 있을 것이다. 그러니 평생 몸담아야 할 직장을 행복의 장으로 만들 수 있도록 에너지의 원천을 선생인 내 존재 깊숙한 우물에서 길어 올려야 하겠다.

선생, 멀티플레이어

시대가 선생에게 요구하는 것들

젊은 놈들 교육한다면서
'저놈 때문에 내 아들 버렸다'는 소리 한번 못 들으면 교육자가 아니다.
_ 함석헌

인간에 대한 봉사만큼 지고한 종교는 없다.
모두를 위하는 일을 하는 것이 가장 위대한 강령이다.
_ 알베르트 슈바이처

사실, 선생은 세다

미국에서 공부할 때, 포스트모더니즘 경향의 젊은 교수님이 강조하던 교수방법이 하나 있었다. 그것은 '개인적 삶에 대한 회고personal biography'를 수업 시간에 의미 있는 인식작용의 일부로 끌어들이는 방법이었다. 사뭇 '객관적'이고 '과학적'이어야 할 교육에 대한 사회과학적 탐구와 '개인적'이고 '주관적'인 과거 회상을 결합한다는 것이 늘 아슬아슬하게 느껴지기도 했지만, 제대로만 운영되면 학습효과는 놀라웠다. 그래서 나도 간혹 강의에서 이 방법을 사용한다.

나는, 대개 교사 지망생으로서 교육과 관련된 내 강의를 듣는 그들 중 상당수가 교직에 대한 이른바 '사명감'을 간과하고 있으리라 예상한다. 하여, 어떻게 하면 '사명감'이라는 이 딱딱하면서도 쉽사리 위선적이 될 수 있는 애물단지 같은 것의 개념을 학생들이 심각하게 받아들이게 해줄 수 있을까 궁리 끝에, 이런 주문을 던졌다. '어릴 적 학교 다니며 겪었던 가장 좋은 선생님과 가장 나쁜 선생님에 관해서 서로에게 털어놓아 보시오.'

처음에는 쑥스러워하던 학생들이, 자신이 속한 작은 그룹의 급우들과 곧 활발하게 이야기하기 시작한다. 내가 제지하지 않으면 한 시간은 자기네들끼리 수다를 떨지도 모를 만큼, 모두 이야깃거리가 많다. 내가 사회자가 되어 전체 클래스에서 나온 이야기들을 하나둘 정리해보면, 사연이 참으로 다양하다.

그 사연들의 양극단을 보면, 최선에는 자신을 '수렁에서 건져낸' 선생님께 감사하는 이야기들이 있다. 사춘기에 부모가 이혼하여 방황하다가 불량한 아이들과 어울려 학생부에 끌려갔는데, 담임선생이 헐레벌떡 뛰어와서는 엄마처럼 손을 꼭 잡아주며, '넌 원래 머리가 아주 좋으니 공부해서 꼭 대학에 가야 해'라고 말해준 덕분에 정신이 들어 학업에 매진했다는 여학생. 자신이 학급에서 집단 따돌림을 당하고 있을 때 담임선생이 전체 학급에게 눈을 감으라고 한 뒤에, 한 학생이 '왕따'의 고통으로 자살하여 가해 학생들이 뒤늦게 겪은 회한의 고통에 관한 이야기를 들려주고, 학급의 가해 학생 한 명씩과 따로 대화를 나누어 그들의 반성을 이끌어내 줬다는 여학생. 아버지의 알코올 중독과 폭력으로 침울한 소년기를 보내고 있던 자신을 따로 불러내서 격려해주고

틈틈이 힘을 주는 말을 해준 담임선생 덕분에 희망을 품고 공부하게 됐다는 남학생. 이런 이야기들을 들으며 우리 사회 구석구석에는 공적으로 부여된 책무를 뛰어넘는 정성과 열의를 학생들에게 베푸는 선생들이 숨어 있다는 믿음을 가질 수 있다.

한편, 학생들이 털어놓는 이야기들 중 최악의 극단에는 자신에게 씻기 힘든 상처를 안겨준 선생에 대한 기억이 있다. 자기주장이 강한 편인 자신을 늘 고깝게 보고 부정적인 지적만 하던 담임선생이 자신은 원치 않던 대학에 입학 원서를 내라고 강요하더니, 원하던 대학에 합격하자 '재수 억세게 좋은 녀석'이라고 악담을 던져서 마음에 깊은 상처를 입었다는 남학생. 집안 사정 때문에 고등학교 수업료를 제때 내지 못하자 '학교 다닐 자격도 없는 놈'이라고 비난하던 담임을 잊을 수 없다는 남학생. 수준별 수업의 '열반'에 속한 자신과 급우들이 수업 도중에 졸자 '머리에 똥만 찬 것들'이라며 욕하던 선생 때문에 자존심에 큰 상처를 입었다는 여학생.

최선의 사연들은 내 가슴도 뭉클하게 해주지만, 최악의 사연들은 나로 하여금 분개하고 안타까움을 느끼게 한다. 이런 감정은 아마 다른 모든 학생들도 함께 나누었으리라 믿는다. 심지어는 과거에 선생으로부터 받은 상처를 고백하며 눈물을 흘리는 학생도 있다.

여러 사연을 나눈 뒤, 나는 애초에 의도했던 바대로 학생들에게 묻는다. 선생이란 사람들이 우리의 삶에 좋은 쪽이건 나쁜 쪽이건 간에 얼마나 커다란 영향을 끼치는지 느낄 수 있느냐고. 그 영향의 지대함을 생각해볼 때 '교사의 사명감'이란 말의 당위성을 실감할 수 있지 않

느냐고. 그리고 나의 한 스승께서 들려주셨던 말씀을 나의 제자들에게
도 들려준다. '사람들은 자신의 몸을 치료하는 의사에게는 거액의 치
료비를 지불하고 존경을 표시하지만, 자신의 마음과 정신을 건드리는
선생은 대수롭지 않게 여긴다'는……. 선생은 의사 못지않게 큰 사명
감을 가져야 하는 사람일 게다.

현대의 교육학 교과서들은 교사 지망생들에게 사명감을 가져야 한
다는 당위를 줄곧 들이댄다. 그러나 나는 사명감의 중요성에 극구 찬
동함에도 불구하고, 그런 '당위 들이대기'의 실질적 효과에 대해서는
회의적이다. 당위적 도덕률에 의해 끌려가기보다는, 선생이 본질적 동
기유발이 되어 선생 일을 스스로 자기실현의 길과 일치시킬 수 있을
때, 자신의 영혼의 음성에 귀 기울일 때, 보다 자연스럽고도 자발적으
로 진정한 사명감 또는 소명의식 같은 것이 일어날 수 있다고 나는 믿
는다. 그리고 본질적인 동기유발이 되려면, 앞에서 살펴봤듯이 한 개
인이 선생의 일을 통하여 자율성을 발휘하고 통달의 경지에 이르며 나
아가 목적의식도 발견할 수 있을지 알아볼 필요가 있겠다.

그런데 선생의 일은 간단히 규정할 수가 없다. 일의 유형도 복잡다
단하지만, 그 의미는 더더욱 복잡하기 때문이다. 그래서 현대에 접어
들어 선생에 대한 정의가 여러 가지 대두됐다. 그중 대표적인 다섯 가
지를 살펴봄으로써, 선생의 일을 통한 본질적 동기유발 가능성을 타진
해보겠다. 그 다섯 가지는 엄격한 지식 전수자로서의 선생상像, 프로페
셔널로서의 선생상, 변혁적 지식인으로서의 선생상, 학습 촉진자로서
의 선생상, 리더십을 발휘하는 선생상이다.

엄격한 학자 오닐 교수와의 추억

미국 대학의 학부 과정에서 서양사 공부를 하고 있을 때 두 번 강의를 들었던 오닐이라는 교수님이 있었다. 처음 미국에 도착했을 당시 입국 비자 문제 등으로 학기 시작 며칠 전에야 겨우 캠퍼스에 도착한 나는, 말도 잘 안 통하고 어리벙벙한 상태에서 네 과목을 수강신청하여 엄청 헤매기 시작했다. 나는 "How are you?"라고 인사를 했는데 상대방은 "Who are you?"로 알아들어 의아하게 쳐다보고, 학교 식당에서 '버터'를 달라고 청했는데 음식 퍼주는 사람이 내 발음을 알아듣지 못한 나머지 주방장까지 달려 나와 여러 차례 내 말을 들어본 뒤에야 '버러butter'인 걸 알고 가져다주기도 하는 등, 낯선 나라에서 매일 좌충우돌하고 있었다.

이때 미국 대학에서 처음 수강한 과목이 오닐 교수의 '고대 로마사 강의'였다. 그와 동시에 수강하고 있던 미국사 수업의 담당 교수님은 박력 있으면서도 매우 자상하고 친절하였음에 비해, 오닐 교수는 차분하면서 동시에 차가웠다. 두어 번 그의 수업에 참여한 후, 기를 쓰고 교과서로 예습을 하고 수업에 들어갔음에도 도저히 강의 내용 대부분을 알아들을 수가 없었던 나는, 수업이 끝난 후 오닐 교수에게 다가가 떠듬떠듬 질문을 했다. 미국에 들어온 지 얼마 안 돼서 영어가 서툴러 그러니, 강의실에 녹음기를 갖고 와서 교수님 말씀을 녹취해가도 되겠느냐고……. 그러는 나를 쳐다보는 그분의 시선은 차가웠지만, 마지못해 그러라고 승낙해주었다.

그때의 교과서를 지금 펼쳐보니, 참으로 기초적인 단어들도 그 뜻을 몰라 행간에 깨알같이 의미를 적어놓았다. 토플 점수 하한선을 간신히 넘겨서 입학한 주제였으니 당연한 일이었다. 그 실력으로 영어 원서를 가지고 로마사를 배우려니 난감할 수밖에 없었다. 중간고사가 되어 열심히 답안을 작성했건만, 다른 학생들은 모두들 시험을 마친 후 강의실을 빠져나가고 마감 시각이 다 되었음에도 나는 미처 답안을 다 적지 못하고 있었다. 할 수 없이, 나 끝나기만을 기다리고 있던 교수님께, 죄송하지만 시간을 조금만 더 주시면 안 되겠냐고 사정을 했다. 오닐 교수님은 예의 그 무표정한 얼굴로 내게 자신을 따라오라 하였다. 그래서 교수님 연구실로 따라가, 한참을 더 걸려 답안지의 나머지 부분을 완성할 수 있었다.

그 양반께서는 내게 아무런 말씀이 없었던 것을 기억한다. 그러나 나는 답안지 작성 시간을 더 주었던 것을 일종의 특별 배려로 받아들였고, 남은 학기 동안도 나름대로 열심히 공부해서 미국 대학에서의 첫 학기 수강 과목 성적으로 B를 받았다. 나는 그 점수에 감지덕지했다.

고국의 부모님께, 전공과목 교수님들께서 잘 도와주신다는 말을 전했더니 한국의 자연 풍경이 담긴 탁상용 달력을 어머니께서 여러 부 소포로 보내주셨다. 그 학기가 끝나고 연말이 되어, 여러 교수님들께 그 달력을 들고 찾아가 인사를 여쭸다. 미국 대학의 교수님들은 적잖이 놀라는 눈치였다. 미국 학생들이 그런 인사치레를 하는 일은 없기 때문이다. 오닐 교수께도 찾아갔다. 그분도 선물을 받고는 흠칫 놀라는 듯했지만, 겉으로 내색은 전혀 하지 않았고 의례적인 '땡큐' 외에는 말씀도 별로 없었다.

어쨌든 나는 다음 학기에도 또 오닐 교수의 강의 '고대 그리스사'를 들었으며, 여전히 시험 시간이 종료된 후에 혼자 교수님 연구실로 졸졸 따라가 나머지 답안을 써내곤 했다. 두 번째 학기에는 A를 받았다.

그런 두 학기 내내, 오닐 교수의 태도에는 아무런 변화가 없었다. 늘 무표정했고, 단 한 번도 웃는 것을 본 기억이 없다. 그분의 사생활에 관해서는 고대 로마의 동전을 수집한다는 것 외에는 아무것도 몰랐다. 내게 특별한 격려의 말을 해준 적도 없었다. 그렇게 두 번 수강한 이후에는 때때로 캠퍼스에서 마주칠 때마다 나는 공손히 인사를 건넸고, 오닐 교수는 언제나 무표정하게 "Hello, Mr. Han."이라고 대답했다. 나는 그가 내 이름을 기억하고 있다는 사실이 기뻤다.

오닐 교수의 이 같은 태도는 미국에서 겪은 여러 교수님들과 비슷했다. 그 태도란, 자신의 전공 영역에 대한 깊은 애정, 지식 추구에 대한 열정 그리고 지식 전수에 대한 엄중한 책임감 등이다. 그들은 연구자이면서 교육자이기도 한데, 이처럼 주로 전문지식의 전수자로 선생을 규정하는 시각이 현대의 학교, 특히 중등학교에서 공고히 자리 잡게 됐다. 그런데 이 같은 지식 전수자로서의 선생상에서는 선생과 학생 사이의 인간적 관계가 그다지 강조되지는 않는다. 이는 그러한 관계를 부정하기 때문이 아니라, 정이 개입되지 않은 냉정하고도 객관적이며 과학적인 지식 추구를 존중하는 서양의 학문적 분위기로 인해, 인간적 상호작용이 뒤편으로 밀려났기 때문이라고 생각한다. 오닐 교수와 같이 엄격한 선생은 자신의 전공 분야에 깊은 애정이 있지만 감정을 결코 겉으로 드러내지 않고, 학생들과 굳이 인간적 교류를 하지도 않는다. 이런 선생은 학생들에게 최선을 다해 자신의 지식을 전수해주고 난 다음, 학생들이 스스로 깨쳐서 자기의 길을 찾아가는 것을 묵묵히 지켜보는 유형이라고 할 수 있겠다. 이런 유형의 선생에게 앞장에서 논한, 학생에 대한 따스한 '가슴'이 없는 것은 결코 아니다. 다만 가슴이 지성을 압도하거나 흐트러지게 하지 않도록 엄격하게 감정을 절제하는 태도가 하나의 전통이 됐다고나 할까.

오닐 교수는 고대 서양 문명을 연구하는 학자였고, 고대로부터 전승된 지식의 가치를 후대에 전해주는 교육자라고 할 수 있다. 고전의 가치를 중시하는 이러한 인문학자와 교육자들은 교육에 대해 보수적이라는 평을 받기도 한다. 이들은 과거의 지식과 지혜를 깊이 사랑한 나머지 시대가 변했음에도 옛것과 옛 방식의 보전을 고수하는 경우도 있기 때문이다. 예컨대 실질적으로 이미 사어死語가 돼버린 라틴어를 서구의 명문 대학 인문학 과정에서 여전히 교육적으로 중시하는 전통이 그러한 보수성의 단면이라 할 수 있겠다. 물론 선대의 문화적 산물을 중시하는 것은 훌륭하고 가치 있는 일이긴 하지만, 교육이 학생들로 하여금 현 시대에 적응하여 새로운 전통을 일구어나가도록 돕는 것을 중시해야 한다면, 라틴어보다는 컴퓨터 프로그래밍 언어를 배우는 편이 더 유리하다고 할 수 있다. 또한, 현재 문명의 실생활로부터 유리된 귀족적인 비전秘傳의 지식을 전승하는 기도는 상류층만의 문화적 징표를 공고히 하려는 욕망을 반영하기도 한다.

이런 지식사회학적 비판이 있기는 하지만, 나는 옛 문명의 비전적 지식에 대한 관심이 오닐 교수와 나를 이어줬다고도 본다. 오닐 교수와의 사연이 아직 더 남아 있다. 표면적으로는 냉정하고 딱딱한 그 노학자의 속마음을 엿볼 수 있게 된 작은 사건이었다. 내가 오닐 교수의 수업을 두 학기 들은 뒤로 여러 명의 한국 유학생들이 그의 수업을 수강하게 됐으니, 그건 나로부터 시험 공략법을 전수받았기 때문이다. 작금의 한국 대학과 마찬가지로, 고대사 같은 것에 흥미를 가지는 젊은이들은 가뭄에 콩 날 정도인 미국의 캠퍼스에서, 이유야 어찌 됐든 까만 머리의 동양 녀석들이 자신의 강의를 들으러 오는 것이 오닐 교수에게는 기분 나쁘지 않은 일이었을 것이라 짐작한다.

그렇게 두 해 정도가 흐르고, 졸업을 앞둔 최종 학기에 나는 오닐 교수와 또 한 번 캠퍼스에서 우연히 마주쳤다. 그때 나는 유럽 중세사 과목을 수강 중이었는데, 그 과목의 참고 문헌을 대출하려고 도서관 카운터에 서 있던 중이었다. 놀랍게도 그가 먼저 나를 알아보고 말을 걸어왔다. 은퇴 시기가 가까운 역사학자의 얼굴은 여전히 무표정하였지만, 그의 말투는 예전과 분위기가 달랐다. 나와 이런저런 일상적인 인사말을 나눈 뒤 오닐 교수는 내게 무슨 자료를 찾고 있는지 물었는데, 그가 이런 걸 물었다는 것 자체가 특별한 일이었다. 정확히 기억하는데, 그때 나는 11세기 이탈리아의 신학자 성 안셀무스St. Anselm가 쓴, 신의 존재를 증명하는 논고 자료를 빌리려던 참이었다. 나의 대답을 들은 노교수의 눈빛은 갑자기 반짝였고, 그때 처음으로 접했던 그분의 그러한 표정을 나는 잊지 못한다.

"성 안셀무스라고? 오, 내가 앤썸(안셀무스의 영어식 발음)의 이름을 들어본 적이 언제였던가.”

　오닐 교수는 허공을 응시한 뒤 잠시 눈을 지그시 감으며 이렇게 중얼거리는 것이었다.

　자신의 강의를 두 번 연속 수강할 때에도 내게 별 말씀이 없었던 오닐 교수, 언제나 무표정했던 그 교수가 오랜만에 만난 나에게 비상한 관심과 정감을 보이는 것이 의아했다. 자신도 과거에는 공부했을 성 안셀무스라는 먼 옛날 역사 속의 인물, 지금은 극소수의 사학도 외에는 그 누구도 관심을 갖고 있지 않을 잊혀진 서양의 옛 성현의 이름을 제자의 입을 통해 들은 것이 은퇴를 앞둔 노교수에게 특별한 감회를 불러일으켰던 것일까? 케케묵은 옛 문헌을 뒤지는 나의 모습에서 자신의 젊은 시절을 봤던 것일까?

　오닐 교수는 자료를 대출해주기 위하여 다가온 도서관 사서들에게 약간은 과장된 어조와 제스처를 써가며 이렇게 말하였다.

　“여기 이 젊은이는 우리 학교의 매우 중요한 인사Very Important Person 라오. 앞으로도 여러분들이 이 친구를 위하여 아낌없는 도움을 주기를 바랍니다.”

　나는 어안이 벙벙해 별말 없이 그냥 서 있었고, 사서들은 노교수에게 잘 알겠다는 말을 한 것 같다. 오닐 교수는 미소를 머금고는 내 손을 꼭 잡아 악수한 후 그곳을 떠났다. 스승과 헤어질 때, 고개를 푹 숙여 절하는 한국식 인사를 올리지 못하는 것이 그 당시 나는 몹시 안타까웠다.

　그런 일이 있은 후로 내가 도서관 대출 카운터에서 특별한 혜택을 받은 것은 아니었지만, 최소한 그 사서들은 나를 알아보고 인사를 나누었다. 오닐 교수 덕분에, 남의 나라에 있는 남들의 학교라고만 느꼈던 그곳에 나의 자리도 있다는 것을 느낄 수 있었다. 내 기억 속에는 언제나 차갑고 무표정한 한 인간으로 기억될 수도 있었던 스승이, 그 한 번의 만남으로 내게 애정을 베풀어준 고마운 스승으로 남게 되었다.

오닐 교수를 회상해보면, 엄격하고 냉정한 지식 전수자로서 자신의 교육자적 역할을 규정하는 현대의 선생들도 학생과 인간적 교류를 중시하지 않는 게 아니라 엄격하고 냉정한 태도 자체가 학생을 존중하고 위하는 그들 나름의 방식이 아닐까 하는 생각을 하게 된다. 이런 선생상이 주지적 교육만 중시하고 인성교육은 무시한다는 말이 아니다. 단지, 지식 자체를 너무 중시하다 보니 인성을 살짝 간과한다고나 할까. 그러나 이런 방식은, 묵묵히 아들을 키워만 준 다음, 아들에게 사랑한다는 말 한마디도 못 한 채 세상을 떠나버리는 아버지를 떠올리게 한다. 아버지가 아무리 가시고기처럼 자신을 희생하여 아들을 키워도 어린 자식은 그걸 모른다. 살아 있는 동안 자식을 사랑스러워하고 안아줬어야 하지 않을까? 선생이 마음속으로 아무리 학생들에 대해 관심을 품고 있어도, 어린 학생들은 선생의 그런 깊은 속을 알지 못하는 법이다.

프로페셔널한 선생상 그리고 조벽 교수

1966년, 유네스코와 국제노동기구ILO는 공동으로 작성하고 채택한 〈교원 지위에 관한 공고〉에서 '교원은 전문직professional으로 간주되어야 한다'고 선언했다. 현대 사회의 대표적 프로페셔널로 의사와 법률

가를 꼽는데, 선생도 그들과 같은 프로페셔널이라 선언한 것이다. 흔히 사람들은 선생의 직무를 전문지식이나 역량 따위가 필요 없는 것으로 여기지만, 사실 선생은 교과목에 대한 지식 이외에도 그 지식을 학생들에게 가르치는 기술은 물론이고 학생의 성장을 돕는 역량도 갖춰야 한다. 선생을 프로페셔널로 보는 시각이 나타난 지는 꽤 됐지만, 현실적으로 학교 선생들이 의사나 변호사와 같은 사회적 대우를 받고 있지는 못하니, 아직까지는 일종의 당위로써만 작용하고 있는 선생상이라 할 수 있겠다.

이 같은 프로페셔널로서의 선생의 자격과 자질에 대해, 국내에서는 조벽 교수가 자상하게 정리를 해주고 있다. 비록 교육학계의 프로페셔널론 전통과는 다소 차이가 있지만, 최근 들어 조벽 교수는 EBS 프로그램 등을 통해 전문가로서 선생이 갖춰야 할 역량에 대해 합리적이고도 유용한 조언을 제공해왔다. 또한 정부의 교육 개혁에 대한 자문 역할도 해왔는데, 그 조언은 효과적인 교수법에 특히 집중돼 있다.

그가 선생의 교수법이 중대하다는 것을 처절하게 느낀 사건이 있었다 한다. 조 교수가 미시건 대학에서 옴부즈맨ombudsman으로 있을 당시, 은퇴를 앞둔 한 노교수가 찾아왔다. 노교수는 교육자 생활의 마지막 교수평가에서 형편없는 점수를 받았고, 그래서 자신의 인생 자체가 낙제점인 것처럼 느껴진다며 엉엉 소리 내 울었다. 그 불쌍한 노교수의 모습을 보고 조 교수는 자신이 중요하다고 믿는 가치에 여생을 바치겠노라 다짐했고, 대학 교수로서 학생들의 배움을 북돋워주는 교수법 전문가로 자신을 재창출하게 됐다는 것이다.

　교수법의 달인인 조벽 교수는 선생 중심적 강의 형태의 수업을 가능하면 줄이고, 학생들이 적극적으로 참여하는 토론식 수업을 진행할 것을 특히 강조한다. 토론을 통해, 학생들은 선생의 말을 그저 듣고만 앉아 있는 수동적 녹음기에서 벗어나 배움의 당당한 주체가 된다. 조 교수는 강의 내용이 기억에 남는 비율에 관해 다음과 같이 예시한다.

학습 방법에 따른 강의 내용 기억 비율

읽기 : 10%

듣기 : 26%

보기 : 30%

보기와 듣기 : 50%

보기와 말하기 : 70%

말하기와 행동하기 : 90%

가르치기 : 95%

　위의 결과를 보면, 학생이 자신의 목소리를 많이 낼수록 더 많이, 더 깊이 알게 된다는 것을 알 수 있다. 기실, 세상의 모든 선생들이 다 알고 있는 진리 하나가 있다면, '한번 남을 가르쳐보면 그 내용을 완벽히 알게 된다'는 사실이다. 자기 목소리를 낸다는 것, 나아가 한번 가르쳐본다는 것은 바로 학생이 배움의 주체가 되는 것이다.

　이렇게 토론 등을 통한 학생의 적극적 참여 수업을 권장하는 조벽 교수가 한국의 교수 및 교사들에게 강조하는 것은 이른바 '지식기반경제의 도래'라는 시대적 변화이다. 이런 새로운 환경에서는 이전의 산업사회 시대처럼 자라나는 학생들에게 정형화된 지식과 정보를 머릿속에 대량으로 집어넣는 것이 중시되지 않는다. 정보와 자료는 세상에 넘쳐흐른다. 또한 시시각각 갱신되고 변화한다. 따라서 정보와 자료 자체의 습득과 보존이 더 이상 중요치 않다. 그 엄청난 양의 정보를 어떻게 유의미하게 분류·조직·통합하여 실생활과 일에 적용시킬 수 있느냐 하는, '지식경영'의 역량이 중요해진 것이다. 그래서 조벽 교수는 학생들이 스스로 지식 습득과 조직의 주체가 되도록 도와주는, 철저한 학습자 중심적 교수방법을 강조한다. 따라서 선생은 학생에게 고기를 잡아주는 사람이 아니라, 학생이 스스로 고기 잡는 법을 터득하도록 이끌어주는 사람이 돼야 한다.

그런데 한 학생이 고기 잡는 방법을 깨닫도록 돕는 것은 그 학생의 능력과 성향, 재능 등을 잘 파악하고 있어야만 가능하다. 그래서 선생은 학생에 대한 이해가 깊어야 하고, 학생에게 다가가려는 적극적 태도를 키워야 한다. 여기에서 조벽 교수가 선생에게 요구하는 역량은 '지식'과 '방법'과 '태도'라는 세 가지 범주를 포괄한다. 지식은 선생이라면 당연히 갖춰야 하는 것이고, 선생의 훈련과정에서 기본적으로 축적해야 하는 역량이다. 그러나 교수방법은, 이를테면 우리나라의 교사 양성 과정에서 아직 효과적으로 훈련시켜주지 못하고 있다. 나아가 학생을 위하고 이해하는 태도, 마음가짐과 같은 덕목은 양성 과정에서 간과되고 있을 뿐 아니라, 아마도 선생이 갖추기 가장 어려운 덕목 또는 자질이라 할 수 있다. 그래서 조벽 교수는 자신의 저술과 강의를 통하여 주로 방법과 태도를 강조한다.

조벽 교수는 학생의 배움에 대한 이런 관점을 미국 학자 페리의 '대학생의 지적 발달에 대한 이론'을 들어 설명한다.[24] 이 이론에 따르면, 이십 대의 대학생은 대체로 다음과 같은 다섯 단계를 거쳐 인식의 발달을 이룬다고 한다. 첫째, 흑백론적인 이분법의 단계. 둘째, 다양성의 용인 단계. 셋째, 상대주의적 관점의 단계. 넷째, 선택과 헌신의 단계. 다섯째, 관용정신의 단계.

아동과 청소년은 세상을 흑백론적으로 재단하기 나름이어서 선 아니면 악이라는 양자로만 인간과 세상을 이해하지만, 대학생쯤 되면 그러한 이분법이 지나치게 단순하고 유치한 것임을 깨닫게 된다. 그래서 보다 복잡하고 다양한 가치와 입장이 세상에 있음을 인정하게 되고, 대학생활을 통해 다양한 세계관과 인간들을 접하면서 수많은 가치를 용인하는 상대주의적 세계관에 발을 들여놓게 된다. 그러나 구체적으로 실존하는 자신의 삶을 영위하기 위해 수많은 가치 중에서도 특별히 어떤 것이 자신에게 중요한지를 판단하여 그 가치에 자신을 바치게 된다. 이렇게 자신과 타인의 다름을 인정하면서도 자신의 삶의 길에 대한 확신을 가진 성숙한 사람은 세상에 대한 똘레랑스tolerance 정신을 수용하게 된다는 것이다.

위 발달 단계의 도식은 나도 학생들에게 지적 성숙의 과정을 설명하기 위해 종종 사용한다. 그런데 이 도식에서 주목해야 할 점은, 지적 성숙이란 결코 지식이 오랜 세월 차곡차곡 질서정연하게 쌓인다고 해

---

24) 〈Forms of Intellectual and Ethical Development in the College Years : A Scheme〉
　　(Perry, W.G, Jr, New York: Holt Rinehart and Winston, 1970)

서 저절로 다다르게 되는 경지가 아니라는 것이다. 이분법에서 상대주의로, 상대주의에서 헌신으로 옮겨가는 그 과정이 이전 단계에 대한 부정 또는 이전 단계의 폐기처분을 수반하기 때문이다. 흑백론적으로 세상을 보던 아이는 세상을 선과 악이라는 양극단으로만 재단할 수는 없음을 깨닫게 됨으로써 한 단계 성숙하는데, 이때 어렸을 적의 흑백론을 폐기해버려야 하는 것이다. 그 사람이 더 성숙해지면서 이른바 '상대주의의 늪'에서 빠져나와 헌신할 가치를 선택하기 위해서는 또 다시 상대주의적 세계관을 허물고 극복해야 한다. 이러한 발전 또는 도약의 과정에는 이전의 세계관에 투자된 자신의 에고ego를 버려야 하는 해체와 파괴의 아픔이 동반된다. 헤르만 헤세가《데미안》에서 이르고 있듯이, '알을 깨고 나오는' 고통이 따라오게 된다. 그래서 지적 성숙의 과정은 결코 편안하고 정돈된 길이 아니라, 자기부정과 극복을 수반하는 혼돈의 과정이다.

듀이도 지적 성숙에 관해 같은 관점을 나타냈다. 이 미국의 철학자는 인지적 혼란이 지적 발달의 전제조건이라고 설파했다. 즉, 우리는 이해할 수 없는 현상을 접했을 때 혼란에 빠지고 정답이 없기에 당황하는데, 바로 이러한 혼란과 당황을 통해서만 깊은 성찰을 할 수 있다는 것이다. 스스로 깊은 성찰을 구동할 때에만 비로소 우리는 '앎'에 도달할 수 있다.

페리의 도식에서, 흑백론으로 설명되지 않는 복잡한 현상 앞에서 혼란에 빠지게 될 때 학생은 당황하면서 스스로 답을 구하기 위해 깊이 생각하게 되고, 그 사고과정이 비록 고통스러울지 모르지만 오직 그런 과정을 통해서만 자기만의 이해를 획득하게 된다고 하겠다.

이렇게 페리와 듀이의 관점에서 보자면, 좋은 선생이란 정답을 주는 사람이 아니라 학생을 혼란에 빠뜨리는 자여야 한다. 소크라테스의 표현을 빌자면, 이런 선생은 스스로 아기를 낳는 이가 아니라 아기를 낳도록 도와주는 산파와 같은 존재, 주어진 현상을 의심하게끔 학생을 자꾸만 자극하는 쇠파리와 같은 존재일지도 모르겠다.

학생을 자극하여 현상을 의심케 하고, 그래서 주어진 정답의 틀을 부수고 나와 혼란 속에서 자신만의 앎을 찾도록 만들 수 있는 효과적인 교수방법은 '질문하기'이다. 조벽 교수도 질문하기를 매우 중시한다.

질문을 많이 하면 할수록 기억 체계가 더 많은 방식으로 정보에 색인index을 달 수 있음을 현대의 인지과학이 밝히고 있듯이, 선생이 학습자에게 해답을 제공하기보다는 다양한 질문을 하고, 나아가 학생 스스로 질문할 수 있도록 자극함으로써 학습자 중심의 수업을 이끌 수 있다. 이탈리아의 기호학자이자 베스트셀러 작가인 움베르토 에코의 표현에 따르면 '현대 문화에서 과학 공동체는 불일치를 지식 진보의 도구로 이해'하므로, 학습자가 세상의 다양한 관점들 사이의 불일치를 포착하기 위해서는 스스로 질문하는 능력을 배양할 필요가 있다.

조벽 교수가 제시하는 선생상은 재래의 권위주의적인 강의자로서의 선생상을 그 역량 측면에서 훨씬 보강한 모델이라 할 수 있는데, 이런 전문가적인 선생상이 갈수록 각광받는 것이 세계의 추세라고 본다.

캘리포니아 주립대학에서 물리학을 가르치는 아리사카 교수도 조벽 교수 못지않게 선생으로서의 프로페셔널리즘을 강조한다.

나는 내 연구 그룹 안에서 매년 열 명의 물리학 전공 학부생들에게 지속적으로 멘토 역할을 해준다. 이 학생들이 열심히 공부하도록 지도하느라 여름 내내 나의 힘을 거의 다 써버리곤 하지만, 나는 다음 세대의 이 총명한 학생들에게 최상의 연구 기회를 주는 것이 나의 사명이라고 느낀다. 이것은 다음 세대 과학자들을 위한 프로페셔널 교육자인 나의 심중한 사명이다.[25]

이 두 명의 교수들은 공식적으로 직무에서 요구되는 것 이상의 노력을 자신의 일에 퍼붓고, 자신의 교수방법을 발전시키기 위해 많은 노력을 아끼지 않으며, 또 자신의 학생들을 이해하고 돕는 데 정성을 기울인다. 특히 초 · 중등학교의 선생이 이러한 프로페셔널 선생상을 적용할 때에는, 학생들의 연령에 따른 발달단계에 대한 이해가 필요하다. 현대의 프로페셔널 선생상에서는 조벽 교수의 완벽주의에 가까운 교수법에 덧붙여 학생의 인지적 · 정서적 발달에 대한 관찰과 이해도 중요하다. 이런 선생에게 배우는 학생들은 실력이 쑥쑥 자랄 것이고, 부모는 든든한 마음으로 자녀의 교육을 맡길 수 있을 것이다. 고대의 선현들도 이러한 프로페셔널리즘, 특히 그 자발적 책임감의 순수함을 찬양하지 않았나 싶다. 로마시대의 철학자 에픽테토스의 말을 들어보자.

---

25) Arisaka's Statement of Teaching Describing Contributions Made as a Teacher (2010.1.21.).
출처 : Google Search

당신 나름의 가치를 만드십시오. 자신의 가치는 뛰어난 사람들을 사 귄다고 해서 얻을 수 있는 것이 아닙니다. 당신에게는 당신 나름의 할 일이 있습니다. 어서 그 일에 달려드십시오. 최선을 다하십시오. 누가 당신을 지켜보든 개의치 마십시오. 당신 나름으로 유용한 일을 하십 시오. 이런 노력을 해서 무슨 명예를 얻을까, 남들로부터 어떤 칭찬을 받을까, 그런 생각은 하지 마십시오. 남이 당신의 가치를 대신해주는 법은 없습니다. 생각해보십시오. 진짜 당신의 것은 무엇입니까? 당신 이 얻게 되는 생각, 자원, 기회를 이용하는 것입니다. 당신이 얻은 것 을 최대한 활용하십시오. 그것이야말로 진짜 당신의 것입니다. 진짜 당신의 것이 무엇인지를 찾아냄으로써 당신의 행동이 자연과 조화를 이룰 때, 그때 당신은 스스로에게 만족할 수 있고 편안해질 수 있습니 다. 누가 뭐랄 사람이 없지요.[26]

그러나 이 아름다운 프로페셔널리즘에 대한 비판도 없지 않다. 위에 서 본 페리의 이론이 대학생들을 대상으로 한 것이어서 초 · 중등학생 에게는 적용될 수 없는 것처럼, 선생으로서 자신의 직무를 규정하거나 자율적으로 실행하기 어려운 초 · 중등학교 선생들에게 대학 교수의 방식을 그대로 따라 하라고 할 수는 없는 일이다. 사실상 초 · 중등학 교 선생은 자기 일에 있어 절반의 주체에 불과하다고 할 수 있으니 말 이다. 한 중학교 선생이 가르치는 교과의 지식 범위는 정부에서 결정

---

26) 《불확실한 세상을 사는 확실한 지혜》 (에픽테토스 저, 샤론 르벨 편, 까치글방, 1999) 35-36쪽

하고, 그가 가르칠 내용도 정부에서 국가교육과정의 형태로 '하달'해 주기 때문이다. 국가 통제가 특히 강한 우리나라의 교육현실하에서는 학교 선생들의 교육과정 운영에 대한 자율권이 약하다. 또한, 선생의 급여 및 지위라는 조건을 놓고 볼 때 전문직이라기보다는 자본과 체제에 부속된 근로자, 공무원의 성격이 강하다. 이처럼 자신의 역량을 자율적으로 발휘하기에는 많은 제약을 안고 있는 학교 선생들에게 앞서 말한 정도의 프로페셔널리즘을 당위로써 요구하기는 어렵다.

변화를 이끄는 지식인, 그리고 전교조

학교 선생이 프로페셔널로서 일하기 어려운 것은 선생 개개인의 탓보다는 사회와 제도, 체제에 기인한 측면이 많다. 선생은 의사결정 과정으로부터는 소외된 채, 국가에서 넘겨준 교육과정을 실행하는 교수활동에만 기술적으로 매달리게 된다. 20세기 후반 들어 이런 현상을 비판한 네오마르크시즘 캠프에서는, 특정 사회계층의 이익을 대변하는 국가가 교육을 주도하는 모순의 악순환을 떨쳐버리기 위해 학교 선생이 사회를 변화시키는 주역으로 탈바꿈해야 한다는 주장이 강력하게 제기됐다.

이러한 변혁적 지식인으로서의 선생상은 우리나라의 전국교직원노동조합, 즉 전교조에 많은 영향을 끼쳤다. 전교조에 대한 현 사회의 평가가 어떻든 간에, 20세기 후반 한국의 교육사에 긍정적이든 부정적이든 큰 자취를 남긴 이 집단에 대해 학생들이 객관적이고도 냉정하게 이해하도록 돕는 것이 교원양성가로서의 나의 책무라고 믿는다. 그래서 나는 학생들에게 전교조에 관한 역사적 설명을 제시한다. 대부분의 학생들은 전교조에 대해 대체로 '정치투쟁집단화한 급진적 단체'로, 교육 현장의 선생들에게 도움을 주지 못한다는 비판적 의견을 갖고 있다. 그러나 이따금 다음과 같은 자료를 제시하는 학생들도 있다. 민족사관고등학교의 한 학생이 쓴 글이다.

> 제 룸메이트가 그 사이트에 들어가서 확인을 해보더니 "우리 학교에 전교조 선생이 5명이나 되네."라고 하였고, 다른 친구가 "와, 우리 학교 완전 빨갱이 학교네." 이러는 것이었습니다. 저는 "전교조가 빨갱이야?"라고 조심스럽게 물었습니다. 그 친구가 "전교조가 빨갱이지, 그게 아니면 뭐야?" 하고 대답했습니다. 저는 "그럼 우리 아빠도 전교조고, 전교조 지부장도 했는데, 우리 아빠도 빨갱이고 나는 빨갱이 자식이겠네?"라고 말했습니다. 그 친구는 순간 너무나 미안한 표정을 지으며 어쩔 줄 몰라 했습니다. 우리 아버지는 오송회 사건에 연루되어 억울하게 옥살이까지 했는데, 그 친구 눈에는 그것마저도 영락없이, '정부에 맞서 쓸데없는 짓하다 감옥까지 갔다 온 것'으로 보였을 것입니다. 다른 친구들에게도 조심스레 물었습니다. 전교조에 대해 어떻게 생각하느냐고. 하나같이 '빨갱이다', '무능력하다'와 같은 부정적인 반응이었고, 심지어는 험한 욕을 하는 친구도 있었습니다. 왜 그렇게 생각하느냐 묻자, 제대로 이유는 대지 못한 채 그냥 그렇다는 것입니다.[27]

---

27) 〈한겨레신문〉 2010. 5. 2.

나는 학생들에게 고정된 의견을 주입시키는 것이 바람직한 교육이 아니라고 믿기에, 전교조에 대한 동정론과 비판 양자를 다 보여주고 스스로 평가하도록 유도하지만, 전교조의 궤적에 대해 내 나름의 '설명'은 제시한다.

내 설명을 요약하자면 이렇다.

전교조는 1990년대 초까지는 그간 독재치하에서 탄압받던 국민들의 지지에 힘입어 교육계의 모순과 비리를 고발하고 개선하는 일에 헌신했고 상당한 성과를 거뒀다. 하지만 사회의 기득권 세력을 개혁의 대상으로 삼았다가 그들을 크게 자극한 나머지 역습을 받게 됐다고 본다. 일종의 '전교조 죽이기'에 기득권층이 통일연합전선을 형성했다고도 할 수 있다. 그리고 그 선봉에 선 보수언론의 세기世紀를 넘어 지속된 공격에 많은 국민들이 전교조를 불온단체로 인식하게 됐다. 이에 전교조는 거대 세력과 정부와의 힘에 부치는 싸움 속에서 조직의 본령을 지키기 위해 극단적인 장외 투쟁에 진력하게 된 것이다. 결국, 교육 현실과는 유리된 정치적 구호만을 외치는 급진적 집단으로 국민들에게 낙인찍히게 됐다고 하겠다.

전술한 바 있는 OECD 교육평가단의 쿨러핸 교수는 한국 정부가 교원노조로서 초기에 발육과정에 있던 전교조를 지나치게 공격 일변도로 대했다고 지적하며, 성숙한 교원노조 정책이 한국에 뿌리내리지 못했음을 아쉬워했다.

나는 현재 전교조의 암울한 처지가 일본교직원노동조합이 맞게 된 부정적 상황과 유사한 면이 있다고 본다. 일본교원노조, 즉 닛쿄죠日敎

組는 일본의 태평양전쟁 패전 이후 과거의 제국주의적 교육으로부터 벗어나 새 시대의 민주주의적 교육을 정착시키는 데 큰 기여를 했다. 하지만 장기 집권한 자민당 정부와 끊임없이 투쟁했고, 결국 정치적 싸움에 식상한 국민들로부터 외면당하게 됐다.

나는 닛쿄죠의 쇠락이 일본 국민들에게는 손해라고 본다. 하나의 공동체가 조화로운 성장을 하기 위해서는 좌우 양쪽 날개가 다 필요하다고 보기 때문이다. 교육정치의 판에서 왼쪽 날개가 꺾여버린 일본은 균형을 잡고 나는 게 불가능해졌고, 그 피해는 국민에게 돌아갈 수밖에 없을 것이다. 같은 논지에서 나는 한국의 전교조가 제 역할을 하지 못하게 되면 결국 피해는 우리 국민에게 돌아올 것이라고 본다. 우리 사회는 성장과 발전도 중요하지만, 동시에 분배와 복지도 해야 한다. 왼쪽 날개가 강조하는 후자를 무시해버리고 성장 일변도로만 나아가며 엘리트주의 교육을 강조하는 구조에서는 계층 간 갈등이 증폭될 것이다. 당연히 엘리트에 대한 불신이 팽배할 것이고, 경제적으로 상대적 박탈감을 맛보는 인구의 저변이 커짐에 따라 사회 전체의 건강이 위협받을 수밖에 없다. 그러니 보수와 진보 양자의 조화가 필요하지 않겠는가.

좌우의 투쟁이 벌어지는 거시적 무대를 떠나 선생이 일하는 학교로 돌아와 보자. 학교에서 전교조 교사와 같은 변혁적 지식인인 선생은 어떻게 학생을 돌보고 가르칠까? 예를 들어 최근의 심각한 학교폭력 문제에 대해 정부에서는 검찰과 경찰을 주축으로 하는 징벌적 대책 전략을 비장하게 제시했다. 그러나 전교조 교사들은 이른바 '일진'이라 불리는 폭력조직의 허약한 실체성을 지적한다. 소수 '불량한' 학생에 의해 학교 전체가 피해를 보고 있다는 정부 측 시각이야말로 저간의 경쟁주의적 교육정책이 우리 청소년들의 정신을 얼마나 심각하게 황폐화시켰는지를 오도하고 있다는 증거라고 비판한다.

전교조 교사들은 이미 2009년에 학교폭력을 소재로 소설책을 출간했다. 현장의 경험이 녹아들어 있는 이 책에서 선생들이 학교 구성원들과 합심하고 노력하여 학교폭력을 해결할 수 있다는 희망을 피력하고 있다.[28] 이 선생들은 대화를 통해 학생들의 갈등을 풀고 화해를 끌어낼 수 있음을 보여준다. 그리고 그들은 작금의 현실이 소수의 폭력 성향을 지닌 '불량학생'들에 국한된 문제가 아니라, 끝없는 경쟁과 비교 속에서 자신을 싫어하게 되고 사회에 대해 무서운 공격성을 품게 된 아이들의 마음과 관련된 문제임을 강변한다. 이 책과 같은 현장의 노력을 바탕으로 전교조는 학교폭력 대처 매뉴얼을 각 학교에 배포하기도 했다.

전교조 교사들의 이 같은 실천적 노력에도 불구하고 우리 사회의 대중적 인식은 전교조를 급진적이고 투쟁적인 집단으로만 보고 있다. 학교폭력의 원인을 폭력을 휘두른 학생에게서 찾지 않고, 그들을 그렇게 내몰아간 이 사회의 경쟁주의적 분위기와 신자유주의적 경제 질서에서 찾으며 신랄하게 비판해온 전교조가 기존 권력체계에 반기를 들고 있다는 것은 사실일지도 모른다. 그러나 동시에 전교조 선생들이 기존의 교육 체제 속에서 경쟁에도 밀리고 참된 자기를 키우는 일도 놓치고 있

---

28) 《이선생의 학교폭력 평정기 : 우리 교실에 평화의 꽃이 피었다》(김경욱 외, 양철북, 2009)

는 우리의 아이들을 매우 안타까워하고 있는 것도 사실이다.

사교육 업계의 대표 주자 한 사람은 현재 우리 교육의 이런 역기능에 대해 대학생들에게 이렇게 경고한다.

> 시급알바하며 용돈 벌고, 남는 시간 여자친구 만나고 게임하고, 하루하루 그렇게 보내면서 바쁘다고 하고, 도서관 가서 시험공부 취업공부 좀 열심히 하면 그걸 몰입이라고 생각하고……. 이렇게 얄팍하게 살다가는 답이 안 나옵니다. 젊은 친구들에게 '너희가 지금 하고 있는 경험은 폭도 작고, 엉터리 경험, 가짜 경험, 기성의 논리에 편입되는 경험이 될 가능성이 많다'고 하고 싶은 거죠.[29]

듀이적 교육의 가치 – 학생의 진정한 경험을 통해 전인적 성장을 기하는 – 의 반대편에 자리하고 있음 직한 학원 사업으로 성공한 인물이, 듀이적 경험의 개념을 이토록 구체적으로 내세우고 있다는 상황이 아이러니컬하다(나는 그런 아이러니를 이해하고 드러내는 이들을 존경한다). 어쨌든, 교육이 학생들에게 진정한 경험의 기회를 줌으로써 학생으로 하여금 자기 삶의 주인이 될 수 있도록 키워주는 작용을 해야 한다면, 이처럼 학생이 기성사회의 논리에 무비판적으로 편입되어 자본 체제의 부속품으로 전락하지 않도록 막는 것이나 더 나은 삶의 기회를 찾도록 부추기는 것 모두 선생의 교육적 책무가 될 것이다.

---

29) 〈머니투데이〉 2011. 11. 7. 메가스터디 손주은 대표 인터뷰

그러나 이러한 변혁적 지식인으로서의 선생상의 이론적 전통에 대한 상세한 역사적·이념적 평가는 차치하고라도, 이 선생상을 초·중등학교 현장에 적용하려면 짚어봐야 할 난제들이 있다. 그중 하나는 사회에 대한 비판적 인식을, 예컨대 십 대 중·고등학생에게 교육하는 문제이다. 세상은 자본과 시장의 논리에 지배당하고 있고, 대다수는 그 논리에 순종하며 살아가게 되는 현실에서 그 논리를 거부하라고 가르치는 것이 타당하기만 한가? 대학 진학을 목표로 열심히 공부하던 자신을 한심한 체제 순응자인 것처럼 힐난했던 전교조 교사로 인해 마음에 깊은 상처를 입고 전교조에 대해 부정적인 인식이 생겼음을 고백한 대학생도 있다. 나는 비록 세상 돌아가는 원리에 대해 마르크시즘의 비판적 렌즈를 들이대 예리하게 분석하는 데 적잖이 동조하지만, 그런 분석을 사람들 개개인의 삶에 대한 평가와 연결시키는 것에는 동의할 수 없다. 불가해할 정도로 복잡다단한 삶 속에서 어느 누가 감히 타인의 삶을 평가하고 심판할 수 있을까? 비판적 사회인식을 삶에 대한 당위적 자세로까지 연결시키려면 비판을 뛰어넘는 실존적 헌신이 필요하다. 그러나 이런 헌신을 갖춘 선생이 얼마나 있을지 모르겠다. 그리고 그런 헌신을 갖춘 이가 과연 자기 제자의 삶에 대해 이래라저래라 하는 당위적 평을 할까?

또, 우리의 교육에 숨겨진 교묘한 이념 교화 및 세뇌 작용을 비판하는 선생이 정작 자신의 교수활동에서는 똑같이 학생들을 교화하려는 우를 범하는 경우도 있다. 내 수업의 대학생들 중 상당수는 중·고교 시절에 한국의 정치와 교육 등에 대한 자신의 비판적 시각을 '진리처럼' 펼치던 선생이 있었다고 답했다. 그리고 학생들은 그런 선생들에 대한 불평을 토로하곤 한다. 선생이 인터넷 토론 게시판에나 어울릴 법한 태도로 십 대의 학생들을 대하는 것이 교육적으로 적절할지 단언하기 어려운 문제라고 본다. 나는 기득권 수호를 중시하는 정권 등에 대해 비판적인 입장이지만, 나의 학생들에게 그런 입장을 드러내는 것은 되도록 자제한다. 지식의 권위자라고도 할 수 있는 선생의 입장이 학생들에게 부당한 영향력을 행사해, 그들로 하여금 자기인식의 주체가 될 기회를 약화시킬까 두렵기 때문이다. 하물며 아직 지성이 여물기 전인 십 대의 중 · 고생들에게 한쪽의 입장만을 제시하는 것은 매우 신중해야 하지 않겠는가?

변혁적 지식인으로서의 선생상을 내세우는 이론가들은 기존의 전통적 · 학자적 선생상과 프로페셔널로서의 선생상 양자에 대해 비판적 입장을 견지한다. 양자가 사회의 모순된 계층 관계는 간과하거나 무시한 채, 세상의 개선에 대한 의욕도 없이 기존 질서에 편입하여 벌어먹고 사는 인력 양성에만 치중함으로써 결과적으로 기존 계층질서의 유지 · 존속에 기여하고 있다고 보기 때문이다. 이 입장의 타당성에 대해서는 깊이 논하지 않겠다. 다만 이러한 입장을 견지하는 선생상은 프로페셔널로서의 선생상에 비해 학생의 인성 성숙에 더 치중하는 반면 지적 발달, 특히 교과 지식의 습득은 상대적으로 덜 중시하는 경향이 있다고 본다(물론 인성과 지식을 분리해 논할 수는 없지만). 그런데 이런 경향은 도래하는 이른바 지식기반경제의 환경에서 좋은 평가를 받기 어려울 수 있다.[30]

교육학계의 트렌드

나의 지인 중에 한국 공교육제도가 요구하는 지적 역량의 최고 수준에 이른 뛰어난 인재가 한 사람 있다. 쉽게 말해, 고등학교 졸업 때까지 늘 전교 1등만 하다가 관악산 자락의 하늘(SKY) 제일 높은 곳 법과대학으로 승천해서도 수석을 넘나들더니, 재학 중 사법고시 1, 2차에 단번에 합격하여 국내 최고의 로펌에 들어간 인물이다. 우수한 두뇌와 성실함을 겸비한 그가 인물과 체격도 출중한데다가 인품도 원만하고, 심지어 집안까지 좋았다. 그를 보며 나는 사람이 타고난 팔자가 공평하지는 않다는 것을 절감할 수 있었다. 아무튼 언젠가 술자리에서 나는 그에게 이런 취지의 질문을 농담 삼아 건넨 적이 있다.

"내 보기에 당신은 한국의 교육이 요구하는 바를 최대한으로 충족시킨 사람이라고 할 수 있는데, 그럼 고등학교 졸업할 때까지 학교에서 배운 모든 것 중 실생활에 가장 도움이 됐던 지식은 어떤 것이었는가?"

결코 인품이 가볍지 않은 그는 나의 술자리 질문에 대해서도 의외로 심각하게 오랫동안 고심했다. 나는 그가 학교에서 배운 게 너무 많아, 그중에서 고르다 보니 답하는 데 시간이 많이 걸리는 것으로 짐작했

---

30) 한 가지 첨언하자면, 나는 피지배계층의 자녀가 지배적 이데올로기에 순응하도록 작용하는 학교 교육에 대한 비판적 담론이 일리가 있다고 본다. 또한 프랑크푸르트학파의 관점을 계승한 교육의 비판 이론이 교육에 대한 엄밀한 비판을 넘어 사회 변혁을 위한 실천(praxis)까지 아우르는 인식론적 도전을 제시한 것을 매우 중시한다. 하지만 이런 시각이 우리 사회에서 보수적인 행동주의적 교육관을 지나칠 정도로 성급하게 배척해버린 것은 아쉽다. 보수와 진보 사이의 성숙한 변증법적 상호작용에 대한 희망을 버리고 싶지 않다.

다. 그런데 그가 오랜 고민 끝에 '드디어 기억해냈다'는 식으로 감격스
럽게 답해준 '가장 유용했던 지식'이란, 목재에 여러 개의 못을 망치로
박아넣을 때에는 하나를 다 박고 그다음 못을 박는 식이 아니라 각각
의 못을 번갈아가며 조금씩 박아넣기를 되풀이해야 한다는 것이었다.

대입 학력고사에서 거의 만점을 받을 정도로 교과 내용을 완전히 소
화한 그가, 그 많은 지식 중에서 실생활에 유용한 것을 찾아내는 데 그
리 어려워했다는 사실은, 우리나라 중등교육에서 습득하는 지식이 과
연 어떤 의미가 있는지 반문하게 만든다. 그는 서울대 법대에 가기 위
해 방대한 교과 지식을 암기했다. 그 지식이란 것은 대학입시가 끝난
이후에는 존재 이유를 찾을 수 없는 쓸데없는 정보 조각들로 전락하여,
그 대부분이 결국에는 '휴지통'으로 보내진 뒤에 '휴지통비우기' 처리를
당한 것이리라. 수재인 그가 애써 찾아낸 유용한 지식이란 그가 직접 실
생활에서 써먹어본 적이 있는 못 박기 정도에 그쳤다.

왜 우리의 학교에서 학생들에게 제시하는 지식의 대부분은 쓸모없
는 것들인가? 그것은, 그 지식 자체의 유용성보다는 그 지식이 학생
들에게 습득되는 방식에 있다고 할 수 있겠다. 그 방식이란 달달 외우
기, 즉 암기이다.

나는 한때 국책연구소에 근무하며 해외의 수많은 연구자들을 응대
하는 일을 했었는데, 그들에게 한국의 교육에 대해 설명해줘야 하는
경우가 잦았다. 그때 소위 '주입식 교육'이라는 것을 영어로 설명하려
하다 보니 정확한 어휘가 잘 생각이 안 나기에, 한 미국인 학자에게 조
언을 청했다. 주로 시험 보기 위해 선생이 학생들에게 정보를 대량으

로 건네주면, 학생은 그것을 달달 외워서 학습하는 방식을 지칭하는
영어 표현이 무엇이겠냐는 나의 질문에 그 미국 학자는 'spoon-fed
education'이라고 하면 딱 맞겠다고 답해줬다. 즉, '숟가락으로 떠먹
여주기식 교육'이라고 하면 되겠다는 답이었다.

　일종의 의역이지만, 우리의 주입식 교육의 핵심을 짚어주는 표현이
라는 생각이 들었다. 우리는 어떤 이에게 음식을 떠먹여주는가? 바로,
아기나 중병에 걸린 환자처럼 스스로 숟가락질을 할 능력이 없는 이
들이다. 그렇다면 떠먹여주는 음식은 주로 어떤 종류인가? 대체로 씹
어서 삼킬 필요가 없는, 단숨에 삼키기 쉽게 잘 풀어진 이유식이나 죽
종류이다. 우리의 교육이 학생들에게 제공해온 지식이라는 것이 바로
이처럼 금세 소화할 수 있는 이유식과도 같이 삼키기 쉽도록 깔끔하게
요약·정리된 '정답'들이다. 그래야 빠른 시간 안에 다량의 정보를 손
쉽게 머릿속에 집어넣을 수 있고, 그래야 엄청난 양의 정보들로 서로
짝 맞추기를 해야 하는 입시에서 좋은 성과를 거둘 수 있기 때문이다.

　문제는, 이런 방식으로 습득된 정보가 과연 진정한 지식이 될 수 있냐
는 데 있다. 이런 식으로 암기된 정보는 학생이 시험을 마치고 시험장을
나서는 순간부터 무서운 속도로 망각되기 시작하여, 단 몇 주일 만에 허
무하게 증발해버리고 만다. 그렇게 빨리 망각되는 이유는 그 정보가 학
습자의 머릿속에서 실생활과의 관련성을 확보하지 못하고, 시험 보는
것 이외에는 아무런 유용성도, 의미도 제공해주지 못하기 때문이라 하
겠다. 유용성과 의미가 누락된 이유는, 빠른 속도로 암기하는 과정에서
는 실생활과 연계시킬 성찰이나 상상의 여유가 주어지지 않고, 오직 단

어의 음절을 기억하는 것이 주된 목표가 돼버리기 때문이다.

인간은 자연 환경에서 살아남아 기능하기 위해 정보를 수시로 습득하여 기억 창고에 저장해둔다. 그 과정은 잘 정제된 죽을 꿀꺽 삼키는 것보다는, 질기고 거친 음식물을 힘겹게 씹고 삼키는 것과 비슷하다. 이렇게 씹고 삼켜 소화시키는 만만찮은 능동적 과정을 통해, 인간은 자신만의 입장과 관점에서 소화한 그 정보를 토대로 세상에 대한 지식을 재구성해간다. 이처럼 학습자의 능동적이고 적극적인 지식 구성 작용을 강조하는 이론이 구성주의 학습이론이며, 이 이론은 20세기 후반 이래로 한국의 교육학계를 풍미하는 주류 담론이 됐다. 재래식 교육이 주입식 암기를 강조해온 것과 대조적으로 구성주의 교육에서는 학습활동에서 학습자가 주인이 될 것을 강조한다. 따라서 이 이론에서 선생의 역할은 학습을 도와주는 소극적 조력자 또는 촉진자facilitator로 규정된다.

소품종 대량생산이 아니라 다품종 소량생산이 중시되는 지식기반 경제 환경에서 산업계 리더들은 젊은 인재들이 문제해결 능력과 사고력, 창의력 등을 갖추기를 바란다. 대량의 정보를 빠른 시간 내에 암기하는 능력과 높은 체제순응성을 갖춘 학생들이 대량생산 시대에 적합한 인재로 간주됐던 것과 달리, 지식기반 경제에서는 스스로 학습의 주체가 되어 지식을 구성해가는, 구성주의적 학습자를 바람직한 인재로 정의하고 있다. 구성주의적 학습을 위해서는 일방적 강의방식을 지양하고, 권위적으로 '정답'을 제공하지 않아야 하며, 학생들이 서로 상호작용과 토론 및 협동 학습 등을 통해 스스로 답을 만들어가는 수업을 이끌 수 있는 능력이 선생에게 필요하다. 따라서 구성주의적 학습을 '돕는 선생'은 프로페셔널 선생상과 유사하다. 단, 행동주의 사조가 학계를 지배하던 시절에 발전한 프로페셔널 선생상은 구성주의적 학습관만 채용하지는 않는다.

그런데, '소극적' 학습 촉진자라고 해서 선생은 뒷짐 지고 가만히 있어도 된다는 것이 아니다. 선생의 일은 오히려 훨씬 많아진다. 구성주의식 수업을 실행하기 위해서는 철저하고도 세심한 준비 작업이 필수이기 때문이다. 정교하고 풍부하게 조직된 틀 속에서만이 학생들은 자유롭고 능동적으로 정보를 소화하고 의미를 추출해냄으로써 자신의 지식을 만들어낼 수 있다. 이때 선생은 말로 설명해 답을 가르쳐주거나 추상적인 이론으로 설명해주기보다는, 구체적 예시나 토론, 문답법 등을 활용하여 학습을 증진시켜야 한다. 나는 내 학생들을 상대로 하는 강의에서 구성주의적 학습 작용이 일어나기를 희망하며 문답법과 소그룹 토의 방식을 종종 활용한다. 제1장에서 언급한 바 있는, '질문을 통해 학습자가 답을 찾아가도록 이끄는 방식'이 나의 주특기라고 생각하는데, 한 가지 사례를 들어보겠다.

교육행정학 수업의 학기말에 이르면, 나는 다음과 같은 질문을 학생들에게 제시한다.

'학교에서 하나의 수업이 이루어질 수 있기까지 교육행정이 준비해줘야 할 것들은 재정 마련, 시설 확보, 인력 충원, 제도 정비, 학제 구축, 학생 관리 등등 대단히 많다. 그렇다면, 모든 행정적 준비가 완료되고 선생이 교실 문을 열고 들어간 그 순간, 바로 그 시점부터 행정이 수업에 도움을 줄 수 있는 것에는 무엇이 있을까?'

각자 20~30초 정도 생각하게 한 뒤, 나는 학생들을 예닐곱 명씩의 작은 그룹으로 편성하고, 그룹별로 이 질문에 대한 답을 토의하라고 주문한다. 약 7~8분이 흐른 뒤, 각 그룹의 대표가 취합된 답을 발표한다. 그리고 나는 전체 학급의 모든 응답을 칠판에 적은 뒤, 그 답들 하나하나의 타당성에 대해 학생들과 논의한다. 대부분의 응답은 타당성이 부족하다. 이것이 내가 의도했던 바이다. 나는 시치미 뚝 떼고 학생 전체에게 똑같은 질문을 한 번 더 던진 뒤, 보다 실감나는 상상을 돕기 위해 직접 강의실 밖으로 나갔다가, 수업 시작 시간이 돼서 문을 열고 들어오는 선생처럼 퍼포먼스를 펼친다. 들어오면서 문을 일부러 쾅 소리가 나도록 세게 닫는다. 그리고 다시 묻는다. 선생이 교실 문을 쾅 닫고 들어온 지금 이 순간부터 행정이 선생인 나를 도와줄 일이 무엇이 있겠느냐고. 학생들이 영 답을 못 찾고 난감해하거나 어리둥절해 있는 그때에서야 나의 답을 제시한다.

'지금 이 순간, 행정이 나를 도와줄 것은 하나도 없다. 행정은 선생이 교실에 들어오기 전까지는 필수적인 준비를 다 해주는 중대한 영역이지만, 그 한계는 명확히 해야 한다. 행정이 선생의 자율권이 행사돼야 할 교실 안까지 넘어오는 것은 그 한계를 허무는 것이고, 그때 선생의 수업 활동에 도움은커녕 방해만 된다.'

이렇게 함으로써 나는 행정의 중요성과 선생 직무의 자율성 그리고 선생의 중요성에 대하여 장황하게 말로 설명하지 않고도 기억에 남을 만한 인식에 학생들이 다다를 수 있도록 도와준다. 교수자인 내가 이 과정을 이끌어가기는 하지만, 머리를 맞대고 고민하여 스스로 답을 찾아보는 활동은 학생들의 몫이고, 그런 고민을 통해 교육행정의 활동 전반에 관해 주체적으로 요약과 정리도 할 수 있다.

초·중등교육의 현장에서도 열성적인 선생에 의해 실행되는, 잘 짜여진 구성주의적 수업은 높은 교육적 성과를 낸다. 다음은 나의 학생 두 명이 자신들이 겪었던 구성주의적 수업에 대해 회고한 내용이다.[31]

나의 경우, 중학교 재학 당시 받은 도덕 수업이 내가 자아실현의 첫 단추를 채울 수 있도록 해주었던 참된 교육이었다고 확신한다. 당시에는 그것이 '교육'이라는 것조차 생각지 못했지만, 무엇보다도 나 자신의 자아를 계발하고 진정한 의미의 성장을 시작할 수 있는 계기가 되었기 때문이다. 도덕 수업은 교과서가 필요 없는 유일한 수업이었다. 나 자신과 친구에게 편지를 쓰기도 하고, 자신의 꿈에 대해 조사해 발표를 하기도 했다. 물론 교과의 진도를 안 나갈 수는 없었지만, 선생님께서는 언제나 능동적인 참여를 요구하셨다. 부모님이 참관하는 수업에서는 학생들이 앞에 나와 자신이 흥미를 가진 분야에 대해 짧게 수업을 진행하도록 하였다. 여기서 나는 내면의 목소리를 통해 나의 진정한 관심사를 찾을 수 있었다.

초등학교 때 루소, 듀이의 철학과 비슷한 생각을 가진 담임선생님을 만났다. 매일의 수업은 주로 과목마다 조별 발표수업으로 진행되었으

---

31) 서울의 한 대학에서 교직과목을 수강한 두 학생이 제출한 보고서 내용 중 발췌한 것이다.

며, 수업 전에 발표에 대한 자료는 각 조마다 다른 부분을 준비한다. 발표에서 선생님의 역할은 주입식으로 지식을 가르치는 것이 아니라, 발표를 지켜보고 잘못된 부분과 설명이 필요한 부분만 잠깐씩 설명한 것이 전부였다. 하지만 교사가 소극적인 입장을 취했던 이 수업이 역설적으로 지금까지 학창시절 중에서 가장 열띤 토론과 질문이 이어진 수업이었다. 시간이 많이 흘렀지만 그때 배웠던 지식들이 아직도 기억에 생생할 정도로 수업의 교육적 효과는 매우 컸고, 학급의 분위기도 매우 좋았다. 수업을 통해 과학에 대한 흥미와 호기심을 느끼게 되었고, 결국 대학에서 자연과학을 전공하겠다는 결심을 한 것도 그때 이후부터라고 기억한다.

구성주의적 학습을 돕는 조력자로서의 선생상은 일방적인 강의에만 의존하는 선생상에 비해 새롭게 전개되는 시대에 적합한 강점을 지니고 있다. 학생들은 함께 팀을 이루어 협동하는 법을 배우고, 서로의 생각을 나누고 충돌하는 과정을 통해 세상의 거친 정보와 데이터를 씹어 먹고 소화해낼 능동적인 힘을 키운다. 또한 스스로 고민하며 답을 구함으로써 사고력과 창의력도 키울 수 있게 된다. 문제는 이런 수업을 진행하려면 선생은 엄청나게 많은 준비를 해야 한다는 것이다. 제대로 준비하지 않은 토론수업은 속된 말로 '개판'이 돼버리기 쉽다. 또 이런 수업은 제1장의 최윤아 선생 예에서 봤듯이 '정답'을 요구하는 입시를 가장 중요하게 여기는 학생과 학부모에게 외면당하는 경우가 많다.

전술한 여러 선생상과 비교해보자면, 프로페셔널 선생상과는 유사한 점들이 꽤 많다. 반면 변혁적 지식인으로서의 선생상과는 마치 서로 다른 부류인 것처럼 떨어져 있는 듯하면서도 어딘가 통하는 바도 있다고 생각한다. 전문가적 태도를 갖추고 지식과 교수법 모두에 정통해야 한다는 점에서는 두 선생상과 다르지 않지만, 학생의 인간적 성장을 위한 적극적인 개입이 드러나게 요구되지는 않는다. 또, 학습에 반드시 필요한 의미가 있는 경우가 아니라면, '사회와 이념에 대한 비판적 태도'는 구성주의 학습에서는 중요한 덕목이 아니다. 심리학에 치중하다 보니 사회학적 시각은 간과된 측면이 있다. 구성주의가 주류를 이루고 있는 우리나라 대학의 교육학과나 사범대학 교수들이 정치와 사회 현안에 지식인으로서 태도를 공표하는 경우가 극히 드문 것도 이와 무관하지 않을 것이다.

선생의 리더십

2000년대 후반, 경기도 성남시 남한산성이 자리 잡고 있는 외딴 마을의 작은 학교인 남한산초등학교가 TV 다큐멘터리를 통해 알려진 뒤, 이 학교 교사들은 쇄도하는 문의 전화에 응대하느라 업무에 큰 지장이 초래됐다며 전국적인 유명세에 대해 불평을 토로하기에 이르렀다. 문의가 쏟아진 이유는 남한산초의 독특한 자연친화적이고 아동 중심적인 교육과정의 성공에 있었다. 인구 감소로 인해 폐교 위기에 처했던 이 학교는 지역 주민과 교육자들의 노력으로 새롭게 거듭나, 의욕적인 교사들을 초빙하여 혁신적인 교육 프로그램들을 과감히 선보였다. 일방적인 교사의 강의는 사라지고 수업 시간에 아이들의 적극적인 의견 개진이 일상화됐으며, 100분씩의 블록식 수업제로 심층학습이 가능해졌다. 반면에 아이들이 야외에서 뛰어놀 시간은 더 넉넉해졌고, 주변 산과 들의 자연환경을 활용하는 방식으로 다양한 교과 내용을 새로 짜 넣었다. 컴퓨터 게임과 학원에 찌들어 얼굴에 그림자가 드리워졌던 도시 아이들이 이 학교로 전학 와서는 단 몇 달 만에 운동장에서 친구들과 얼굴이 새빨개지도록 힘차게 뛰어노는 활기찬 아이로 변했다. 남한산초는 결국 전국적인 이목을 집중시킬 정도로 전인적인 교육 현장을 일구는 데 성공했다. 그리고 그 성공은 교장과 교사들의 강력한 리더십이 밑바탕이 되었기에 가능했다. 교육제도나 예산의 개혁이 아니라, 선생들의 태도 변화에 따른 리더십 발휘가 성공 요인이었던 것이다.

앞에서 살펴봤듯이 20세기에 선생상은 다양하게 변화해왔고, 변화해온 각각의 선생상은 학교 교육에 대한 시대의 요청과 기대를 반영하고 있다. 그러나 20세기가 저물어가면서, 교육적 성공이란 결국 시류의 변화와 상관없이 선생이 학생들의 시선과 마음을 배움으로 잡아끄는 데 성공할 정도로 리더십을 발휘했는지 여부에 달려 있다는 인식이 싹텄다. 급변하는 환경에 부응하도록 학교 교육이 개혁돼야 한다는 사회적 요구가 커지는 21세기에 점점 부각되고 있는 것이 바로 '리더십을 발휘하는 선생상'이다.

여기서 말하는 리더십이란, 과거의 카리스마 넘치는 통치자의 조직 장악력과는 다르다. 상대적으로 부드럽고 섬세하지만, 조직 구성원들의 마음을 움직여 그들이 자발적으로 리더의 요청에 부응하고 헌신하도록 이끌 수 있는 능력이 중시되는 것이다. 여기서 이런 리더십을 '능력'이라 표현했지만, 그렇다고 이를 '기술'이라고 보는 것은 적절치 않다. 그보다는 구성원들의 마음을 움직일 수 있는 리더의 사람됨 또는 품성에서 나오는 영향력으로 이해해야 할 것이다.

예전 교육계에서는 리더십이라 하면 일반적으로 교장 선생을 염두에 둔 개념이어서, 일반 교사들은 교장의 리더십을 따르는 존재로 간주됐다. 그러나 지식기반 경제의 도래와 함께 학습자의 자발적이고 주도적인 학습능력을 강조하는 구성주의적 학습관이 부각되면서, 더 이상 학교 교사들이 개혁의 대상이 아니라 개혁의 주도 세력으로 자리 잡아야 한다는 주장이 힘을 얻었다. 이에 따라, 행정가와 교장이 아닌 선생들도 리더십을 발휘해야 한다는 논의가 개진되기 시작했다.

교사 리더십 옹호자들은, 선생이 학생과 동료 교사, 학부모라는 세 대상에 대해 리더십을 발휘해야 한다고 주장한다. 예컨대 제1장에서 말한, 교실에서 잠자는 학생들을 제대로 다루려면 선생이 자신의 학생들에게 리더십을 발휘할 수 있어야 한다. 또한 그런 학생들에 대한 교사들의 공동 노력을 발동시키기 위해 동료 교사들과도 힘을 합치는 리더십을 발휘하는 것이 바람직하겠다. 나아가 학원 순례에 지친 학생들을 학교의 전인적 프로그램으로 유인하기 위해, 학부모들의 성적 위주 자녀 교육관에 대해서도 교육적 소신을 밝힐 수 있어야 한다. 그러나 예컨대 우리의 중등학교에서 한 젊은 선생이 '학생들의 전인적 성장을 위하여 국·영·수 등의 주요 과목은 토론과 프로젝트 수업으로 운영하고 예체능 수업 시간을 정상화해야 한다'는 소신을 동료 교사와 학부모들에게 밝힌다는 것은 현실성이 떨어진다.

즉, 선생의 리더십에 대한 요청은 모두 매우 바람직하고 이상적인 당위라 할 수 있으나, 우리나라 교육 현장의 현실적 여건을 볼 때 평범한 선생이 당장 리더십을 발휘하기에는 무리가 있다. 따라서 이런 선생상이 미래에 우리의 교육 현장에 뿌리내릴 수 있을 가능성에 대해 타진해보며, 리더십 이론이 지금까지 발전해온 과정 중에서 선생의 직무와 가장 연관성이 높은 이론의 줄기 두 가지를 좀 더 상세히 짚어보겠다.

문화적 리더십

선생들에게 주로 필요한 리더십의 첫 번째 줄기는 '문화적 리더십' 이론이다. 이 이론은 학교 교사집단의 문화가 여타 조직과는 달리 규율이나 법규 등에 의해 강제적으로 통제되기보다는 인간중심적 가치관이나 도덕률에 대한 구성원들의 순응에 의해 자발적으로 형성·유지되는 측면이 강하다는 경험적 관찰에 터 하고 있다. 1980년대 미국의 사회학적 연구에서도 교사집단은 타 직종의 구성원들에 비해 정신적 보상이나 보람 등을 매우 중시한다는 관찰이 발표된 바 있다. 따라서 학교의 리더는 조직의 가치관을, 예컨대 전인교육 지향적으로 통합하여 선생들의 태도를 교육적 목적에 맞도록 앙양하는 것이 바람직하겠다.

그런데 오늘날 우리나라의 선생 문화에 대해서는 부정적 관찰이 빈번히 제기돼왔다. 일례로 선생들 문화의 특성으로 관계지향적 성향, 경계유지적 성향, 방어보수적 성향, 무력감과 체념 등을 제시한 연구도 있다. 최근 전국 중등학교의 왕따, 자살 사건들에 대한 학교 측의 지나치리만큼 소극적이고 무능한 태도로 볼 때, 이러한 특성들이 결코 몇몇 학교에 국한된 것이 아니라고 추정해볼 수 있다. 다행히도 우리의 교육 현장에는 이와 같은 부정적 태도를 뛰어넘는 진취성을 보여주는 사례도 눈에 띈다. 경기도의 흥덕고에 대한 다음과 같은 보고를 통해 진취적 가능성을 희망해볼 수 있겠다.[32)]

> 비평준화 지역의 신설학교로 올해 개교한 흥덕고는, 인문계 고등학교이긴 하지만 우리들이 소위 '문제 학생'이라고 부르는 학생들로 주로 구성되어 있다. 학기 초에 수업에 흥미를 느끼지 못하고 집중하지 못했던 아이들이 서서히 수업에 참여하기 시작했고, 학생들은 교사를 신뢰하게 되었다. 흥덕고의 변화 중 가장 두드러진 점은 학생들이 학교에 가는 것을 즐거워한다는 점이다. 학생들이 학교에 가는 것을 즐기게 되기까지는 여러 가지 요인들이 작용했지만, 그 배경에는 '교사'가 있었다. 흥덕고 교사들은 학생들이 직접 참여하고 자유롭게 사고할 수 있는 수업 방식을 도입하여, 독백만 난무하던 교실에 대화가 많이 오가게 했다. 이로 인해 학생들은 스스로 생각하게 됐을 뿐만 아니라 서술형 작성 능력도 향상되었다. 또한 교사들은 학생들 중심으로 문제를 풀어나갈 수 있도록 학습 자료도 새로 만들었다. 이러한 수업 방식 외에도 흥덕고 교사들은 학생들과 많은 대화를 나누고 학생들이

---

32) 2011년 7월, 서울의 한 사범대 학생이 필자에게 제출한 보고의 내용을 발췌한 것이다.

변화된 모습을 보일 때까지 인내심을 갖고 믿어준다는 특징이 있다.

이 학교의 경우, 학생들의 건전한 전인적 성장을 추구하는 가치와 문화를 학교 구성원들이 공유했다는 점에서 선생들이 문화적 리더십을 발휘했다고 볼 수 있다. 뿐만 아니라, 다음에 논할 이론적 줄기인 '변혁적 리더십 이론'의 주요 사항들도 포함하고 있다.

변혁적 리더십

20세기 후반 리더십 이론의 주류를 형성한 변혁적 리더십 이론은, 기본적으로 '당근(상)'과 '채찍(벌)'에 기반을 둔 거래적 리더십 이론과의 결별을 선언하고 있다. 이 이론의 요체는, 리더가 자신의 추종자follower들로 하여금 자발적으로 리더의 명령을 따르도록 동기를 유발하는 역량과 관련돼 있다. 변혁적 리더십 이론군에서 최근에 정리한 이론적 핵심 요건들은 다음과 같다.

첫째, 리더는 자신의 조직 구성원 각각에 대해 꼼꼼하고도 세심한 배려를 베푼다. 이런 점에서 마초적인 리더를 중시하던 기존 리더십과의 결별을 확인할 수 있다.

둘째, 리더는 조직 구성원들 모두가 스스로의 직무의 중요성을 인식할 수 있도록 질문을 던지고 지적인 자극을 제공하는 선생 역할을 맡는다. 앞에 제기된 논의에서와 같이, 정답을 주지 않고 학습자 개개인이 스스로 답을 찾아가도록 부추기는 구성주의적 교수자상과 유사하다고 할 수 있다.

셋째, 리더는 조직 구성원들 개개인이 자신들의 직무가 그들의 인생과 자기실현 노정에서 갖는 깊은 의미를 스스로 깨칠 수 있도록 영감을 주는inspire 지도자가 된다. 자신이 속한 조직의 성공을 위해 노력해야 하는 이유를 주입식으로 조직원들에게 집어넣는 것이 아니라, 조직원 스스로 내면화할 수 있도록 깊은 통찰을 제시한다는 의미이다.

넷째, 리더는 조직의 과업을 성공적으로 수행할 때 조직 구성원들이 획득하게 될 경제적 이득, 사회적 기회, 문화적 가능성 그리고 고양된 경지 등에 대한 비전을 제시한다. 이에 따라 조직원들은 자신의 직무에 대한 사명감과 자부심까지 갖게 된다.

이 네 가지 요건들은 단순한 '스킬'이 아니다. 변혁적 리더십을 갖춘 리더들의 사람됨 또는 존재 상태에서 자연스럽게 우러나오는 공통적인 양상들인 것이다. 이러한 리더들은 자신을 버리고 추종자들이 스스로 주인이 되도록 일깨워줌으로써 조직에 변혁을 일으키는 이들이다. 즉, 궁극적으로는 리더가 아니라 추종자들이 일의 주체가 되도록 힘을 실어주는 리더다.

이런 변혁적 리더십은 특히 여성 지도자들이 더 잘 발휘하는 경우가 많다는 점을 볼 때, 갈수록 여성의 비율이 증가하고 있는 우리의 교단에도 이 이론은 유용한 함의를 지닐 것이다.

변혁적 리더십을 발휘해서 명성을 떨친 여성 교육자의 예를 살펴보자. 이양희, 미국 이름으로 미셸 리는 2007년부터 4년간 미국의 수도 워싱턴 D.C.의 교육감을 지냈다. 그녀는 대외적으로 공격적인 정책과 언행으로 교육계의 반발을 사기도 했으나, 대내적으로는 그 세심한 배려와 희생정신에 있어 변혁적 리더십의 핵심 요건들을 고루 갖추고 있었다. 미셸 리는 자신의 부하직원들과 동료들이 교육 개혁의 동지가 되도록 그들의 인식을 재고하고 변화에 대한 영감을 불어넣는 리더였고, 자신의 학군 내의 어린 학생들과 학부모들에게 범인凡人이 따라 할 수 없을 정도의 섬세한 배려를 보여주었다.

교육감인 미셸 리에게 학군 내의 학생들이 보낸 메일들에는 자신의 학교가 처한 실질적 곤경에 대한 토로가 담겨 있었다. 미셸 리는 매일 밤 그 모든 메일들을 읽고, 직접 상세한 답신을 그 학생들에게 보내줬다고 한다. 그리고 다음 날에는 자신이 답신에서 언급한 실질적 조치 사항을 해당 학교 측에 전하고, 학생들의 어려움이 해소됐는지 확인했다.

대도시의 교육행정 전체를 책임진 교육감이 학생들 하나하나의 메일에 정성껏 답신하고 학생들의 어려운 사정을 개선해준다는 것 자체가 놀라운 일이다. 그녀의 모토가 바로 그 무엇보다도 '학생이 최우선 Students First'이라는 선언인데, 이는 그녀가 교육감에서 사퇴한 후 2010년에 설립한 비영리 교육 개혁 단체의 이름이기도 하다. 학생들에 대한 그녀의 이러한 세심한 정성과 배려는 결국 워싱턴 학부모들의 마음을 사로잡았다. 비록 결과적으로 승리하지는 못했지만, 그녀가 워싱턴의 교사집단에 과감히 맞설 수 있었던 것은 학부모와 학생들의 강력한 지지 덕분이었다.

미셸 리의 이러한 노력은 미국 교사들이 그간 향유해온 혜택인 정년 보장을 무효화하는 데 초점이 맞춰져 있다. 교사들의 반발이 얼마나 거셌을지 상상하기란 어렵지 않다.

한국인의 혈통을 지닌 이민가족 2세로, 의사인 아버지와 소매업을 하는 어머니 슬하에서 남부러울 것 없이 성장하여 아이비리그 대학을 나온 여성이 어떻게 학생들의 권익을 최우선으로 섬기며 교단과 힘겨운 싸움을 벌이는 투사가 됐을까?[33] 나는 그녀가 볼티모어 최악의 학교에서 교편을 잡았던 이십 대에, 열악한 교육 풍토에서 자신이라는 한 개인을 뛰어넘어 학생들이라는 다수를 향한 측은지심을 경험한 것이 그 원천이 아니었을까 추측한다. 전술한 내재적 동기유발의 개념에서 볼 때, 그녀는 자기 일신의 영달보다 더 큰 목적을 품게 됐기에 본질적인 동기유발이 된 사람이라고도 볼 수 있겠다.

이처럼 계산적이지 않고, 현실적 대가를 바라지도 않으면서 어린 학생들을 키우는 사명에 '꽂힌' 교육자들, 내재적으로 동기유발이 된 교육자들은 흔하지는 않을지 몰라도 도처에서 찾아볼 수 있다. 일본의 키노쿠니 학교나 한국의 간디 학교, 거창고등학교, 남한산초등학교 등의 교육자들도 이러한 이들일 것이다. 나는 이들 모두가 학생들 개개인으로 하여금 자신의 삶에 있어 진정한 주인임을 깨닫도록 이끌어준다는 점에서 변혁적 리더십을 갖춘 사람들이라고 생각한다. 나아가 이러한 변혁적 리더십을 발휘하는 선생들은 자신이 맡은 일에 대해 비합리적이고 비과학적일 정도로 강한 믿음을 품고 있으며, 그런 믿음은 일상의 현실을 뛰어넘는 남다른 인식에까지 맞닿아 있다고도 추측한다.

---

33) 나는 미국 유학 시절에 미셸 리의 부모님을 여러 번 뵈었고 신세도 진 적이 있기에, 자유로우면서도 주관이 강한 그 집안의 존경스러운 가풍에 대한 개인적인 기억이 있다. 그러나 미셸이 왜 교육에 헌신하기로 마음먹었는지, 그 개인적인 심경의 변화에 대해서 본인으로부터 직접 들은 일이 없기 때문에, 그녀에 관한 책이나 신문 기사에 기초한 추측성 서술로 쓰고 있다.

예컨대, 제2장에서 언급한 미즈타니 오사무 선생은 문제 행동을 보이는 청소년 개인이 문제가 아니라 그를 비뚤어지게 만든 기성 사회가 문제라고 못 박고 있다. 또 아무리 문제가 많은 아이도 사랑과 관심을 가지고 돌봐주면 반드시 아름다운 꽃으로 피어난다고 확언하고 있다. 나는 미즈타니 선생과는 달리, 때로는 기성 사회가 아니라 아이 자체에 문제 소지가 내재돼 있는 경우도 있을 수 있고, 아주 드물게는 그 어떤 사랑과 관심으로도 한 아이를 건강하게 만들지 못할 수도 있다고 생각하는 현실주의자다. 그러나 나는 그의 이러한 절대적인 믿음을 맹신이나 광신과는 다른 확신conviction, 일종의 종교적 믿음과 같은 것이라고 생각한다. 왜냐하면 세상 모든 아이들 안에는 기성 사회의 영향이 범접하지 못할 위대한 영혼이 잠재돼 있다고 믿는 것과 다름없으므로.

'종교성'이라고 일컬을 수 있는 이런 태도가 20세기 후반 이후에 서구를 중심으로 하여 자기계발론, 경영, 처세, 리더십 이론 등의 분야에서 광범위하게 또 지속적으로 출현했음을 알 수 있다. 수많은 자기계발서들이 시스템 개선이나 구조적 변화, 표면적 기술이나 방법론 차원의 조언이 아니라, 각 개인의 깊은 내면을 깨달아야 한다는, 종교적 구루와 같은 가르침을 표방하고 있다. 전 세계에서 1억 부 이상이 판매된 베스트셀러《영혼을 위한 닭고기 수프》시리즈의 저자인 잭 캔필드는 2004년에 '변혁적 리더십 협의회Transformational Leadership Council'를 창설해 북미 지역의 자기계발 코치, 컨설턴트들을 규합한 바 있다. 또한《기적의 사명선언문》,《최고경영자 예수》의 작가인 로리 베스 존스는, 개인의 영성을 고취시킴으로써 기업과 조직의 성공을 이끄는 진정한 동기를 유발하고 리더십을 발휘할 수 있다고 주장한다. 사회학자이자 자기계발 컨설턴트인 마사 베크는, 개인이 영적인 안목을 해방시킴으로써 더 큰 현실적 역량을 발휘할 수 있다고 외쳐왔다. 21세기로 넘어오는 역사의 길목에서, 이처럼 많은 리더십 구루들이 인간의 종교성에 주목한 것이다.

여기서 종교성이란, 불교나 기독교와 같은 특정 종교나 교파의 교리를 내세운다는 뜻이 아니다. 종교성이라 함은, 기성 종교의 틀과는 상관없이 세상 또는 현상계에 대한 감각적 관찰, 과학적 검증, 사회적 중론衆論 등을 뛰어넘는 인식에 대한 수용성을 지칭한다. 기성 종교의 추종으로부터 구분되는 종교성에 대한 수용적 태도를 서구에서는 '영성 spirituality'이라고 부르기도 한다. 이는 변혁적 리더십 이론에서도 핵심이지만, 노골적이지 않은 방식으로 주창되고 있다. 변혁적 리더십 이론에서는 구성원들을 이끌 때, 그들이 현상계를 뛰어넘는 인식론적 역량과 존재론적 실체를 가지고 있다고 상정한다. 물론 리더십 이론의 학자들이 종교성 또는 영성과 같은 개념이나 용어를 사용하고 있지는 않지만 말이다.

변혁적 리더십 이론에서는 리더의 시각과 의견을 강요하거나 주입하여 구성원들을 교화敎化; indoctrination하는 것을 배격하고, 구성원들이 스스로 깨닫도록 이끄는 능력이 강조된다. 개인이 각자 자기의 힘과 의지로 깨달음에 이른다는 개념은, 표면적으로 학습자가 스스로 자기의 지식을 구축한다는 구성주의적 인식론과 유사해 보이기도 한다. 그러나 한 발 더 깊숙이 들어가 보면 개인이 평소의 일상 – 현상계 – 에서 잘 드러나지 않는 자신 내면의 깊은 부분 – 영성 – 을 스스로 발견하여 밖으로 드러내도록 촉구한다는 점에서 동양의 전통 종교 · 수행에서 강조하는 자득自得의 개념과 맞닿아 있다. 바꿔 말해, 현대의 전문직 사회에서는 내면의 영성과 깨달음을 지속적으로 요구하고 있지만, 단지 종교적 개념과 어휘를 피하고 있을 뿐이라는 것이다. 종교적 어휘 사용을 피하는 이유는 종교문화를 벗어나 과학주의의 노선을 앞세우는 현 시대의 흐름을 반영하기 위해서라고 생각한다.

앞 장에서 제시한 '본질적 동기유발을 통한 자기실현'이라는 개념 안에도 노골적이지는 않지만 종교성과의 연결이 깔려 있다고 볼 수 있다. '자기'의 궁극이 심신의 경계를 뛰어넘는 영성 또는 신적 존재 등과 맞닿아 있다고 보는 융의 관점은 종교성과 무관하지 않다. 본질적 동기유발의 기제 중 하나인 목표의식도 합리적으로 획득할 수 있는 가시적 목표를 뛰어넘어, 나보다 타인을 위할 수 있는 고양된 존재 상태를 인정하고 있다고 생각한다.

그렇다면, '종교성을 거론하지 않는' 현대의 대표적 선생상들은 본질적 동기유발이나 자기실현을 돕기에는 미흡한 것일까? 나는 꼭 그렇게 보지는 않고, 비非종교적인 인문주의, 인본주의humanism와 무신론의 전통 안에도 에고를 뛰어넘는 이타주의를 발흥시키고 본질적 동기유발을 가능케 하는 기제들이 담겨 있다고 생각한다. 이에 대한 논의는 뒤에서 더 자세히 해보도록 하겠다.

지금까지 현대의 선생들을 정의하는 네 가지의 대표적 선생상들 – 학자적 선생상, 프로페셔널 선생상, 변혁적 지식인 선생상, 학습 촉진자 선생상 – 을 살펴봤고, 그 시각들의 제한을 극복하려는 대안으로 리더십 이론 – 변혁적 리더십 이론 – 도 제시했다. 다른 선생상들과는 달리, 변혁적 리더십 이론 속에는 인간을 생물학적, 심리적, 지적 존재 일 뿐 아니라 영적인 존재로 보려는 태도가 암암리에 깔려 있다고 나는 관찰했다. 과연 과학주의가 선도하는 21세기에 인간의 영성과 종교성이라는 개념이 적합할지, 어떤 의의를 갖는지는 간단히 결론지을 수 있는 문제가 결코 아니다. 다만, 현대와 현대의 선생상들이 지속적으로 외면한 인간의 영성을 옛 시대에는 다른 어떤 속성들보다도 핵심적이고 본질적인 인간의 속성으로 간주했다는 역사적 관찰을 끄집어내 보자. 즉, 전근대의 선생상은 요즘 말로 표현하자면, ‘영적인 구루’와 동일했다는 것이다. 전근대는 폐기·극복해야만 할 낙후된 시대일 뿐인지, 아니면 옛것이라 폄하하여 현대가 내버린 전근대성 안에 현대인이 귀 기울여 들을 만한 보물 같은 지혜가 담겨 있을지 차차 살펴보겠다.

지식으로 가는 길을 가르치다

교육의 목적은 영혼의 성숙에 있다

뛰어난 사람은 도에 대해 들으면 힘써 행하려 하고,
어중간한 사람은 도에 대해 들으면 이런가 저런가 망설이고,
못난 사람은 도에 대해 들으면 크게 웃습니다.
웃음거리가 되지 않으면 도라고 할 수가 없습니다.
_ 노자

성(聖)이니 인(仁)이니 하는 단계는 내 어찌 감히 감당하겠는가.
혹 배우는 데 싫증내지 않고
다른 사람을 가르치는 데 게을리하지 않는 점이라면
그러하다고 말할 수 있겠으나.
_ 공자

노동자 vs. 성직자

내가 미국의 대학원에서 교육학 석사과정을 밟고 있었을 때, 우리나라에서는 전교조의 활약이 가시화되고 있었다. 그에 따라 세인들은 선생이 노동조합을 결성하는 게 온당한지에 관해 토론하기 시작했다. 많은 이들이 교육은 너무나도 성스러운 직무, 즉 '성직'이기 때문에 보수報酬를 목적으로 하는 노동직과는 차원이 다른 일이고, 따라서 노조 결성은 부적합하다는 의견을 개진했다. 나도 선생을 노동자 또는 근로자로 봐야 할지 어떨지 알 수가 없어서 원로 교수 한 분께 수업 시간에 이런 질문을 했다.

"학교 선생은 노동자입니까, 성직자입니까?"

한데 그 미국인 교수님은 내게 답을 주지 않으셨다. 왜 답을 안 줬는지 아직도 모르겠다. 답을 몰라서였을까? 아니면 답할 수 없는 사안이라서? 그것도 아니라면 내 질문이 너무 이분법적이라서?

그로부터 이십 년 가까이 세월이 흘러 내가 학생들을 가르치는 처지가 되고 보니, 이젠 내가 똑같은 질문에 대해 답을 해줄 수 있어야 한다. 나는 뭐라고 답할 것인가? 쉽게 답이 나올 질문이 아니다. 교직 성직론이 비록 유구한 역사를 갖고 있지만, 현대의 학교 선생들이 제도적으로 근로자의 위치에 놓여 있는 것도 사실이다. 역사적으로는 선생 일이 성직으로 간주됐다고 알려주면 의아해하는 선생들도 적지 않다. 동시에, 많은 선생들이 자신을 근로자나 노동자로만 규정하는 것을 거부한다. 답하기 어려운 사안인 만큼, 본질적이고 원초적인 부분에서부터 한번 논의를 짚어보자.

애초에 인간에게는 왜 교육이 필요하게 됐을까? 가장 원초적인 교육을 담당한 선생들에게 있어 직무의 본질은 무엇이었을까? 즉, 인류 최초의 선생은 어떤 일을, 왜 맡게 됐을까?

나의 '교육철학 및 교육사' 수업에서 학기 초에 학생들에게 잠깐 보여주는 〈인류 오디세이Species Odyssey〉라는 다큐드라마가 있다.[34] 나는 선사 인류의 궤적을 다루는 이 작품의 일부분을 수업에서 활용하는데, 드라마를 보면 기원전 3백만 년 이후에 출현한 '원시인'들이 나름의

---

34) 20세기 후반까지의 인류학적 발견을 바탕으로 선사 인류의 삶을 구성한 걸작. 캐나다, 프랑스, 벨기에 3국의 합작품이다.

공동체를 발전시켰음을 알 수 있다. 이들이 사용한 도구가 점차 진보했고 섭식한 식량의 종류가 다양해졌다는 사실로 미루어, 이 원시인들의 삶에도 분명히 교육이 존재했음을 추측할 수 있다. 이런 진보는 환경에 대한 자신들의 지식을 축적하여 후대에 전수하지 않고서는 일어날 수 없는 일이다. 예컨대, 이 원시인들은 섭취 가능한 열매 등을 구분해낼 수 있어야 하고, 돌칼이나 돌창을 만들기 위해서는 다양한 종류의 암석들 중 가장 적합한 종류를 찾아내서 연마하는 기술을 습득해야 하며, 이 모든 정보를 머릿속에 담고 활용할 수 있어야 한다. 이러한 원초적 지식을 후대에 전수하는 역할을 담당한 존재, 즉 최초의 선생을 상정할 수 있는 단서다.

인류 최초의 선생은 간단히 말해 생존에 필수적인 채집 · 수렵을 통한 경제 활동을 위해 모든 지식을 후대에 전수해주는 기능을 맡은 이였다. 원시인들이 무엇보다도 경제적 생존을 위해 교육을 필요로 했다는 점은 21세기 초 한국 정부의 교육에 대한 인식과 같다.

그러나 선생의 기능이 생존을 위한 지식의 전수에 그치지는 않는다. 선사 인류 이후 우리와 동종인 호모 사피엔스의 출현과 인류 문명의 태동이라는 기나긴 세월을 깡그리 압축해서 말하자면, 인간은 스스로 형성한 사회와 문명의 유지 · 발전에 힘을 쏟게 됐다. 또한 자연에 대한 경외를 품고 삶의 의미를 묻게 됐다고 하겠다. 따라서 태초의 경제적 생존 이외에도 사회적, 정치적, 예술적, 철학적, 종교적 생활을 위한 지식도 축적됨에 따라, 인류의 선생은 이 모든 분야의 지식을 후대에 전수하는 기능을 맡게 됐다. 인류가 지금까지 수만 년 넘게 번성해올 수 있었던 데에는 선생이라는 직분을 맡은 이들의 기능이 필수불가결이었던 것이다.

이러한 선생의 기능과 역할은 드넓고도 깊다. 딱 잘라서 노동자니 성직자니 규정하기란 불가능한 일이다. 비록 현대의 도래와 함께 자본과 노동 간의 관계가 첨예한 사회 갈등의 축으로 인식되기에 이르렀고, 그에 따라 선생의 노동자로서의 특성을 제도적으로 구체화할 타당성이 대두됐지만, 여전히 선생은 인류 문명 전체의 유지와 존속을 위한 넓고도 깊은 기능을 담당하고 있다. 그러므로 선생의 자기인식을 위해 단순 근로자를 뛰어넘는 선생상을 이해하는 작업이 필요하다.

그런 의미에서 지금부터 노동자로서의 선생상이 자리 잡기 전, 현대 이전의 선생상을 살펴보겠다. 전근대적 전통 사회의 선생상도 한 가지로 축약할 수는 없지만, 이 장에서는 특히 성직관을 중점적으로 살펴보려 한다. 왜냐하면 다른 어떤 선생상보다도 현대 세계가 많이 잃어버린 것, 그래서 현대인인 우리가 이해하지 못하는 것, 그러나 현대에도 심대한 필요성이 있는 것이 성직자로서의 선생상이기 때문이다.

서구화 vs. 현대화

전술한 바와 같이 선생을 성직자로 보는 관점은 동서를 막론하고 그 유래가 매우 길다.[35] 그런데 나는 학부 시절부터 박사학위를 받을 때까

---

35) 전통적 선생상의 형성 과정을 신석기혁명 이후 일어난 문자의 발전, 인간 의식의 확장, 제정일치 사회의 성립 등에서부터 시작하여 고대·중세를 모두 거쳐 고찰하는 것은 너무 방대한 작업이므로 생략한다.

지 서양의 대학 세 곳을 전전하며 나름대로 서양에 대한 공부를 지속했지만, 동양에 대해서는 그만큼 전문적으로 공부하지는 못했다. 뿐만 아니라 청년기에는 매우 친서구적 성향에 빠져, '인간과 세상에 대해 탐구하는 학문을 하겠다'는 생각을 품었음에도 불구하고 플라톤과 아리스토텔레스는 '쿨'하다 생각했고 유불선은 '후졌다'고 여겼다. 플라톤의 아카데미 문에 '기하학을 모르는 자는 이 문을 들어서지 말라'고 적혀 있던 데 비해 공자는 '시를 모르는 자와는 벽을 대하는 것과 같다'고 천명했던 바에서 엿볼 수 있는 두 문명 간의 지향성 차이를 당시에는 이해하지 못했다. 그러나 다행스럽게도 공부하는 과정에서 나의 이러한 인식이 얼마나 천박한 것인지 깨달을 수 있었는데, 아이러니컬하게도 이런 깨달음을 준 것은 주로 서양의 교수님들이었다. 아무튼 현재의 나는 신학기 첫날에 내 소개를 할 때 나의 학문적 서구편향성을 있는 그대로 학생들에게 토로하고, 그런 편향성을 스스로 학문적 열등함으로 절감한다고 고백한다. 그러나 그 열등함을 극복하기 위해 동양에 대해 이십여 년 동안 뒤늦은 공부를 해오고 있다는 말을 덧붙인다(학생들에게 저 잘났다는 말처럼 들리지만 않기를 바란다).

그런데 이런 서구편향성이 나만의 문제가 아니라는 사실을 알게 됐다. 실은 적지 않은 한국인들이 여전히 그런 경향을 가지고 있다. 실은, 나 자신도 여전히 그런 경향이 남아 있다고 생각한다. 어째서 나와 수많은 한국인, 특히 젊은이들이 그런 성향을 가지고 있는 것일까? 내가 보기에 이유는 크게 두 가지다. 첫째, 우리가 '현대인modern person'이기 때문이다. 둘째, 모두 '서구화한 사회'에 속해 있다는 것도 한 가지 이유라고 본다. 우리가 현대의 모든 이기를 누리고 살면서 현대를 팽개치고 중세나 고대로 회귀할 수는 없지 않은가? 그러니 당연히 옛것보다는 현대의 것을 더 우수하다고 여길 수밖에 없다. 또한 우리가 누리고 있는 현대란, 결국 15세기 이후에 서양에서 먼저 싹이 트지 않았는가? 그러니 당연히 동양보다는 서양 것이 현대를 풍미하고 장악했으며, 부지불식간에 그러한 서양을 동양보다 우월하다고 여길 수밖에 없다. 그러나 현대의 선생상이 전근대적, 동양적 선생상보다 우월한지 재고해보기 위해 이런 질문들을 던져보자. 과연 서양은 동양보다 우월한가? 또, 서양이 바로 현대인가? 나아가 현대는 전근대보다 우월한가?

나는 지난 삼십여 년의 공부를 통해 이 세 질문에 대한 답이 반드시 긍정일 수는 없다고 결론짓게 됐다. 지금부터 그 이유를 살펴보자.

첫째, 동양과 서양 문명의 우열은 시대에 따라 변천해왔다. 비록 근대의 태동 이후 오늘날까지 2~3백 년은 서양이 세계에 대한 지배권을 획득해왔으나, 세계의 다수 문명사가들이 동의하듯이 천 년 이상의 관점에서 보면 동양이 서양보다 정신문화뿐만 아니라 물질문명 및 자연과학의 수준에서도 대체로 우위를 점했다.

둘째, 과학정신을 근간으로 하는 현대가 서양에서 태동했지만, 서양의 모든 것이 현대적이라고는 할 수 없다. 19세기 말, 인도의 시성詩聖 라빈드라나트 타고르가 일본을 방문했을 때, 일본인들의 과다한 서구 문화 숭배에 대해 일침을 놓은 일화가 있다.

"근대화(현대화)란 정신의 독립성을 갖추는 것이지, 취향의 노예가 되는 것은 아닙니다.”

서구 취향의 의복과 음식을 따르는 것은 ‘서구화’일 뿐이지 진정한 ‘현대화’는 아니다. 즉, 전통적 권위와 편견, 통념으로부터 떨어져 나와 자신만의 이성적이고 과학적인 태도를 갖는 것이야말로 진정한 현대화라는 말이다.

셋째, 현대는 과학기술이 일취월장했지만, 핵 확산과 생태계 파괴 등으로 인해 인류를 절멸로 몰아갈지도 모른다. 이런 점만 봐도, 현대가 모든 면에서 우월한 시대라고 단언하기는 어렵다.

나의 결론을 요약하자면 이렇게 말할 수 있겠다. 서양은 근대에 접어들어서야 동양보다 우월한 위치를 점했고, 서양문화 전체가 과학적·현대적인 것은 아니며, 주로 서양이 이끈 ‘현대’가 반드시 좋기만 한 것은 아니다.

한 저명한 재야 동양학자가 신문에 쓴 이야기다. 하루는 집에서 공부하고 있던 이 학자를 지역관청에서 인구조사차 방문했다. 인적사항에 대해 질문을 하던 중, 조사자는 학자의 직업이 뭐냐고 물었고, 학자는 ‘동양철학을 한다’고 답했다. 세월이 좀 흐른 뒤 이 학자가 관청에 자료를 찾으러 갔는데, 자신의 인적사항이 기록된 한 문서의 ‘직업’란에 다음과 같이 적혀 있었다고 한다.

‘무속인’

무속인을 폄하하려는 것은 결코 아니다. 단, 우리 사회에서 무속인이라는 직업이 풍기는 비주류적 인상을 고려할 때, ‘동양철학’에 대해 세간에서는 학문보다는 점집 또는 역술원 등에 더 잘 어울린다고 인식하고 있음을 지적하려는 것이다. 만약 그 학자가 '서양철학'을 한다고 답했더라면 조사자는 '교육자'나 '학자'라고 적지 않았을까? '동양철학'과 비교해볼 때 '서양철학'이라는 단어에는 어떤 느낌이 따라붙는가? 후자가 전자보다 더 학문적이고 고고하며, 논리적이고 따라서 더 우월한 영역이라는 느낌을 풍기지는 않는가? 천박한 서구편향적 학문 전력이 있는 나만 이렇게 느끼는 것은 아니라고 생각한다.

동양문화가 나름의 매력과 심오함이 있지만 결정적으로 비과학적이기 때문에 본질에 있어서 서양문화보다 열등하다고 보는 시각을 '오리엔탈리즘'이라고 한다. 오리엔탈리즘을 내면화하면, 정작 나의 뿌리인 동양을 제대로 볼 수가 없을 것이다. 자동적으로 동양의 것, 옛것을 폄하하게 된다. 처음부터 이런 색안경을 쓰고 공자와 붓다를 볼 때, 우리는 그들의 진정한 가치를 보기가 어렵다. 따라서 동양의 전통적 선생상을 깊게 논하기에 앞서, 그런 선생상을 바라보는 우리의 시야에 오리엔탈리즘이라는 색안경이 씌워져 있는 것은 아닌지 꼭 짚어보고 가야 한다.

청년기에 헬레니즘 전통에 푹 빠져 있었던 나는 지금도 중국의 유가사상가들보다는 르네상스 시대의 휴머니스트들이 더 익숙하게 느껴진다. 그러나 나는 동양과 한국의 전통문화와 사상이 근대사의 굴절 속에서 지나치게 격하되었다고 보고, '공자가 죽어야 나라가 산다'는 시각을 자연스럽게 받아들이는 현 세태는 분명 문제가 있다고 본다. 젊은 학생들과 대화할 때, 요즘 성리학 공부를 하고 있다고 말하면 학생들이 깜짝 놀라곤 한다. 라캉과 들뢰즈가 아니라 '고리타분한' 주자를 읽는다는 것을 도무지 납득하지 못하는 우리의 젊은이들을 보면,

그 자랑스럽다는 우리의 문화유산에 대한 찬사들이 허망하게만 느껴진다. 외국인들에게 보여주기에 자랑스럽고 찬란해서 중요한 게 아니라, 바로 우리가 이 땅에서 세상과, 자연과, 하늘과, 신과 그리고 서로와 관계를 맺고 살아올 수 있도록 도움을 준 것들이기 때문에 우리의 문화유산이 우리에게는 중요한 것이다. 우리의 문화유산이 우리를 만들었기에 중요하다는 말이다. 설사 서양 것이 아무리 매력적이라 해도 우리의 진짜 삶을 담아내지 못하고 우리 것과의 연관성을 수립하지 못하는 한, 이는 허망한 매혹에 그친다. 우리의 진짜 삶을 설명해줄 수 있을 문화유산을 살펴봐야만 할 이유가 여기에 있다.

퇴계와 공자, 동양의 선생을 말하다

조선 유학의 대표적 선생이라 할 수 있는 퇴계 이황이 자신이 총애하던 어린 제자 이덕홍과 나눈 문답이 있다. 다음이 이덕홍의 물음과 퇴계의 답이다.

"움직일 때는 이 마음을 단단히 잡기가 더욱 어렵습니다."

"고요한 가운데 마음의 근본을 세워야 하는 것이다."

"간혹 마음속이 수레를 뒤엎는 것같이 혼란스러울 때가 있는데, 그것은 무슨 까닭입니까?"

"그것은 마음의 기운이 안정되지 못했기 때문에 그런 것이다. 마음은 본래 그릇된 생각이 없이 고요한 것으로서, 잘 안정만 한다면 어찌 심란한 기운이 생기겠는가."

"그러면 선생님은 성현의 공부가 다 이루어졌습니까?"

"어찌 감히 달성되었다고 말할 수 있겠는가. 나도 간혹 고요함 가운데 엄숙하고 공경할 때는 마음이 함부로 날뛰는 것이야 면할 수도 있지만, 그렇지 못할 때도 있다. 어쩌다가 술을 마시고 말을 주고받을 때는 가끔 태만한 마음을 가져 함부로 행동하는 일이 있다. 이런 것이 내가 평소 두려워하고 경계하는 점이다."

"저는 항상 조용히 혼자 있고 싶지 남과 사귀기를 싫어하는데, 이것은 너무 치우치는 일이 아닙니까?"

"치우친 듯하기는 하지만 그러나 학문하는 사람에게 전혀 도움이 없다고는 할 수 없다. 나도 처음에는 그런 병이 있었는데 이득이 없던 것은 아니었다."

"공자님 말씀에 자기보다 못한 사람을 친구로 삼지 말라고 하였는데 그렇다면 자기보다 못한 사람과는 일절 사귀지 않아야 하겠습니까?"

"보통 사람은 일반적으로 자기보다 못한 사람과 친구 삼기를 좋아하고 나은 사람과는 잘 어울리지 않는다. 공자께서는 이런 점을 우려하여 경계한 말이지 자기보다 못한 사람과 일절 사귀지 말라는 뜻이 아니다. 만약 한결같이 착한 사람만 가려서 사귄다면 그 또한 한쪽에만 치우친 일이 된다."[36]

---

36)《심경질의》(간재 이덕홍)

젊어서 접했을 때에는 '도덕선생들 사이의 지루하고도 뻔한 대화' 정도로 여겼던 이 문답이 지금의 내게는 돈보다도 귀중하다. 오랜 세월 추구했던 지성만으로는 도저히 손에 쥘 수 없었던 경지인 '마음의 평화'에 다가가는 방법에 대해 구체적으로 논하고 있지 않은가. 책을 읽고 어려운 학문을 터득하는 것은 노력하면 이룰 수 있는 일이지만, 마음 다스리는 능력을 티끌만치라도 향상시키는 것은 아무리 노력해도 성과를 보장할 수 없는 일이다. 지난한 마음공부에 대한 제자의 물음에, 40세 연상인 대스승 퇴계는 진솔하고 진심이 담겨 있으며 전혀 권위주의적이지 않은 답을 들려준다. 사부인 자신마저 마음을 닦는 일을 완성시키지 못했다는 것이다. 이를 현대의 심층심리학적 표현으로 바꿔 말하자면, 자기실현의 길은 결코 완성될 수 없고, 죽음에 이를 때까지 끊임없이 밀고 나아가야 하는 과정이라고 해도 되지 않을까?

또한 자신의 내향성을 경계하는 이덕홍의 토로에 대한 퇴계의 답은 현대 서양의 심리학이 내향성이라는 성격 유형에 대해 내린 종합적인 결론과 다르지 않다. 즉, 안으로 너무 치우치지 않도록 경계해야 하지만, 안으로 파고드는 것 자체의 미덕도 인정해야 한다는 말이다. 그리고 인간관계에서도 치우침을 피하고 중용의 미덕을 지킬 것을 권고하는 퇴계의 답은, 분석심리학에서 상정하는 '과다와 결핍이 없는 원만한 전체 인격의 상'과 일치한다고 볼 수 있다. 교육철학 따위를 강의하며 고상한 척 살고 있는 나를 이런 관점에서 살펴보면, 인간이기에 내면에 자연히 엄존하는 '가볍고, 경박하고, 천박하고, 속물적인' 성향을 너무 홀대함으로써 온전한 인격의 성숙에 이르는 데 장애를 갖고 있다. 그래서 때때로 경박한 자신을 드러내는 편이 좋다. 퇴계도 이처럼 한결같이 착하기만 한 사람을 우대하는 성향을 건강하지 못하다고 말해주고 있다.

현대의 선생과 제자는 퇴계와 이덕홍 사이에 오가는 이런 대화를 나누고 있는가? 아니, 이런 대화를 나눌 것이 기대되거나 요청되는가? 이런 대화의 본질은 무엇인가? 현대의 사제지간에 주로 강조되는 정보의 습득이나 지식의 형성이 이 대화의 요체가 아니다. 물론 현대의 사제지간에도 인성 함양을 위한 대화가 오갈 수 있겠지만, 위의 대화는 그 깊이에 있어서 상식적 수준의 인성교육이나 상담을 뛰어넘는다. 위 대화의 본질은 '어떤 사람으로 살아야 할 것인가?'라는 존재론적이고 철학적인 질문이다. 존재론적 질문에 대한 답을 찾아가는 배움의 과정을 인도해주는 이가 바로 유교적 의미의 선생상이다.[37]

동양의 선생상을 논함에 있어 유교 이외에도 최소한 불교와 노장사상은 당연히 다뤄야 하겠지만, 유불선 세 주요 사상적 줄기의 선생상이 궁극적으로 '제자로 하여금 이기적인 에고를 초월하여 우주적 참자기의 인식에 이르도록 인도해주는 이'라는 측면에서는 같으므로, 이

---

37) 존재론적 추구를 이끌어주는 것이 일반적인 유교 선생이라 할 수 있는 서당의 훈장에게는 불가능했고 오로지 퇴계와 같은 특출한 경우에나 가능했던 것은 아닌지 의구심을 가질 수도 있겠다. 또한 출세지향적으로 변모해버린 조선의 과거시험을 고려할 때, 일종의 입시학원화한 유교 교육기관을 존재론적 구도의 장으로 볼 수 있을지 비판할 수도 있다. 그러나 이러한 유교의 세속화는 차치하고, 이 장에서는 유교 선생상의 본질에 집중하고자 한다. 비록 서당의 훈장이 제자들과 '퇴계-이덕홍'식의 심오한 토론을 벌이지는 못했겠지만, 제자들이 유교 경전을 달달 외우도록 지도하여 결국 그들이 암송을 통해 성현의 가르침을 스스로 깨치도록(自得) 이끌어준 것 또한 제자의 존재론적 추구의 기초를 닦아주는 일이었다고 할 수 있겠다.

장에서는 유교적 선생상을 동양의 대표적인 선생상으로 제시하겠다.
또한, 주희가 집대성한 신유학적 선생상에는 선불교의 영향이 짙게 배
어 있으므로, 신유학적 또는 성리학적 선생상이 동양적 선생상을 꽤
포괄적으로 보여준다고도 할 수 있겠다.

그렇다면, 어떤 사람으로 살아야 할 것인지에 대한 답을 학생 스스
로 찾아가도록 도와주는 동양의 선생은 학생을 지도함에 있어 어떤 학
문과 지식 또는 앎을 근거로 해야 하는가? 똑같은 질문을 현대의 선생
인 우리 자신에게 해보자. 선생인 나는 어떤 앎을 근거로 학생의 존재
론적 추구를 도와줄 수 있는가? 고교생인 내 학생이 자신의 재능과 현
실 – 취업 – 사이에서 고민할 때, 나는 어떤 앎에 근거하여 조언해줄 수
있을까? 대학 전공? 과학적 지식? 현대가 제시하는 상식? 살아본 경험
을 바탕으로 한 이른바 개똥철학? 선생인 나는 무엇을 근거로 나의 학
생들에게 이런 삶의 길보다 저런 삶의 길이 더 바람직하고 옳다고 조
언해줄 수 있는가? 과연 상대주의적 세계관을 수용한 현대에 그런 답
을 줄 보편타당한 근거가 있기는 할까?

"나는 설거지를 하기 위해 설거지를 합니다."

이런 질문에 대한 답을 찾기에 어려움을 느끼는 현대의 선생에 비할
때, 동양의 전통적 선생은 바로 그 방도를 찾도록 지도해주는 일의 전
문가였다고 할 수 있겠다. 내 식견으로 방대한 유학의 전통을 포괄하
는 것은 불가능한 일이니, 조선 후기를 지배했던 주자학, 즉 성리학적

선생의 경우를 살펴보자. 바로, 퇴계의 사상적 전통에 속한 선생의 경우다. 성리학의 선생은 학생의 존재론적 추구를 어떤 앎을 근거로 지도해줬을까?

2011년에서 2012년으로 넘어가는 연말의 언론을 뜨겁게 달군 사태 중 하나가 중학생들의 폭력과 집단 따돌림 그리고 그에 따른 청소년 자살이었다. 이 땅의 선생들과 부모들의 가슴이 무너져내리도록 만든 이러한 사건들에 우리의 마음은 어떻게 반응했는지 잠시 살펴보자.

급우들의 잔인한 폭행과 따돌림에 상처 받고 학교의 무관심에 좌절한 피해자 청소년들을 떠올릴 때 내 마음에 그들을 불쌍히 여기는 연민의 감정이 피어오른다면, 이는 측은지심惻隱之心이 발동한 것이다. 측은지심은 마음속에 인仁한 성질이 있다는 단서다. 제 자식이 무고한 생명을 자살로 몰고 간 원인을 제공했음에도 사죄의 마음은커녕 제 자식 감싸기에만 바쁜 가해자 부모 그리고 아이가 죽음에 이를 때까지 별 도움을 못 준 학교 행정 등을 생각할 때 내 마음에 의분이 치솟는다면, 이는 수오지심羞惡之心이 발동한 것이다. 수오지심은 내 마음속에 의義로운 성질이 있다는 단서다. 일찍 가버린 어린 영혼에 슬퍼하고, 뒤에 남겨진 가족을 생각할 때 안타까워하며, 이런 사태를 자아낸 우리의 사회를 염려하는 마음에 자살한 아이의 학교 홈페이지에 조문의 글을 남긴다면, 이는 사양지심辭讓之心이 발동한 것이다. 사양지심은 마음속에 예禮의 성질이 있다는 단서다. 그리고 왜 이 땅에서 이런 일이 일어났는지 애통해하는 마음으로, 정부의 대증對症요법식 종합대책을 비판하며 학교폭력의 근본적 원인들을 찾아내 보고자 깊은 성찰에 들어간다면, 이는 시비지심是非之心이 발동한 것이다. 시비지심은 마음속에 지智의 성질이 있다는 단서다.

이 네 가지 마음상태는 나라는 존재 안에 '작은 나'를 뛰어넘는 고귀한 성질의 '리理'가 숨어 있음을 알려주는 네 가지 단서, 즉 사단四端이다. 유교는 모든 인간 안에 이처럼 고귀한 우주의 이치가 담겨 있음을 일러줬다. 그렇다면 이기적인 에고를 뛰어넘는 고귀한 '리'를 품고 있는 인간들의, 우리의, 나의 행위는 왜 이다지도 고귀하지 못한 것인가? 왜 나는 항상 큰 뜻은 잊어버리고 작은 이익을 탐하며 제 자식 챙기고 제 자리 지키는 데에만 급급하며, 공맹孔孟이 제시한 군자나 주자가 제시한 성인과 동떨어진 존재로 연명하고 있는가?

내 마음속 깊은 곳을 자세히 들여다보면, 분명히 위의 사단이 조금씩이라도 있는 것 같다. 그러나 동시에 냉혹하고 잔인한 마음, 비겁하고 회피하려는 마음, 고통은 피하고 쾌락만 찾는 마음, 적당히 세태에 파묻혀 살려는 마음도 함께 들어 있음을 부인할 수 없다. 모든 인간 안에는 이러한 선악이 공존하고, 따라서 인간은 그 자체로 모순된 존재다. '리'의 증거라는 사단과 내 안의 사악함 중 어느 쪽이 진짜 나인가?

성리학의 설명에 의하면 우리의 몸은 '기氣'로 이루어져 있는데, 이 기는 맑을 수도 있고 탁할 수도 있기 때문에 그 상태에 따라 우리 안의 리가 숨어버릴 수도, 드러날 수도 있다고 한다. 따라서 우리가 군자나 성인과 같은 삶을 살고자 한다면 우리 안 깊숙한 곳에 숨어 있을 리를 찾아내 밖으로 드러내야 하겠다. 그러나 기로 이루어진 우리의 육신은 우리의 가장 바른 마음을 수시로 배반한다. 늘 육체적, 물질적 이익을 따르며 살아가는 것이 당연시되는 현대 사회에서 우리는 우리 안에 있다는 '리'의 존재를 믿기가 어렵다. 이런 자그마한 우리 내부에 그처럼 원대한 우주의 원리가 담겨 있다는 것이 말이 안 된다고 생각한다. 바로 이렇게 우리 안의 '리'를 보기가 어렵기 때문에 성리학에서는 리를 볼 수 있는 방도를 개발해내는 데 큰 노력을 기울였다. 이 방도를 한마디로 '경敬'이라 한다.

경은 성리학이 가장 강조하는 중요한 개념이지만, 여기서는 모든 이론적 설명을 생략하고 현대의 우리가 공감하고 이해할 수 있음 직한 설명 한 가지만 제시하겠다. 경을 영어로 번역한다면 'mindfulness'에 가장 가까울 것이다. 그리고 성리학적 경 사상 형성에 큰 영향을 끼친 선불교도 아직까지 mindfulness를 매우 강조한다. 다음의 설명은 mindfulness, 즉 '지금 이 순간, 하나의 대상에 온전히 마음 집중하기'에 관한 베트남 불승 틱낫한의 설명이다.

삼십 년 전, 내가 아직 '투 히외' 탑에서 신참이었을 때, 설거지는 그다지 유쾌한 임무가 아니었습니다. 모든 승려들이 수도원으로 돌아가는 은거의 계절에, 두 명의 신참이 모두를 위한 밥을 다 해야 했고, 때로는 백 명이 넘는 승려들이 사용한 그릇을 설거지해야 했습니다. 비누는 없었지요. 그저 양재와 벼쭉정이, 코코넛 껍질밖에 주어지지 않았습니다. 그렇게 높다랗게 쌓여 있는 그릇들을 닦기는 정말 힘들었습니다. 특히 물이 얼음처럼 차가운 겨울에는 말입니다. 그럴 때는 그릇을 문지르기 전에 커다란 단지에 물을 부어 데워야 했습니다. 오늘날에는 액체 세제와 수세미로 뜨거운 물까지 나오는 부엌에 서서 설거지를 하지요. 그건 훨씬 더 즐겁지요. 이제 설거지를 즐길 수 있습니다. 누구든 급하게 설거지를 해치우고 나서는 자리에 앉아 차 한잔을 즐길 수 있죠. 나는 내 옷가지를 손으로 빨지만, 옷을 빨아주는 기계도 있지요. 그렇지만 식기세척기는 좀 지나친 것 아닌가요! 설거지를 하고 있을 때에는 오직 설거지만 하고 있어야 합니다. 이 말은, 그릇을 닦고 있을 때에는 자신이 그릇을 닦고 있다는 사실을 온전히 의식하고 있어야 한다는 말입니다. 얼핏 보면 좀 싱거운 얘기 같을지도 모르겠네요.

간단한 문제를 왜 그렇게 강조하느냐고요? 하지만 바로 그것이 내가 하고자 하는 말입니다. 내가 거기 서서 이 그릇들을 닦고 있다는 사실은 호흡을 따르는 것이고, 내가 여기 있음을 의식하는 것이며, 나의 생각과 행동을 의식하고 있는 것입니다. 물결 속에서 이리저리 떠밀리고 있는 물병처럼 아무 생각 없이 떠밀리며 살 수는 없는 노릇이지요.

미국에 나의 친한 친구인 짐 포리스트가 있습니다. 내가 그를 처음 만났을 때, 그는 카톨릭 평화협회와 함께 일하고 있었지요. 지난겨울에 짐이 나를 찾아왔습니다. 나는 대개 저녁 식사를 마치고 나서, 다른 모든 사람들과 함께 앉아서 차를 마시기 전에 설거지를 합니다. 하루는 짐이 자기가 설거지를 해도 되겠느냐고 물었습니다. 나는 대답했죠, "그렇게 해요. 하지만 당신이 설거지를 하려면 설거지하는 방법을 알아야만 합니다." 짐이 대답했습니다, "아이고, 스님께선 제가 설거지도 할 줄 모른다고 생각하세요?" 내가 대답했습니다. "설거지를 하는 데에는 두 가지 방법이 있습니다. 첫 번째는, 그릇들을 깨끗하게 하려고 설거지를 하는 것이지요. 두 번째는 설거지를 하기 위하여 설거지를 하는 것입니다." 짐은 기쁘게 말했습니다, "저는 두 번째 방법을 택하겠습니다." 그때부터 짐은 어떻게 설거지를 해야 하는지 알게 되었습니다. 나는 그에게 한 주일 내내 그 '책임'을 넘겨주었죠.

만일 우리가 설거지를 하는 동안 설거지를 마치고 마실 차만 생각하고 있다면, 그래서 그릇들이 귀찮은 물건들인 것처럼 서둘러 설거지를 해치워버리려 한다면, 그것은 '설거지를 하기 위하여 설거지를 하는 것'이 아니지요. 게다가 그런 경우라면 설거지를 하고 있는 그 시간 동안은 우리가 살아 있는 것이 아닙니다. 실로, 우리는 싱크대 앞에 서 있는 동안 삶의 기적을 깨닫지 못하게 됩니다. 만일 우리가 설거지를 '제대로' 할 수 없다면, 아마 우리는 차도 '제대로' 마실 수 없을 것입니다. 보나마나, 우리가 손으로 잡고 있는 찻잔도 거의 의식하지 못하겠지요. 그리하여 우리는 미래로 빨려 들어가고 맙니다. 그러고는 실제로 삶의 단 일 분도 살고 있지 못하는 것입니다.[38]

틱낫한 스님이 말한 '지금 이 순간, 하나의 대상에 온전히 마음을 집중하기'가 바로 성리학의 경과 같다. 최근 서양 학계의 개념으로는 미

---

38) 출처 : www.prajnaparamita.com (번역 : 한석훈)

하이 칙센트미하이의 ‘몰입flow’이 이와 유사하다. 일상의 매 순간, 나의 작은 행동 하나하나, 타인과의 상호작용 하나하나에 온전히 나 자신을 바치는 것이 경이다. 경을 할 때, 우리는 멀티태스킹과 속도의 폭력 때문에 잊어버렸던 원래의 목적을 되살려낼 수 있다. 원래의 목적은 무엇인가? 지금 나는 바쁜 일상 속에서 오늘 하루의 일을 무사히 마치고, 돈 벌고, 먹고살기 위해 정신없이 살고 있다. 우리는 늘 이렇게 정신없이 살기 때문에 원래의 목적 따위는 까맣게 잊고 산다.

‘원래의 목적’은 과연 무엇일까? 그 답은 사람마다 다를 수 있겠지만, 여기서는 그것을 ‘자기실현’이라고 쳐보자. 그렇다면 나는 지금 내가 하고 있는 한 가지의 일에 완전히 몰입할 때 – 경할 때 – 지금 내가 하고 있는 이 일이 원래의 내 목적인 자기실현과 무슨 관계가 있는지 깨칠 수 있을 것이다. 이 일을 하고 있는 주체인 ‘나’를 볼 수가 있는 것이다. 나아가 그런 내 안에 지금 육체적이고 물질적으로 생존하기 위해 버둥거리는 이기적 생명체의 수준을 넘어서 고귀한 ‘리’가 작동하고 있음을 깨달을 수도 있다.

나도 앞의 ‘설거지에 집중하기’ 명상을 실천해봤는데, 그때 깨달은 점이 있다. 놀랍게도, 내가 설거지를 하는 이유가 단순히 ‘먹고살기 위해서’만이 아니라, 내 가족과 내 삶을 사랑하기 때문이라는 깨달음이었다. 가족과 삶을 사랑해서 설거지를 한다는 것이 놀라운 게 아니라, 그 당연한 사실을 그동안 몰랐다는 것이 놀라웠다. 나는 내 안의 사랑 또는 ‘인仁한 리’를 닮은 나의 일부를 설거지를 통해 볼 수 있었다. 리를 품은 존재인 ‘나’는 우주만물로부터 분리된 하나의 생물학적 개체가 아니라, 우주와 연동하고 있는 독특한 생명체다. 이 작은 생명체는 우주의 원리와 이어져 있기에 만물과의 조화를 추구하고, 만물과 사이 좋게 서로 위하며 공존을 추구한다. 이러한 깨달음이 경의 궁극이다. 일상 속에서 망각한 내 존재의 본질과 원래의 목적을 경을 통해 깨달을 수 있다는 말이다.

이러한 자각의 끈을 놓치지 않기 위해 부단히 수련하는 것이 성리학의 마음공부이고, 이 공부를 이끌어주는 이가 성리학의 선생이다. 이런 공부는 현대인인 우리가 알고 있는 공부와는 판이하다. 구체적 지식과 학문적 이론이 들어 있지 않다. 나라는 존재의 우주적 본질에 비추어볼 때 지금 숨 쉬며 살고 있는 내 삶의 최상의 발현이 무엇이며 그 의미는 무엇인지에 대한 답을 구하는 공부다. 과학과는 다르고, 그렇다고 학문이라고 말하기도 그렇다. 오히려 종교에 가깝다. 답을 구하는 방법에 있어서는 선불교의 위빠사나 명상이나 간화선看話禪의 화두 공안話頭公案 등과 유사하며, 그 형이상학적 틀에 있어서는 기독교와 닮은 점이 많다. 성리학은 우주의 근본 원리인 리가 인하다고 본다. 인함을 사랑과 다르지 않다고 볼 때, 리에 인격을 덧씌우면 기독교적 신, 즉 하느님(하나님)과 다르지 않다. 물론 이런 주장은 논란의 여지는 있을 것이다. 내가 강조하고 싶은 것은, 성리학적 선생상이 종교적 스승상과 크게 다르지 않다는 점이다.

성리학적 선생이 제자에게 제시하는 앎의 종교적 특성에 대해 종교학자 오강남은 다음과 같이 설명한다.

신유학을 '성학聖學'이라고 부르는데, 성인들의 가르침이라는 뜻도 있지만 더욱 중요한 것은 '성인이 되게 하는 학문'이라는 뜻이기도 하다. 성인은 윤리적으로 완전한 사람이 아니라 '의식의 변화'를 통해 '특수 인식능력의 활성화'를 이룬 사람이다. 성학이란 이런 특수한 경험을 통해 '성인의 경지sagehood'에 이르는 것을 목표로 하는 학문 내지 종교적 자세라 볼 수 있다.[39]

'특수 인식능력의 활성화'를 이뤘다는 것은 '견성見性했다' 혹은 쉽게 말해 '영적인 눈이 열렸다'라고도 바꿔 말할 수 있다. 물론 이런 '인식'은 과학적·학문적 인식의 범주를 벗어나는 것으로, 바로 종교가 제시하는 인식의 범주와 일치한다. 이렇듯 성리학적 우주관이 절대적 '리'를 상정하고, 리를 품은 존재로서 인간을 규정한다는 점을 들어 성리학과 유교 자체가 종교적 교리체계이며, 비판적 이성을 중시하는 철학과는 거리가 멀다고 주장하는 이들도 있다.[40] 어찌 됐든 유교의 종교적 성격을 이해할 때, 그 선생들의 종교인으로서의 성격 또는 성직자

---

39) 《종교, 심층을 보다》(오강남, 현암사, 2011) 363쪽
40) 나는 유교의 종교성에 대한 이런 인정에 동의하지만, 유교가 철학이 아니라는 시각은 서양철학 중심적인 편견이라고 생각한다. 물론 성리학의 이기론(理氣論)적 '교리'는 선험적 '정답'이 고정되어 있고, 그 정답에 이르는 논증 과정에 대한 설명 체계가 서양철학처럼 구비돼 있지는 않다. 하지만 성리학의 답은 학생에게 강요되지도 않고, 학생이 스스로 깨쳐야 하는 것이며, 그 깨침의 과정은 끝없는 공부와 궁구 그리고 삶 속에서의 실천을 통한 검증을 수반한다. 그러니 단지 그 과정이 언설을 중시하는 서양철학과 다르다 하여 유교가 철학이 아니라 단정할 수는 없다고 생각한다. '설명은 없다, 오직 서술만이 있을 뿐이다'라고 선언한 초기 비트겐슈타인의 분석철학적 태도와도 상통하는 것이 동양철학이 진리에 대해서 취하는 '불립문자(不立文字)'나 '교외별전(教外別傳)' 또는 '도가도비상도(道可道非常道)' 등과 같은 태도라고 본다.

적인 성격도 이해할 수 있다.

그래서 유교의 선생은 제자의 영적인 성장을 돕는 구루와 같다. 선생은 제자에게 있어 영혼의 가이드이다. 유교의 교과서인 《사서삼경》 등은 그 자체로 경전이다. 경전에 적힌 선현의 '영적인 배움'의 방법을 좇아, 일거수일투족에서 자기 존재의 최상을 드러내기 위해 끊임없이 매진하는 제자들을 위해 선생은 스스로가 영적인 성숙에 다다라야 한다. 퇴계가 평생의 수행과 공부를 통해 수많은 제자들에게 절실하게 가르쳤듯이, 결국 유교의 선생과 제자는 자기실현의 완성을 향해 – 영적인 성숙을 향해 – 함께 길을 가는 도반道伴인 셈이다. 다만 앞서 가는 선생은 자신의 언변뿐만 아니라 몸가짐과 행동을 비롯한 생활 전체를 통해 제자들의 모범이 돼준다.

서양의 선생들

'지금 우리들 모두는, 영계의 존재들에게 위탁을 받아 일을 하려고 하고 있다. 그 영적 존재들과 어떻게 관계를 가질 수가 있는 것일까? 이것이 가장 먼저 생각하고 싶은 것입니다. 그러므로 이 말을 하나의 기도로 받아들여 주십시오. 그것은 이 과제를 인수하는 우리들의 배후에서 상상력과 직관력을 주는 영계의 존재들에 대한 기도입니다. 사랑하는 여러분, 이 과제의 중요성을 느끼는 일이 무엇보다 중요합니다. 이 학교가 특별한 과제를 맡고 있다고 생각한다면, 이 과제의 중요성을 느낄 수 있습니다. …(중략)… 이 학교 설립이 일상적인 행위가 아닌, 우주 질서를 위한 하나의 축제라 여길 때 우리들은 이 의미를 실현시킬 수 있습니다. 그런 의미에서 나는 이 자리에서 선한 영의 이름으로, 인류를 곤궁과 비참에서 구하려고 하는 선한 영의 이름으로, 그리고 수업과 교육을 통해 인류를 보다 높은 진화의 단계로 인도하려는 선한 영의 이름으로, 제일보를 내딛고 싶습니다.[41]

이 글은 발도르프 학교의 창시자인 루돌프 슈타이너가 1919년경에 '자유 발도르프 학교'의 창설에 즈음하여 교사들에게 강의한 내용의 일부분이다. 전 세계 60여 개국에 이미 1,000개가 넘는 독립 발도르프 학교와 2,000여 개의 발도르프 유치원 그리고 600여 군데 이상의 발도르프 특수학교가 있고, 점점 늘어나고 있다. 유럽 교육이 최근에 세계에 제시한 가장 인기 있는 학교 형태라고 할 만하다. 바로 이 학교들의 시조인 슈타이너의 사상적 핵심에는 과학과 합리성을 뛰어넘는 영성에 대한 담론이 확고하게 자리하고 있었다. 대체 '영계의 존재들'이라든가 '선한 영'과 같은 개념을 어떻게 이해해야 할 것인가? 영적인 존재라는 이들은 영적인 수단으로 '이해'할 수밖에 없지 않겠는가. 이런 이해를 위해서는 그야말로 '특수 인식능력의 활성화'가 필요하다. 아무튼, 이처럼 동양과 다를 바 없이 서양의 전통적 선생상 안에도 종교성이 담겨 있다. 이는 서양 교육사상사에서 비주류에 속하는 슈타이너 외에도 주류라 할 만한 코메니우스, 루소, 페스탈로치, 프뢰벨, 몬테

---

41) 《교육의 기초로서의 일반인간학》(루돌프 슈타이너, 물병자리, 2002) 20-21쪽

소리 등의 사상을 살펴봐도 부인할 수 없는 사실이다.[42]

나의 이러한 주장은 언뜻 현대의 상식과 반하는 것처럼 들릴 수 있다. 현대문명은 서양의 손으로 주조됐고, 서양이 가진 힘의 원천은 과학기술이며, 바로 그 과학적 태도와 방법을 전수한 주된 기관이 서양의 교육기관이라 할진대 그런 서양의 근대 교육사상의 줄기에 종교성이 담겨 있다고 했으니 말이다. 그러나 서양 교육의 역사를 좀 더 상세히 들여다보면 과학과 합리성만이 전부가 아니라 그 대척점에 있는 종교성의 영향력도 강력했음을 알 수 있다. 근대 서양 교육의 아버지라 불리는 요한 아모스 코메니우스를 예로 들어보자. 그가 교육이 지향해야 할 목표상으로 17세기에 지, 덕과 함께 제시했던 것이 성聖; pietas이었다.

인간의 온전한 성숙을 위해서는 이성적 역량 이외에도 거룩함pietas을 추구해야 한다는 관점은 사실 서양 교육의 양대 축 중 하나였다. 다만 과학주의와 더불어 근대 서양 교육사상의 주된 부분이었던 종교성이 점차 근대적 학교에서 빠져나가게 됐기에, 그처럼 종교성이 탈색된 서양의 근대 학교를 받아들인 – 그것도 특히 서양 교육의 종교성을 배제한 – 일본의 손을 통해, 우리는 '성聖'을 빼버린 '지, 덕, 체'가 서양 교육이 추구했던 전부라고 오인하게 된 것이다.

---

42) 슈타이너 사상의 중핵인 인지학(anthroposophy)은 비교(秘教)적 전통의 신지학(theosophy)에 뿌리를 두고 있고, 신지학을 서양 교육사상의 중심 줄기와 연계시키기에는 무리가 있긴 하다. 하지만 이성을 앞세운 계몽주의의 물줄기를 뛰어넘어 과학과 종교성 양자를 아우르며 발전해온 독특한 서양 교육사상의 흐름을 조망해본다면, 슈타이너 역시 대표적 '서양 교육사상가'로서 서양의 선생상을 잘 보여준다고 할 수 있다.

동양의 선생은 예컨대 성리학적 우주관과 인간관을 기반으로 학생 안의 '리'를 밝히고자 했다. 그렇다면 종교성 또는 영성의 추구를 중시했던 서양의 전통적인 선생은 어떤 앎을 근거로 어린 학생들에게 영적 성장의 길잡이 역할을 했을까? 서양의 선생은 유대-기독교적Judeo-Christian인 전통이 이천 년의 세월을 넘어 제시했던 '신성神性'과, 다른 한편으로는 근대화하고 있는 세속적 현실이라는 양자를 화합하고자 엄청난 노력을 쏟아부었던 것 같다. 그런 노력의 선봉에 섰던 사상적 모험가인 장 자크 루소가 제시했던 선생상이 있다. 비록 실존하지 않았던 일종의 시뮬레이션이기는 하지만,《에밀》에 등장한 선생상은 서양 교육의 진수를 담고 있다고 본다. 루소의 선생상을 실감 나게 알아보기 위해 현재 한국의 교육 현실로 잠시 되돌아와 보겠다.

이 책의 제1장에서 '잠자는 학교'를 우리 교육의 구체적 문제 중 하나로 삼고 이야기를 풀어가기 시작했는데, 사실 그 정도는 별것 아닌 것처럼 보이게 만드는 심각한 문제들이 쏟아져 나왔다. 그중에서도 학생들의 집단 괴롭힘으로 꽃다운 생명을 버린 청소년들의 문제는 가뜩이나 민심을 잃어가고 있는 정부를 잔뜩 긴장하게 만들었나 보다. 결국엔 국무총리가 나서서 학교폭력 특별대책을 발표한 것을 보면 말이다. 이 대책이 피해 학생을 더 이상 방치하지 않고 적극적으로 보호하려 한다는 점은 긍정적이지만, 학교 선생과 경찰에게 철저한 단속을 요구하는 것이 근본적인 해결책이라고는 볼 수 없다. 아이들이 폭력적으로 변해 동급생에게 심한 상처를 입히고도 아무런 죄책감을 못 느끼게 된 데에는 여러 복잡한 원인이 있을 터. 그 근본 원인들을 드러내고 치유하기 위해서는 깊은 분석과 진솔한 성찰이 필요하다. 아이들을 폭력적으로 만든 환경적 요인을 파악하고, 폭력적인 아이들을 이해함으로써 그들을 치유할 방법과 폭력의 예방책을 찾아내야 하지 않겠는가. 범죄자를 감옥에 가둔다고 범죄가 줄어드는 것은 아니므로, 범죄를 일으키는 사회경제적 요인들을 파악하고 범죄자를 이해하여 예방 및 치유책을 강구하는 것이 합당한 것처럼 말이다.

그런데 그러한 사회·환경적 요인들을 파헤쳐가다 보면, 모든 아이들과 학부모들을 오로지 점수 경쟁으로만 몰아감으로써 인격적·도덕적 발육을 철저히 외면한, 소위 신자유주의 교육이라는 잔혹한 사고방식이 그 배경임을 알 수 있다. 신자유주의 교육의 사고방식은 바로 우리 정부 교육정책의 기본정신이다. 자기부정을 할 수 없는 정부로서는 경쟁만을 외치는 신자유주의 정책을 파기할 수도 없고, 별수 없이 대증적對症的 대책이나 내놓을 수밖에 없다. 그러니 근본적 문제의 해결과 치유는 기대할 수 없게 된다.

초·중등학교의 집단 따돌림은 새삼스러운 문제도 아니고, 십수 년 넘도록 적지 않은 전문가들이 그 근본적 병인을 치유하자는 목소리를 내왔다. 일례로, 이 책의 핵심 주제인 자기실현을 심층으로 연구하는 분석심리학파의 국내 최고 권위자 이부영 교수는 우리 사회의 가치 일원화라는 의식의 병폐가 '왕따' 현상의 심리적 원인이라고 지목한 바 있다. 우리 사회는 소위 'SKY'를 배타적으로 우대하고, 부모들은 자식이 일류대에 입학할 수 있는 ― 보다 정확히 말해서 '남들보다 더 높은' ―성적을 받는 것을 양육의 지상목표로 삼고 있다. 여기서 오직 공부를 잘하는 것만이 아이가 학교와 가정에서 우대받는 덕목이 되는데, 이는 매우 부자연스러운 가치 일원화다. 왜냐하면 본디 인간의 재주와 가치는 인간의 수만큼이나 다양하기 때문이다.

1, 2등은 언제나 소수에 불과하다. 학교 공부 이외의 다양한 영역에 관심이 있는 나머지 아이들은 어릴 때부터 공부 못한다는 질책에 길들여져 자신이 가치 있는 존재라고 여기지 못한다. '엄친아, 엄친딸'만이 가치 있는 인간이다. 수많은 아이들이 이런 세상과 1등을 하지 못하는 자신에 대해 불만과 분노를 품게 되고, 그 어두운 감정은 그들의 무의식에 차곡차곡 쌓여간다. 무의식의 부정적 감정은 그것들 나름대로 인격을 갖춘 감정 덩어리, 즉 콤플렉스가 돼버리는데, 이를 분석심리학에서는 그림자라고 부른다. 문제는 그림자가 얌전히 아이들 마음 깊은 곳에 잠들어 있지만은 않는다는 데 있다. 결국 그림자는 밖으로 분출되는데, 특히 자신과 유사한 부정적 성향, 즉 사회적이나 학업적으로 열등하고 만만한 상대를 표적으로 삼아 분출된다. 이를 그림자 투사 projection라고 한다. 즉, 잔인한 공격성을 드러내며 한 아이를 집단으로 괴롭히는 우리의 아이들은 무의식적으로, 즉 의도하지 않고 그렇게 하고 있다는 것이다. 자신이 왜 그러는지를 이해하지 못한다는 말이다. 이런 자기 행동에 대한 이해 결여는 가해 학생들 상담에서 늘 나타난다. 만약에 이러한 분석심리학적 진단이 타당하고 정확하다면, 가해자 아이들의 근본적 치유책은 그들의 타고난 가치를 인정해주는 데 있겠고, 그러기 위해서는 우리 사회와 학교가 다양한 인간적 재능과 성향을 더 이상 소외시키지 말아야 한다.[43]

심층심리학에 근거한, 일견 이상주의적으로 들릴 수 있는 위의 제언을 이미 18세기에 루소가 제시했다. 루소의 교육사상의 핵심 주제는 무엇인가? 바로 선생의 자기실현을 다룬 제3장에서 설명했던 '자연으로 돌아가라'이다.

루소, 서양의 선생을 말하다

루소가 제시한 선생상은 '학생이 자연으로 돌아갈 수 있도록 돕는 자'다. 왜 루소는 학생을 자연으로 돌려보내자고, 왜 아동 안에 깃들어 있는 자연의 성장 프로그램을 따르라고 외쳤는가? 그건 18세기 유럽의 학교들이 자연에 반하는 교육을 행하고 있다고 진단했기 때문이다. 그는 당대 유행하기 시작한 상류층 기숙학교의 실태를 지적하며, 가족과 떨어져 지식 습득에만 전념한 아이들이 부모나 형제와 정을 쌓지 못한다는 점을 비판했다. 요즘 내 주변에서도 곧잘 눈에 띄는 '기러기 아빠'들이 떠오르는 대목이다. 자식 교육을 위해서라면 이역만리로 어린 자식을 유학 보냄으로써 부모와 자식 간의 정마저 희생시킬 수 있는 한국의 부모들이 위대하다고 해야 하는 걸까? 미국에서 자라 하버드 법대를 졸업한 뒤에 한국의 대학에서 교편을 잡고 있는 조슈아 박 교수는 자신에게 하버드와 아버지 둘 중 하나를 고르라면 당연히 아

---

43) 그러나 여전히 사회와 고용시장은 SKY만을 우대할 것이 '현실'인데, 어떻게 사회의 가치관을, 한국인의 의식을 바꿀 수 있냐는 반박이 당연히 나올 것이다. 뒤에서 이 문제를 깊이 다루겠지만, 이 시점에 한 가지만 짚고 가겠다. '사회의 가치를 바꾸는 건 불가능에 가까운 일일지도 모르지만, 학교의 가치를 바꾼 사례들은 전 세계에서 많이 찾아볼 수 있다'는 것이다.

버지를 택할 것이라고 말하기도 했건만, 우리의 기러기 아빠들은 자식이 아빠를 버리는 한이 있더라도 하버드에 가주기만을 바라고 있는 건지도 모르겠다.

어쩌면 청소년기에 부모와 떨어져 살아서 좀 정이 없고 관계가 소원하더라도 하버드 나와서 사회적으로 성공하고, 그럼으로써 효도도 좀 하면 되는 것 아니냐고 생각하는 이도 있겠다. 하지만 아이에게 부모와의 정이 없고 따뜻한 가족애가 부족할 때, 그 피해는 효도를 못 받게 된 아버지보다는 마음에 구멍이 뚫린 인간으로 성장한 아이에게로 고스란히 돌아간다. 사랑으로 가족관계를 이루는 필수적인 성장과정을 놓쳐버린 아이는 아무리 세상 최고의 학위와 명예를 얻는다 해도 인생에서 진정한 행복을 누리기가 어려워지기 때문이다.

루소는 기숙학교에서 자란 아이들이 '아무것에도 애정을 갖지 않는 습관'을 갖게 된다고 봤다. 사람을 사랑하기가 어려운 이는 얼마나 불행한가? 너무 어린 나이에 자식을 기숙학교나 타국으로 유학 보내는 것은, 루소가 그리 봤듯이 자연에 반하는 행동이다.

그래서 루소가 제시한 선생은 아이가 나이에 맞게 자연스레 자라날 수 있도록 옆에서 지켜봐주는 존재다. 그는 《에밀》에서, 특히 유아기와 아동기에는 선생의 주지적 교습을 경원시한다. 그리고 아이가 스스로의 의지대로 뛰어놀게 하라고 다음과 같이 조언한다.

어린 시절을 존중하라 …(중략)… 자연의 자리에 끼어들지 말라. 자연이 오래도록 작용하게 내버려두어라. 자연의 작용을 방해할까 두려우니 말이다. 시간은 귀중한 것이기에 당신은 그 낭비를 조금도 원하지 않는다고 말할 것이다. …(중략)… 당신은 아이가 아무것도 하지 않고 어린시절 몇 년을 보내는 것을 불안해한다. 이런! 행복하게 지내는 것이 아무 가치도 없다는 말인가? 하루 종일 즐겁게 뛰어노는 것이 아무 가치도 없다는 말인가? …(중략)… 시간을 낭비하라.[44]

오늘날 한국에서 위와 같은 자세로 아이를 지도하는 선생이 있다면, 아마도 교직을 지키기 어려울 것이다. 나는 250년 전의 특이하지만 위대한 이 사상가의 말을 문자 그대로 신봉해야 한다는 주장을 하려는 것이 아니다. 자신의 자연성을 잃어버리고 잊어버린 현대인인 우리 자신을 한번 돌아보자고 권유할 따름이다. 적어도 나는 루소의 주장대로 아동기의 '시간낭비'가 어느 정도 필요하다고 확신한다. 아이는 학습하는 기계가 아니라 인간이기 때문이다. 낭비할 시간, 하릴없이 공상할 시간, 아무것도 안 하고 있을 시간을 조금이라도 누려야 아이는 자신에 대해 스스로 조금씩 알아갈 수 있는 것이다. 그게 자연스러운 성장이다.

나의 첫째 딸이 유치원 들어갈 나이가 됐을 때, 유치원 선정을 위한 나의 가장 중요한 기준은 '아이들을 얼마나 많이, 신 나게 뛰어놀도록 해주는가'였다. 그렇게 선정한 유치원을 첫째는 물론이고 연달아 둘째 딸까지도 만족스럽게 다녔다. 나는 그때 내 딸들이 행복했다고 믿는다.

---

44)《에밀》(장 자크 루소, 한길사, 2003) 163쪽, 188-189쪽

어린 시절 경험한 행복은 평생의 든든한 자산이다. 보장할 수 없는 인생의 여정 위에서 이것만큼 확실한 자산이 또 있을까! 그런데 그렇다 해서 그 유치원이 루소식으로 아무 공부도 안 시키는, 비현실적이고 이상주의적인 교육기관은 아니었다. 한글도 가르치고 과학실험도 하는 등, 통념을 벗어나지 않는 수준에서 아이들의 자유로운 활동을 지원하는 곳이었다. 그런데 둘째가 졸업하고 얼마 지나지 않아 그 유치원은 문을 닫았다. 위치도, 시설도 괜찮았고 선생들과 원장도 좋았기에 나는 왜 그리됐는지 의아했다. 알고 보니 갈수록 학부모들이 '빡센' 주지적 교육, 특히 조기 영어교육을 요구하는 바람에, '널럴하게' 애들을 놀게 하는 이 유치원의 원생수가 갈수록 줄었기 때문이라고 한다.

안타깝지만 충분히 이해가 가는 일이다. 내가 교육학 박사이다 보니, 이따금씩 자식 교육에 대해 조언을 구하는 이들이 찾아온다. 내 조언은 연령대에 따라 달라지지만, 일단 아이만의 자유시간을 주라고 한다. 그리고 일요일에는 별일 없으면 하루쯤 맘대로 놀 수 있게 해주라고 한다. 그런데 대부분의 부모가 실망스러워하며 돌아가는 듯하다. 이런 나의 조언을 옳다고 믿어 실천하는 부모를 본 적은 아직 없다.

직장 다니는 어른도 주말에는 쉰다. 인간은 기계가 아니기 때문이다. 그런데 우리의 부모들은 초등학생이나 중학생인 자녀가 일요일 하루를 자유롭게 놀도록 두고 보지를 못한다. 잠시라도 멍청히 있는 제 자식 꼴을 보고 있노라면 '그럴 시간에 영어 단어 하나라도 더 외워!'라는 말이 나오는 걸 도저히 참아내지 못한다. 이런 분위기 속에서 아이에게 시간을 낭비하라고 외치는 선생은 정말로 외로울 수밖에 없겠다. 물론 그것도 선생직에 남아 있을 수 있다면 말이다.

자연스럽게 쉬고 놀지 못하는 아이들의 마음속에는 불만이 쌓여가고, 그들은 삶을 행복의 장으로 인식하지 못하며, 자신의 욕구불만을 자극적 컴퓨터 게임 따위로 해소하며 연명한다. 우리의 아이들이 전 세계적 관점에서 볼 때 상대적으로 얼마나 불행하고 무기력한 삶을 살고 있는지 명료하게 보여주는 숱한 통계적·교육학적 자료들이 이미 매스컴을 통해 일반에게도 알려진 지 오래다. 이처럼 불행한 이 땅의 아이들 사이에서 집단 따돌림이나 폭행이 일어나는 것은 어쩌면 당연한 일이 아닐까?

아이의 자연스러운 인격 성장을 도모하기 위해 루소라는 선생이 제시했던 방법론을 철학자 임마누엘 칸트를 비롯한 후대의 평론가들이 '내면의 화해'라 명명했다. 이것은 제2장에서 거론했던 '화광동진'과 유사한 면이 있는 개념이다. 빛과 먼지가 함께 가야 한다는 노자의 말처럼, 내면의 화해도 우리 내면의 긍정적인 면들과 부정적 면들이 화해해야 한다는 의미를 갖고 있다. 통상 이기심이나 공격성과 같은 인간의 부정적 습성을 제거하는 것을 교육의 요체라 여기는 경우가 많은데, 루소는 우리 안의 어둠을 제거하기란 불가능하다고 봤다. 나는 지천명에 이르러 루소의 이 관찰에 극구 동의하게 됐다. 내 육신과 에고의 굽힐 줄 모르는 이기심과 욕망을 내가 죽을 때까지 짊어지고 가야 한다는 것을 알게 됐다. 나의 어둠은 제거할 대상이 아니라, 어둠 자체에도 비밀스러운 용도와 의미가 숨어 있기 때문에 수용하고 인정해줘야 함도 이제는 안다. 다만 그것이 내 머리 꼭대기 위에 올라가 나를 휘두르지 못하도록 잘 다스려줘야 하는 것이리라. 그러기 위해서는 나의 어둠과 화해하는 나의 '빛' 또는 '긍정적인 성향'이 제대로 그 힘을 발휘할 수 있어야 한다. 내 안에 있는 선함의 줄기들인 인의예지가 주도권을 쥐도록 이끌어내야 한다. 이는 오로지 자연의 손길에 나를 내맡기고 그에 따라 자연스럽게 성장하도록 할 때 일어날 수 있다는 것이 루소의 믿음인데, 그는 우리 내면의 빛을 신과 맞닿은 지선至善으로 간주했다.

계몽주의 운동에도 참여했던 이 근대 서양의 사상가는 이성이나 지성보다도 사랑과 정이라는 감정을 더 중시했다. 나아가 기독교적 전통의 핵심인 인간 내면에 깃든 그리스도 정신, 즉 신성을 믿던 이였다. 그는 비록 표면적으로는 가톨릭교회에 등을 돌리고 '이단적' 주장을 펼쳤지만, 그 주장 또한 그의 개인적 신앙의 표현이었다. 또한 그 신앙심의 요체는 그 본질에 있어서 예수의 메시지와 다를 바 없다고 본다.

루소는 인간의 내면에 있는 빛의 주도성을 믿었다. 그래서 그는 철학자라기보다는 매우 사적이고도 내밀한 종교인이라고도 할 수 있겠다. 신적인 인간성에 대한 루소의 믿음은 앞서 근대 서양 교육의 기틀을 다진 코메니우스의 '신성'의 연장선상에서 이해할 수 있고, 후대에 페스탈로치를 거쳐 주요 사상가들에게 계승됐다. 프뢰벨은 이런 신앙의 줄기를 신인일체설神人一體說로까지 확장시켰고, 슈타이너는 비록 루소의 사상적 계승자는 아니지만 명백히 영혼을 인간의 참된 주인으로 규정한 교육사상을 정립했다. 그래서 서양의 선생들은 이 같은 종교성을 계승한 이들이고, 이 믿음을 바탕으로 아동을 키워 그 안의 빛나는 신성을 밖으로 드러내고자 했던 성직자들이었다고 하겠다. 그들은 학생들의 영혼의 가이드였다.

그런데 루소적인 내면의 화해는 참으로 성직자적인 헌신이 없는 선생으로서는 감당하기 어려운 과제가 아닐까 한다. 화해를 위해서는 먼저 내 안의 어둠을 인정하고 직시해야 하는데, 그게 얼마나 괴로운 일인가?

나는 실제로 써먹을 수 없는 교육사상은 별 가치 없는 유물에 불과하다고 생각하는 터라, 옛 사상들을 내게 적용해 그 효험을 경험하려고 시도해보곤 한다. 성리학적 경敬을 시도해봤듯이 내면의 화해도 시도하고자 먼저 내 안의 온갖 어둠과 악을 열심히 파악하다 보니 기분이 매우 나빠지고 침울해졌을 뿐만 아니라, 대체 이렇게 이기적이고 추악한 인간이 무슨 학문을 하고 세상에 기여를 할 수 있을지 근본적인 회의심마저 일어났다.

위대한 학자 융도 자기 마음속의 '믿어지지 않는 사악하면서도 모험적인' 생각을 도저히 지워버릴 수 없어 번민했고, '왜 믿어지지 않는 사악한 것을 생각해야 하는가? 이러한 생각은 어디서 오는가?'라며 괴로워했다고 한다.[45]

그러나 내가 이 정도 자책에서 헤어나지 못할 만큼 선명한 양심을 가진 인간은 아니다 보니, 그럭저럭 내 내면의 어둠을 인정하고 그것들을 안고 살 수는 있게 됐다. 또 살다 보니, 노자의 가르침대로 악이 다 악이

---

45) 《융과 성서》(웨인 G. 로린스, 분도출판사, 2002) 22쪽

아니고, 악에도 나름대로 감춰진 쓸모가 있음도 알게 됐다. 파우스트의 깨달음을 위해 메피스토펠레스가 반드시 필요했던 것처럼 말이다.

그런데 실은 내 안의 어둠보다도 내 안의 빛이 문제였다. 다른 모든 이들과 마찬가지로, 내 안에는 빛도 있었던 것이다! 나로서는 그 빛을 감당하기가 너무도 벅차고 두려웠다. 내 안에 타인을 사랑할 수 있는 에너지가 있다는 것이, 남들을 위해 뭔가를 할 수 있는 가능성이 있다는 것이 두려웠다. 왜냐하면 그런 거대한 나를 드러내려면 내가 집착해서 매달리고 있는 작은 나, 이기적인 에고를 깨부숴야 하기 때문이다. 나는 자그마한 나를 버리기가 두렵다.

〈코치 카터〉라는 미국 영화를 보면, 이런 모순된 감정을 잘 표현해 준 대사가 나온다.

우리의 가장 깊은 공포는 무력함이 아니다. 우리의 가장 깊은 공포는 측정할 수 없는 우리의 강함이다. 우리의 가장 깊은 공포는 어둠이 아니라 밝음이다. 그게 우리를 두렵게 한다. 소심한 행동은 세상에 도움이 되지 않는다. 다른 사람이 네 주위에서 불안하지 않도록 움츠리는 것은 전혀 현명한 일이 아니다. 우리는 모두 빛을 발하도록 되어 있다. 우리 일부만이 아니라 모든 이가 그렇다. 우리 자신의 빛을 발하게 될 때 알지 못하는 사이에 다른 사람들도 그렇게 하도록 하는 것이다. 우리 자신의 공포에서 해방될 때 우리 존재는 저절로 다른 사람들을 해방시킨다.

내면의 화해를 하려면 내 안의 빛이 나의 주인이 되어야 한다. 즉, 내가 안다고 믿었던 나보다 '더 큰 나'가 되어야 한다는 뜻이기도 하다. 부지런히 돈 벌어서 아파트 평수 늘리고, 더 좋은 차 뽑고, 그래서 떵떵거리고 살고 싶어 하는 나를 뛰어넘어 '더 큰 나'가 되도록 도와주라는 교육사상이다. 부르주아 집단에 들어가는 것을 삶의 목표로 삼아 온 나를 뛰어넘으라는 요청이다. 돈 많이 버는 게 나쁘다는 말은 아니다. 돈과 지위보다 더 소중한 삶을 보라는 것이다. 사회의 평판에만 매달리지 말고, 이기적인 욕망의 충족만 좇지 말고, 자연이 내게 심어놓은 독특한 잠재력의 불꽃을 활짝 피워 존재론적 욕망에 발동을 걸라는, 그래서 다시는 되돌릴 수 없을 나의 삶에 꽃을 피워보라는 요청이다. 그럼으로써 나의 작지만 아름다운 꽃이 세상을 조금이라도 향기롭고 아름답게, 더 풍성하게 만드는 데에 자기 자신을 오롯이 바쳐보라는 요청이기도 하다.

이런 작업을 위해 나의 안팎과 구석구석, 높은 데와 낮은 데를 온전히 들여다보고 서로 연결시켜야 하기에 내면의 화해가 필요한 것이다. 나의 모든 힘이 다 필요하고, 남들의 시선을 의식하는 페르소나 저 너머 깊숙한 존재의 힘을 구동시켜야 하기 때문이다.

루소는 18세기의 유럽을 장악하기 시작한 부르주아 계층이 너무 돈만 밝히고 이기적이라고 여겼기 때문에 그들이 유럽의 희망이 될 수 없다고 봤다. 21세기의 한국도 한국형 부르주아가 장악하고 있는 것 같다. 한국의 부르주아는 한국 공동체를 위해 어떤 희망을 보여주고 있는가? 나는 그들에게서 희망보다 절망을 더 많이 본다. 서민의 생계 수단까지 집어삼키는 탐욕스러운 재벌기업들, 일신의 영달을 위해 공공의 득을 내다 버리는 정치꾼과 관료 집단, 신神을 팔아 축재하기에 혈안인 거대 종교집단 등, 절망적인 부르주아의 예는 수두룩하다. 내가 들락거리는 대학 사회만 보더라도, 대학의 주류 세력은 엄청난 재원을 쌓아가고 있으면서도 학교의 청소 아줌마들 최저 월급을 코딱지만큼 인상해주는 데에는 한없이 인색하다. 게다가 불경기임에도 학생 등록금을 경감해줄 의지는 없는 듯하다. 나 같은 비정규직 시간강사에 대한 처우는 말할 필요도 없다.

부르주아가 장악하는 이 사회에 경쟁주의가 갈수록 팽배하여, 만인이 만인을 짓밟고 이겨내야 할 상대로 삼고 제몫 챙기기에 급급한 살벌한 분위기 속에서, 우리의 아이들은 좌절하며 자신의 어둠인 폭력적 공격성을 야수처럼 분출하고 있다.

루소는 이런 현대 사회를 위해 '에밀'이라는 새로운 인간상을 제시했다. 서양의 근대적 선생은 돈과 지위에 대한 추종이 모든 가치를 말살시키는 현대에서 에밀같이 자신만의 존재론적 욕망을 실현하는 이들을 길러내기 위해 헌신하는 '성직자적 존재'로 자리매김했다. 나도 21세기의 한국에서 이기적 부르주아를 뛰어넘어 더 큰 자기를 드러내 세상에 도움을 줄 수 있을 에밀과 같은 젊은이들이 탄생하기를, 아이들 안의 빛에 불을 지펴줄 수 있을 성직자적인 선생들이 늘어나기를 간절히 기원한다.

퇴계, 공자, 루소는 동지?

그러나 루소가 자신을 주연으로 출연시켜 상영했던 〈에밀〉이라는 히트 작품의 선생상인 '영혼의 성숙을 돕는 선생상'은 유럽에서 서서히 스러져갔다. 일단 기독교적 신성 추구를 과학적 이성 추구와 융합하려던 코메니우스, 루소와 같은 천재들의 교육적 시도는 너무 시대를 앞섰던 것 같다. 만일 종교와 과학이 변증법적 합일을 달성한다면 그것은 '이성을 존중하는 종교'와 '신앙을 수용하는 과학'이 돼야 할 것이지만, 21세기인 지금도 신앙과 과학은 사회 통념상 상호배타적이고 동떨어진 분야로 간주되고 있지 않은가. 18세기의 서양에서도 신앙의 본부인 교회와 과학의 온상인 대학은 심각한 대립 양상을 보였고, 양자가 충돌할 경우 일어날 수 있는 파괴적 영향을 우려한 칸트와 같은 철인이 교회에게는 신학, 대학에게는 과학과 학문이라는 분리된 인식활동의 영역을 각각 지정해주는 등, 양자 간의 분리 움직임이 가속화됐다.

복잡한 역사적 과정에 대한 설명은 생략하고 결과적으로 종합해보자면, 현대 세계에서 대학의 하부체계와 같이 돼버린 초·중등 교육기관은 전적으로 학문과 과학을 중점으로 삼게 됐고, 교회는 종교와 신학의 본산이 됐다. 결국 양자 간의 원활한 교섭과 상호작용보다는 상호배타성이 하나의 관행으로 뿌리내리게 된 것이다. 그리하여, 현대의 학교는 종교성을 배제했고 현대의 교회는 과학성을 멀리하게 됐다. 즉, 현대의 학교에서는 루소가 제시한 내면의 빛 또는 인간적 제약을 초월하는 신성을 추구하고 학생이 그런 과정을 경험하도록 이끄는—영혼의 성숙을 돕는—선생상은 입지를 잃게 된 것이다. 다만, 이러한 신성 추구의 소멸에도 불구하고, 루소의 교육관과 선생상은 현대 서양 교육에 있어 지금까지 하나의 이상적 모델의 역할을 해오고 있다고 본다. 그런 의미에서 여전히 루소의 사상은 현대 서양 교육사상의 주된 줄기를 형성하고 있다. 현실에 온전히 뿌리내리지는 못했지만 말이다.

서양에서 교육의 신성 추구가 현대에 접어들어 스러져버렸듯이, 동양에서는 성학聖學으로서의 배움을 이제는 찾아볼 수 없게 됐다. 즉, 동양과 서양에서 영적인 성숙을 돕는 전통적 선생상은 사라져버렸다 하겠다. 현대는 교육에서 종교성을 추방했고, 선생상에서 영적인 인도자의 측면을 제거해버렸다.

사람은 그의 소유물들을 통해서 설명할 수도 있지만, 그가 내다 버린 것을 통해서도 잘 설명할 수 있다. 현대인이 종교성을 내다 버렸다는 사실은 현대인의 속성을 잘 설명해준다. 오직 오감을 통해 획득한 감각적 자료만으로 세상만사를 설명하는—'과학적 사유'의 틀 안에 갇혀 있는—사람을 가장 발전된 인간으로 믿는 속성 말이다. 이런 사유의 틀은 합리적인 인과론적 논리에 지배받으므로 제2장의 후반부에서 제시했던 '목적론적 사고'를 수용하지 못한다. 즉, '내가 어떤 존재가 되고 싶기 때문에 지금 이런 일들이 내게 일어나고 있고, 내가 그것들을 수행하고 있다'는 사고를 이해하기 어렵게 됐다는 말이다.

나는 종교성을 내다 버린 현대 학교의 대표적인 산출물이다. 서구화한 한국뿐 아니라 서구의 본산인 유럽보다 더 과학정신과 합리주의를 고수하는 미국의 대학에서 십여 년을 수학했기 때문이리라. 당연히 나는 이성과 지성, 합리주의를 신봉했다. 서양의 역사와 사상을 배우면서 기독교 교회사와 종교사회학 등도 공부했는데, 종교란 내게는 인간이 인간의 손으로 만든 사회적, 정치적, 경제적, 심리적 기관human-made institution에 다름없었다. 사후세계 등에 관한 논의는 오직 상상과 예술적 시각에서 가치가 있을 뿐이었다. 젊은 나는 서구의 르네상스적 인본주의에 경도돼서, 오직 과학적 추구와 역량, 지적인 성찰만이 세상을 좀 더 낫게 만들어줄 수 있을 것으로 봤다. 종교는 구시대의 유물로 그 기능이 소진됐다고 생각했던 것이다.

그로부터 이십 년 이상 지난 지금도 나는 여전히 어떤 종교나 종파에도 속해 있지 않지만, 종교의 본질적 순기능에 대해서는 완전히 다른 시각을 갖게 됐다. 오강남 교수의 표현을 빌자면, 종교의 껍데기인 표층(기복, 주술, 의례 등)이 아니라 종교의 심층에 눈떴다고 할 수 있다. 평범한 일개 학자에 불과한 나의 종교적 심층에 대한 잡설을 여기서 늘어놓을 필요는 없으니, 현대 과학의 상징적 인물이었던 앨버트 아인슈타인의 다음과 같은 금언을 빌어 나의 종교성과 지성 사이의 화해에 대한 변을 대신하겠다.

우리가 경험할 수 있는 가장 아름다운 것은 신비에 속한다. 신비로운 것은 모든 진정한 예술과 모든 과학의 원천이다. 이런 감정을 낯설어하는 이, 경탄하기 위하여 잠시 멈춰서서 경외의 마음으로 황홀에 빠

질 줄 모르는 이는 죽은 것이나 다름없다. 그의 눈이 감겨 있는 것이
므로…….[46]

종교 없는 과학은 절름발이이고, 과학 없는 종교는 장님이다.[47]

　물론 현대과학의 대표주자들 중에서도 리처드 도킨스처럼 '호전적
무신론자들'의 연대를 외치며 근본주의적 기독교에 대항하자고 외치
고, 신에 대한 상상을 '망상delusion'이라 폄하한 책을 펴내는 등, 과학
적 시각 너머의 사유를 인정하지 않는 이들도 적지 않다.《통섭 : 지식
의 대통합》(사이언스북스, 2005)을 쓴 사회생물학자 에드워드 윌슨은
자연과학적 인식 방법으로 인문학, 예술, 심지어 종교까지 통합시켜야
한다는 주장을 펼쳐서 많은 지지를 받기도 했다. 그러나 최근에 작가
알랭 드 보통의《무신론자를 위한 종교》(청미래, 2011)라는 책이 많은
호응을 받고 있듯이, 전 세계적으로 볼 때 과거의 기성 종교적 틀 안에
서만 종교성이나 신성이나 영성을 논하던 관습이 점점 허물어지고 있
다. 또 전통 종교에 의존하지 않고 종교의 본질이나 심층을 추구하는
움직임이 증가하고, 과학자와 종교인들 사이에서 많은 교섭 시도가 실
제로 일어나고 있다. 즉, 현대의 도래와 함께 한동안 분리돼 있었던 종
교와 과학을 재결합시키려는 기운이 이제야 일어나고 있다는 말이다.

---

46)《The World As I See It : An Essay by Einstein》(http://www.aip.org/history/einstein/
　　essay.htm)
47)〈Science, Philosophy and Religion : a Symposium〉(Albert Einstein, 1941)

이런 면에서 현대의 교육이 내다 버린 종교성 또는 영성에 대한 논의를 본격적으로 시작해보자는 나의 주장이 시대적으로 '자다가 봉창 두드리는 소리'는 아닌 것이다.

내가 이 장에서 동서양의 전통적 선생상을 조망해봄으로써 제기하고자 한 것은, 혹 과거의 선생상이었던 '영혼의 성숙을 돕는 선생상'이 현대의 선생상들보다 더 위대하지는 않은가 하는 하나의 질문을 던지기 위해서였다. 특히, '영혼의 성숙'을 종교의 본질인 영성의 구동과 연관시켜 보면, 학생의 인지적, 육체적, 사회적 발육을 돕는 데 국한된 현대의 선생상과 비교해 영혼의 성숙을 돕는 선생상의 특징이 두드러진다. 이들은 학생의 삶과 죽음을 관통하는 '존재 전체'의 성숙과 실현을 이끄는, 포괄적 책무를 진 존재로 규정할 수 있다. 물론 옛것을 현대에 그대로 되살려 활용할 수는 없고, 그 순수한 가치를 깊이 성찰해보자는 제의일 뿐이다. 영혼의 성숙을 돕는 선생상을 지금 이대로 구시대의 유물로 버려둬도 되는 건지, 혹 우리가 복원할 부분은 없는지 등에 대해 생각해볼 필요가 있다는 말이다.

이제, 현대라는 '패러다임'에 파묻혀 그 이외의 패러다임에 대해서는 상상하기도 힘든 현대인들이 어떻게 자신이 속한 패러다임 밖의 세상에 대해 상상할 수 있을지 그 가능성을 타진해보자.

선택은 선생의 몫이다

미국의 유명한 자기계발 컨설턴트였던 스티븐 코비는, 삶의 주인이 되기 위한 과정의 핵심으로 '패러다임의 전환'을 꼽았다. 패러다임이라는 어려운 용어를 일단 '세상을 보는 시각' 정도로 정의하고, 그는 자신이 체험한 패러다임의 전환 이야기를 들려주었다.

하루는 그가 그날따라 유달리 사람이 적어 쾌적했던 뉴욕의 지하철을 타고 어딘가 가고 있었다. 그러다가 어떤 역에서 한 남자와 그의 아이들이 무더기로 탔는데, 이 아이들이 어찌나 소란을 피우는지 전철 분위기가 졸지에 엉망이 돼버렸다. 그런데도 아무도 꾸짖는 이가 없자 코비가 나서서 아이들 아빠에게 '남들도 배려해야지 이래서야 되겠느냐, 애들을 좀 조용히 시켜달라'고 점잖게 항의를 했다. 그러자 매우 당황한 그 남자는 미안해하며 이렇게 말했다는 것이다.

"한 시간 전에 병원에서 애들 엄마가 죽었습니다. 저도 뭘 어찌해야 할지 모르겠고, 아이들도 그런가 봅니다. 죄송합니다."

그 말을 들은 순간 코비가 얼마나 미안한 마음이 들었겠는가. 당황한 코비는 자신도 모르는 사이에 태도가 180도 바뀌어서 "저런, 죄송합니다. 제가 어떻게 도와드릴 거라도 없을까요?"라고 말했다고 한다.

이 경험을 통해서 코비가 말하고자 한 바는, 자신 앞에 주어진 상황을 어떤 시각으로, 즉 어떤 패러다임 위에서 보느냐에 따라 자신의 태도가 완전히 달라질 수 있다는 것이다. 방금 전까지만 해도 자신의 평온을 위해 열차의 질서와 통제에만 전념하고 있었는데, 순식간에 그딴것들은 다 중요치 않다는 듯, 자신 앞에 있는 사람에 대한 동정이 일어나 그를 돕고자 하는 충동이 생겼다. 어디 이런 마음의 변화가 웬만해서 실제로 일어날 법한 일인가. 그런데 그 엄청난 변화가 일어난 것이 단순히 패러다임이 바뀐 것에 기인하고 있다는 말이다. 불교 법구경의 '제 법法은 마음에 달렸다'는 말씀,《화엄경》의 '모든 것은 마음이 만든 것一切唯心造'이라는 가르침과 같은 맥락의 이야기이다. 자신 앞에 주어진 상황, 즉 현실을 그저 수동적으로 받아들이는 것이 아니라 어떤 패러다임이나 마음가짐으로 대하느냐에 따라 자신과 앞에 놓인 현실까지 변화시킬 수 있다는 말이다.

선생이 선생 일을 대하는 태도도 마찬가지다. 어떤 패러다임으로 자신의 일을 대하느냐에 따라 현실 자체와 자신도 변화한다.

선생들이 선생직이라는 자신의 현실을 대하는 태도는 아마도 각양각색일 것이다. 그 다양한 태도의 포괄적인 가능태를 연속선continuum 상에서 표현하자면 그 양 극단은 대충 이렇게 될 것이다.

목구멍이 포도청이라   ←——→   가치 있는 배움을
죽지 못해 출근한다   학생들과 나누려고 출근한다

또, 학생들을 보는 시각의 양 극단도 다음과 같은 연속선을 통해 표현할 수 있을 것이다.

졸업장을 받아야 하기에   ←——→   가치 있는 것을 배우려고
어쩔 수 없이 나온 놈들   나온 고귀한 영혼들

아마도 인간 안에는 저 연속선에 포함된 매우 다양한 태도와 시각들

이 모두 들어 있을 것이다. 즉, 자신 앞에 주어진 상황에 대해서 지극히 비관적이고 수동적이며 부정적인 태도와, 그 반대로 지극히 낙관적이고 능동적이며 긍정적인 태도 역시 다 들어 있을 것이다. 그러니까 선생은 그 수많은 태도 중 어느 하나를 매 순간 선택하는 것이다. 아마도 무의식적으로 말이다.

다음 번 수업 때 교실에 들어가서 당신은 선생으로서 어떤 태도나 시각을 선택하겠는가?

코비는, 어떤 태도를 택하느냐에 따라 자신과 자신 앞의 현실이 변화한다고 했다. 만약에 내면의 무수한 가능성 중에서 위의 두 연속선상에 나타난 왼쪽 극단들을 택한다면 어떻게 될까? 보나마나 그 선생의 수업은 매우 따분하고 무의미하고 낭비된 시간이 되어버릴 것이다. 반대로 오른쪽 극단들을 택한다면 결과는 정반대로 나타날 수 있다. 먼저 선생 자신이 변화하고 선생 앞의 현실마저 변화한다. 이것은 꿈 같은 이야기가 아니라 실제로 그러하다. 선생이 가질 수 있는 다양한 태도 중에서 가장 긍정적이고 능동적인 태도를 가질 때, 수업이라는 현실 자체가 변화한다. 학생에 대한 기대와 열정으로 존재가 빛나는 선생 앞에서는 배우려는 의욕이 없는 학생이라도 조금씩 고개를 들고 귀를 기울이게 되지 않겠는가.

그러니 스스로 결정하라. 저 연속선상에서 어떤 쪽을 선택할지. 현실은 나를 바꾸지 않는다. 그저 영향을 끼칠 뿐이다. 현실을 바꾸는 것은 바로 나 자신이다. 나 자신의 존재론적 목적이 지금의 현실을 바꾸는 것이다. 목적론적 사고방식에는 이런 힘이 담겨 있다. 영혼의 성숙을 돕는 선생상에는 학생이 언젠가 궁극으로 영혼의 꽃을 피우고 자기 실현을 이룬 경지에 다다를 것이라는, 학생의 '존재의 목적'에 대한 깊은 애정과 믿음이 깔려 있다.

자, 이제 가장 부정적이고 수동적인 것과 가장 긍정적이고 능동적인 것 중 어떤 패러다임을 선택하겠는가?

오래된 미래
영혼의 성숙을 돕는 선생상

살아 있는 모든 것은 자기 자신이 되기를 원합니다.
올챙이는 개구리가 되기를, 번데기는 나비가 되기를,
상처 입은 인간은 온전한 인간이 되기를 원합니다.
이것을 영성(spirituality)이라 합니다.
_ 엘렌 배스

선한 사람이란,
지금까지 자신이 도덕적으로 얼마나 형편이 없었던가와는 상관없이,
더 나아지려고 움직이고 있는 사람이다.
_ 존 듀이

먼지를 걷어내고

아이들의 지능이나 집안, 외모, 태도 등에 얽매이지 않고 그들 하나하나에 깃든 고귀한 영혼을 보는 성직자와 같은 선생이 되고자 하는 것은 아름다운 일이다. 하지만 잠시, 제1장에서 던졌던 '이상 vs. 현실'의 구도를 다시 *끄집어내* 보자. 이상적이고도 아름답게 들리는 '영혼의 성숙을 돕는 선생상'을 추구하는 것이 우리의 교육 현실에서 얼마나 실질적 가치가 있을까? 과거의 이상이 지금 얼마나 적용될 수 있을까? 종교는 아편이라고 마르크스가 규정하고, 신은 죽었다고 니체가 선언한 이래 이미 두 세기가 지났다. 시대는 종교적 도그마로부터 해방되

어 무한한 우주 안에서 인류의 진화 역사를 탐구하는 '과학의 시대'이
다. 그런 지금, 구시대의 종교성 속에서 형성됐던, 먼지 덮인 '영혼의
성숙을 돕는 선생상'이란 것을 다시 끄집어내는 것이 과연 현실적으로
얼마만큼이나 쓸 만한 일일까? 그 유용성의 정도를 추정해보고 싶다.

 이 질문에 대한 답을 정리하기 위해 지금부터 영혼의 성숙을 돕는
선생상을 우리의 교육 현실에 적용시키는 시도를 해보려 한다. 그 전
에, '영혼'이라는 표현 때문에 혹시 일어날지도 모를 억측과 오해를 미
연에 방지하기 위해 설명을 덧붙이려 한다.

종교가 아니라 영성이다

개인의 종교적 자유가 보장된, 공식적으로 민주국가인 우리 사회에서
공교육이 특정 종교의 도그마와 교리를 보편타당한 것으로 제시한다
면, 이는 비종교인을 소외시키는 행위이기 때문에 헌법 정신에 위배될
뿐 아니라 도덕적으로도 바람직하지 못한 일이다. 따라서 여기서 내
가 말하는 '영혼의 성숙을 돕는 선생상'은 기존의 어떤 종교와도 관련
이 없고, 전통적 의미의 종교적 헌신을 뜻하지도 않는다. 베스트셀러
작가인 알랭 드 보통은, 종교는 인간이 만든 것이라 단언한다. 아마도
이것이 세속화된 적지 않은 현대인에게는 자연스럽고도 합리적인 종
교관일지도 모르겠다. 그러나 드 보통도 여전히 종교성의 용도가 남아
있다고 보는데,《무신론자를 위한 종교》에서 그 이유를 다음의 두 가
지 필요성 때문이라고 주장한다.

첫째는 몸속에 깊이 뿌리박힌 이기적이고 폭력적인 충동에도 불구하고, 우리가 함께 살아야 한다는 필요성이다. 둘째는 직업상의 실패, 꼬인 인간관계, 가족의 죽음, 자신의 노화와 사망 등에 대한 우리의 나약함에서 비롯되는 끔찍스러운 고통에 대처해야 할 필요성이다.

드 보통은 합리적이고 세속적인 방법만으로는 우리가 해결해낼 수 없는 위와 같은 상황들을 거론하면서, 바로 이런 문제들에 대해 종교가 나름의 해답들을 제시했다고 인정한다.

하느님은 정말 죽었을지도 모른다. 하지만 우리가 하느님을 만들어 낼 수밖에 없었던 이유인 여러 가지 급박한 이슈들은 여전히 우리에게 해결책을 촉구한다.

드 보통은 종교성을 퇴출시킨 현대의 학문, 특히 인문학이 위에 거론한 인생의 문제들에 대한 해답을 제시해주는 데 실패했다고 보고, 종교의 용도를 재고해보자고 주장한다. 나도 그와 마찬가지로, 종교성을 퇴출시킨 현대의 교육이 중대한 인생의 문제들에 해답을 제시해주는 데 실패했기 때문에, 영적인 가이드로서의 선생상을 재고해보자고 주장하는 것이다. 다만 나는 자신 있게 스스로를 무신론자라고 할 수는 없기에, 드 보통과는 달리 전통적 종교들이 거론했던 신성이나 불성 등의 실체성을 수용한다. 나와 같이 기성 종교의 틀은 수용하지 않으면서 그런 종교들이 핵심적으로 다뤘던 이를테면 '영성'을 수용하는 태도를 가진 사람들이 최근 들어 서구 사회에서는 심심찮게 보이는데, 그들은 스스로를 다음과 같은 말로 표현한다.

"I am not religious, but spiritual."(나는 종교는 없지만 영성을 믿습니다.)

여기서 '영성'을 설명하기 위해 SQSpiritual Quotient, 즉 영성지수라는 개념을 예시해보겠다. 영성지수란, IQ나 EQ(감성지수)와 같은 개념이 한층 진화된 것으로 볼 수 있다. 즉, 단순히 영성靈性이라는 능력의 고하를 나타내는 것이 아니라, 지능과 감정 등을 모두 통합한, 보다 고차원적인 능력 - 오강남 교수가 말한 '특수 인식능력' - 을 일컫는다. 구체적으로는 삶의 가장 어려운 실존적 도전에 대응하는 내면의 능력이라고도 할 수 있는데, 이런 도전에 맞서 자신의 깊숙한 내부까지 심각하게 성찰하고 도전을 극복하기 위하여 전통이나 관습을 뛰어넘어 자신을 질적으로 변혁시키려는 시도까지 아우르는 개념이다.

이런 시도는 일상에서 주어진 매사의 현상적 모습을 파고들어 그것의 영적이고 본질적인 의미를 통찰하고자 하는 갈망을 수반할 것이다. 간단한 예로, 오늘 학교에서 나에게 매우 불쾌한 일이 일어났을 때 이를 현상 차원에서만 이해한다면 단순히 체념하거나 남들을 비난할 것이고, 어쩌면 자탄할 수도 있겠다. 어느 쪽이든 자신에게 건전하다고는 볼 수 없는 반응들이다. 그러나 깊은 영성의 차원에서 불쾌한 일의 숨겨진 '의미'를 이해하고자 한다면, 그 부정적인 사건이 나의 영적인 성숙을 위해 주어질 수밖에 없었던 심오한 이유를 모색하게 된다. 이 모색이 성공할 경우, 불쾌한 일이나 그런 감정을 일으킨 타인이 내 삶에 주어진 이유가 나의 숨겨진 약점을 스스로 알아차리도록 도와주기 위함이고, 그런 인식의 성숙 과정이 진정한 자기 또는 참된 나의 실현에 이르는 여정임을 깨닫게 되는 것이다. 이렇게 삶의 편린들의 의미에 대한 깊은 인식을 모색하고자 하는 열망과 이를 실행으로 옮기는 능력 등을 '영성'이라고 한다.

한데, 이 영성지수를 주창한 학자들의 견해에 따르면, 영성지수와 종교와는 별 상관이 없다. 영성지수가 높은 사람이 독실한 신자일 수도 있지만, 독실한 신자라고 반드시 영성지수가 높은 것은 아니라는 말이다. 또한 영성지수가 높은 사람은 특정 종교에 귀의할 수도 있으나 그런 전통으로부터 벗어나 독자적으로 영적 순례에 오르는 경우도 많다는 것이다. 게다가 열렬한 신자일수록 오히려 영성지수는 형편없이 낮은 경우도 많다는 점이 기존 종교의 문제점 중 하나로 지목되고 있기도 하다. 기독교나 이슬람교의 전투적 근본주의자들은 그 종교적 열렬함에도 불구하고 영성지수는 밑바닥일지 모른다는 말이다.

영성지수에 초점을 맞춘 교육이란, 편협하고 자기중심적이며 이기적인 학업 추구를 뛰어넘어, 한 인간 내면의 최상을 드러내 발휘할 수 있도록 돕는 교육이라고 할 수 있다. 영성지수 옹호론자인 도나 조하는 SQ에 대해 다음과 같이 말하고 있다.

SQ는 우리로 하여금 자아 내적인 차원과 타인과의 관계 차원 양쪽을 다 통합하여 자아와 타자 사이의 간극을 뛰어넘을 수 있도록 해준다. 단순한 EQ만으로 우리가 이 간극을 좁힐 수는 없다. SQ는, 우리

자신은 누구이고 우리가 겪는 일상사들이 우리에게 어떤 의미를 갖는
지를 이해할 수 있게 해주고, 또 이러한 일상사에서 마주치는 타인들
이 우리의 자아 성찰에 갖는 의미를 이해할 수 있도록 해준다.[48]

이 학자들이 제시하는 높은 영성지수의 개인적 표시들은 다음과 같다.

영성지수가 높은 사람들의 특징

- 전통과 규칙에서 벗어나 새로운 것을 받아들이고 융통성을 발휘할 수 있는 역량(적극적이고도 자
  발적으로 순응 · 적응함)
- 고도의 자아인식
- 고난과 고통, 자신의 실수까지도 직면하고 용인하며 활용할 수 있는 역량
- 비전과 가치관에 의하여 영감을 받을 수 있는 자질
- 불필요한 피해를 끼치는 것을 꺼려함
- 다양한 사물들 사이의 연계성을 보려는 경향(전체성에 대한 인식; being 'holistic')
- '왜' 또는 '무엇을'이라는 질문을 던지며 근본적인 답을 구하려는 두드러진 경향
- 심리학자들이 말하는 '분야 독립성(field independent)'을 지님. 즉, 관행에 반(反)하여 행동하고 무
  리에 대항하여 맞설 수 있는 역량을 지님
- 다양성에 대한 열린 태도. A로부터 B에 이르는 여러 경로의 가능성에 대한 열린 태도
- 내면의 나침반이자 내면의 길잡이로서의 양심에 대한 인식
- 깊이 있는 자발적 성향. 즉, 타인들과 보다 더 깊은 실재에 대한 수용적 태도를 지님

---

48) 《SQ : Spiritual Intelligence, the Ultimate Intelligence》(Danah Zohar & Ian Marshall,
　　 Bloomsbury, UK, 2000)

즉, 기성 종교의 전통과 관행을 따르지는 않지만 그 종교들이 전하고자 했던 핵심적 메시지나 앎 등에 대해 마음을 활짝 여는 것이 바로 영성의 작용이라 할 수 있다. 영성은 종교의 탄생 이전에 이미 인간 안에 깃들어 있던 것이고, 따라서 무신론자건 유신론자건 자기 내면의 영성을 드러내는 삶을 살 수 있다. 영성의 주인인 영혼은 인간 누구나 품고 있는 참된 '자기'와 다르지 않다. 독일의 대★신학자 디트리히 본회퍼도 이런 관점을 설파했는데, 그는 제2차 세계대전 때 나치의 박해로 옥살이를 하며 다음과 같은 앎에 도달했다고 한다.

본회퍼는 감옥에 있을 동안 어느 모로 보나 '종교적'이지 않은 사람들을 많이 알게 되었는데, 그들에게서 깊은 감명을 받았다. 이들은 감옥의 힘든 삶이나 연합군의 폭격 속에서도, 심지어 사형 선고를 받고도 결코 '종교적 위안'을 구하지 않았다. 그는 이런 사람들과 함께 살면서 결국은 비종교적 내지 탈종교적인 이런 사람들이야말로 미래를 이끄는 선구자들이고 역사는 결국 종교가 없는 시점을 향해 달리고 있다고 믿었다.[49]

그러므로 내가 '영혼의 성숙을 돕는 선생'이라고 부르는 이들은 기성 종교와 상관없이 영성을 삶의 중심에 놓고 교육에 임하는 이들이다. 이들은 유신론자일 수도 있고 무신론자일 수도 있다. 분석심리학적 용

---

49) 《종교, 심층을 보다》(오강남, 현암사, 2011) 247쪽

어로는 이들을 '학생의 자기실현을 돕는 선생'이라고 불러도 무방하다. 따라서 '영혼'이라는 표현에 따라붙는 기존의 통념과는 반하는 면이 다분한데, 독자들이 오해할 소지도 있으니 종교적으로 좀 더 중립적으로 보이는 '소명의식이 있는 선생'이라는 표현을 병용하도록 하겠다.

한 가지 덧붙이자면, 내가 말하는 '영혼의 성숙을 돕는 – 소명의식이 있는 – 선생상'은 이처럼 기성 종교의 '표층' 또는 형식적 전통을 벗어나 있기 때문에, 기성 종교의 '성역'에 속박되지 않는다. 나는 '교직은 성직이지만, 교육은 성역이어서는 안 된다'는 말을 하곤 하는데, 내 학생들은 이 말을 쉽게 이해하지 못한다.

신학자 폴 틸리히는 "성스러움이란 높이가 아니라 깊이에서 찾아야 한다."고 말했다. 나 역시 이에 적극 찬동하기에, 성역 안에서 교리 수호에 급급한 종교보다는, 성역 바깥의 낮고 천대받고 소외받는 곳과 대접받지 못하는 이웃들에게 다가가는 종교가 훨씬 깊이 있고 가치 있다고 본다. 따라서 선생이 영혼의 가이드 역할을 맡은 성직자라고 한다면, 자신의 직업을 둘러싼 보호막인 성역을 허물고 세상의 속되고 비천한 영역과도 교호할 수 있어야 한다고 믿는다. 바꿔 말해, 소명의식이 있는 선생이란 고고한 교육의 담장을 허물고 이를테면 '시장'도 포용할 수 있는 이여야 하지 않을까 한다는 말이다. 이렇게 볼 때, 교원 양성과정과 임용 절차를 거친 정교사도 상업주의적 학원 강사에게서 배울 점이 있지 않을까? 아니, 누구에게서든 배워야만 하는 게 아닐까? 제3장에 나왔던, 세상에서 가장 자비롭게 도살할 수 있게 된 백정의 깨달음을 산사의 선승들이 배워야만 하는 게 아닐까? 피곤한 학생들의 마음을 사로잡아 수학 공식 하나라도 더 잘 이해하게 돕는 학원 강사의 열성을 학교의 정교사들이 배워야만 하는 게 아닐까?

알게 모르게 존재하고 있다

다음은 미국의 '국가적 교사상'을 수상한 원로 선생의 말이다.

> 우리 세대는 가르치는 일이 세상을 구할 수 있다고 생각했기 때문에 교직을 선택한 것 같습니다. …(중략)… 우리는 그저 새로운 세대를 다르게 생각할 수 있도록 교육시키는 길만이, 그래서 연민을 알고 정의와 평등과 진리의 편에 설 수 있는 그런 사람으로 키우는 길만이 세상을 구하는 최선의 방법이라고 생각한 것 같습니다. 우리는 그런 열정으로 교직에 들어섰습니다. 만일 가르치는 일을 여느 직업처럼 생각하고 시작한다면, 마음속 깊이 이런 도덕적 책임감을 느끼지 않고 교직에 들어선다면, 선생님으로서 성공하기 위해 치러야 하는 도전들과 장시간의 고된 노동을 견뎌내지 못할 겁니다. …(중략)… 괜찮은 직업 같아 보인다거나 아이들을 좋아한다는 이유로 교직을 선택해선 안 됩니다. 그러면 오래 가지 못합니다.[50]

이 선생은 '영혼의 성숙을 돕는 선생상'과 같은 구호 없이도 이미 성직자로 봉직해온 선생이라 하겠다. 그렇지 않은가? 미국뿐 아니라 우

---

50)《가르친다는 것 : 최고의 선생님 51명이 말하는 가르침의 도》(빌 스무트, 이매진, 2011) 40쪽

리나라에도, 아니 이 세상에는 공교육의 제도적 세속화와는 무관하게
자신의 직업을 성직이자 천직으로 믿고 묵묵히 후대를 위해 자신을 바
쳐온, 그야말로 성직자와 다름없는 선생들이 많이 있다. 어쩌면 우리
의 문명은 그런 이들 덕분에 멸망하지 않고 유지되고 있는지도 모른
다. 지금 나는 머나먼 옛날에 홀연히 사라져버린 선생상을 발굴해내
서, 우리의 교육 현장에서 먹힐지 어떨지 한번 써보자는 주장을 하고
있는 것이 아니다. 진심을 품은 선생이 가르치고 성장을 열망하는 제
자가 배우고자 할 때 최상의 본성 간에 교류의 불이 붙게 되고, 자연스
레 선생의 성직자적 헌신이 흘러나오는 게 아닐까 생각한다. 즉, 현대
의 선생들도 학생을 가르치는 데 자신의 최상을 바칠 때 자연스럽게
영혼의 가이드가 된다는 말이다. 성직자와도 같은, 영혼의 성숙을 돕
는 선생상이란 공식적으로는 잃어버린 전통일지 몰라도, 사제지간에
는 연면히 지속되어 온 자연스러운 현상이다.

그러므로 영혼의 성숙을 돕는 선생상을 이해하려고 고대의 스승들
만을 본받으려 할 게 아니라 현대의 훌륭한 선생들도 더불어 귀감으로
삼으면 된다. 그래서 바로 뒤에서는 옛 선현뿐만 아니라 성직자라 불
릴 자격이 있는 현대의 선생들을 통해서도 평범함을 뛰어넘는 헌신의
실질적인 힘에 관해 알아볼 것이다.

미리 좀 끄집어내서 얘기하자면, 학생의 영혼의 성숙을 위해 헌신하
는 선생들은 자신의 일을 자기실현의 핵심으로 간주하고 있다. 어찌 보
면 바로 이 때문에 그들에게서 보통 수준을 훨씬 뛰어넘는 힘이 나온다
고도 할 수 있겠다. 나는 바로 이런 점을 요즘 세상의 자기계발서들이 중

점적으로 활용하고 있다고 본다. 문제는, 경영학이나 처세술을 다룬 이 책들이 자본가들의 이해타산적 계산을 반영하고 있지는 않은지 의심이 간다는 점이다. 즉, 자기실현과 직무를 연계함으로써 근로자들을 보다 더 본질적으로 동기유발시켜 외재적 보상의 증가는 없이 – 돈은 더 주지 않고 – 직무 생산성을 증대시키려는 게 목적이 아닌가 싶다는 것이다. 신랄하게 표현하자면, 근로자의 영성까지도 뽑아내서 생산성 극대화에 이용하려는 의도를 품은 책들이 아닐까 의심이 간다고 할 수 있겠다.

그러나 혹 나의 이런 의심이 사실로 밝혀진다 하더라도, 여전히 자기실현 지향성이나 개인적인 영성의 추구를 선생의 직무와 연계시키는 것이 도덕적으로 지탄받을 일은 아니라고 본다. 문제투성이인 현재의 교육을 치유하고 개선하려면 특단의 역량이 필요한데, 만약 선생들의 자기실현 욕구와 영성의 추구를 자극함으로써 그런 역량을 끄집어낼 수만 있다면, 그것이 공동선에 기여할 여지는 매우 크지 않겠는가? 교육계도 경영계와 마찬가지로 그 핵심 인력으로부터 초과 에너지를 뽑아내고자 암중모색하고 있을지 모른다. 하지만 교육계는 생산성 증대와 수익 창출을 위해 그리하는 것은 아니다. 돈을 위해서가 아니라 모두가 삶의 이익을 누릴 수 있도록 하기 위해 그리할 따름이다.[51]

다시 헌신적인 현재의 선생들 얘기로 돌아와 보자. 어쩌면 전통 사회의 소명의식이 있는 선생들과 오늘날의 훌륭한 선생들 사이의 차이

---

51) 물론 한국 교육의 공급 주체인 정부도 자본가들처럼 비용은 아끼고 교사집단의 생산성을 올리기를 원할 것이다. 하지만 설령 그렇다 하더라도, 제고된 ‘생산성’에 의해 궁극적으로 이득을 보게 되는 것은 정부뿐만이 아니라 대한민국 공동체라고 할 수 있다.

란, 학생을 가르칠 때 선생 개개인이 자기 일의 성스러움과 거룩함을 의식하고 있는지 아닌지에 있지 않을까? 이왕이면 자기 일의 성스러움을 의식하고 수행하는 편이 더 바람직할 것이다. 왜냐하면 성스러움의 자각이 선생에게 더 보태줄 바 또한 적지 않을 것이기 때문이다.

오늘날을 살아가는 교사들

선생이 자신의 일을 '학생의 영혼의 성숙을 돕는 것'으로 여길 때, 자신의 학생과 학부모, 학교에 대하여 보다 고양된 관계의 지평을 펼칠 수 있다. 또한 그래야만 자신의 영성을 가다듬어 본질적인 삶의 질을 드높이고 자기실현에 한 걸음 더 가까워질 수 있다.

제자의 영혼을 믿는 선생

희대의 탈옥수 신창원을 기억하는가? 그가 언젠가 이런 말을 한 적이 있는데, 교육자라면 기억해둘 가치가 있다.

> 지금 나를 잡으려고 군대까지 동원하고 엄청난 돈을 쓰는데, 나 같은 놈이 태어나지 않는 방법이 있다. 내가 초등학교 때 선생님이 '너 착한 놈이다' 하고 머리 한 번만 쓸어주었으면 여기까지 안 왔을 거다. 5학년 때 선생님이 '새끼야, 돈 안 가져왔는데 뭐하러 학교에 와. 빨리 꺼져!' 하고 소리쳤는데, 그때부터 마음속에 악마가 생겼다.[52]

---

52) 위키피디아

어려서 모친을 잃고 가난하게 살았던 소년 신창원. 그의 영혼이 존귀하다는 것을 믿고 따스한 말 한마디 건네준 선생이 있었더라면, 그가 바로 영혼의 성숙을 돕는 선생이 아니었겠는가. 그러나 현대의 학교는 영혼은 차치하고, 학업성취도나 가정의 소득 수준 또는 생활 태도 등으로 아이를 분류한다. 영성의 고귀함을 믿지 않고 모든 인간의 천부적 존엄성을 중시하지 않는 학교는 앞으로도 계속 신창원의 후예들을 배출해낼 것이다. 선생으로서 자신이 가르치는 아이들의 영혼의 고귀함을, 그리고 아이들의 인간적 존엄성을 믿지 않는다면, 심히 부끄러워해야 마땅하다.

나도 나 자신이 심히 부끄럽다. 내 제자의 행동과 태도만 보고, 그 영혼의 존귀함조차 까맣게 잊었던 일들이 있었기 때문이다. 내게 의지하던 제자가 나의 일을 돕기로 약속했다가 사정이 생겨 약속을 취소해 내가 좀 곤란해졌던 적이 있다. 그 후 나는 더 이상 그에게 연락하지 않았다. 공부에 열성이었던 한 제자가 내가 가르쳐주는 내용에 대해 잘 알지도 못하는 주제에 자꾸 아는 척을 하고 대든다 하여 가르치기를 그만둔 적도 있다. 또, 나를 잘 따르던 제자가 어쩌다 몇 차례 나의 조언을 망각하고 마음 내키는 대로 했다고 냉정하게 내쳐버린 적도 있다. 따르던 선생에게 내침을 당한 그들은 큰 상처를 입었을 것이다. 그런 주제에 이런 책을 쓰고 있다는 게 또 부끄럽다. 그러나 부끄러움을 무릅쓰고 쓴다. 이것마저도 안 하면 이 세상에서 내 가치가 무엇이겠는가 싶어서.

제자의 영혼을 믿어주는 선생은 스스로 삶의 모범이 됨으로써 제자를 살리고 키운다. 역사에 길이 남을 뛰어난 선생이었던 퇴계는 자신의 사소한 삶의 모습을 통해 공부하는 이의 모범을 제자들에게 보여줌으로써 제자들에게 길잡이가 되어, 세상에 도움을 준 큰 인물들을 키워냈다. 예나 지금이나, 선생이 학생에게 본보기가 돼줘야 한다는 당위는 부정할 수 없다.

그러나 나는 이 당위를 잘 받아들일 수가 없다. 선생에 대한 이런 당위적 요구가 너무 부담스럽지는 않은가? 나는 타인의 모범이 될 자신이 없다. 예전에 젊었을 땐 내가 그런 선생일 수 있다는 오만함을 품었던 적도 있으나, 늙고 타락해버린 지금은 나 자신이 부끄러워서 젊은 학생들에게 나를 본받으라는 말을 감히 할 자신이 없다. 이건 솔직한 말이다. 나는 젊은이들이 본받겠다는 마음을 품을 만한 훌륭한 인물이, 그런 선생이 될 자신이 없다. 나이를 먹으면 먹을수록 나의 한계들을 더욱 명확하게 직시할 수 있게 되고, 나의 약점들을 손쉽게 분류해 나열할 수 있으며, 나의 이기심과 악함을 상시 꿰고 있게 된다. 이처럼 자신의 부정적인 면을 빠삭하게 파악하고 있는 이가 어떻게 얼마 안되는 알량한 장점을 자랑스럽다고 내세울 수가 있겠는가.

그러나 나의 이 같은 솔직하지만 패기 없는 태도에도 역설의 논리가 있기는 하다. 자신의 무능과 부족함과 이기심에도 불구하고 우리는 그러한 자신을 뛰어넘으려는 노력을 부단히 해야만 하는 운명을 안고 태어났으며, 선생들도 그런 노력을 하고 있는 이들일 따름이라는 논리.

도덕적 당위의 부담스러움에도 불구하고, 선생인 내 양심을 부담스럽게 찌르고 들어오는 그 당위적 요구를 떨쳐버리지 못하며, 다시 한

번 고뇌한다.

《가르친다는 것은 : 최고의 선생님 51명이 말하는 가르침의 도》에는 미국의 한 원로 체육선생이 한 말이 나온다.

> 아이들은 (선생인) 상대방이 자기를 미워하고 화를 내기를 바랍니다. 그래야 자기도 화를 내고 자기 행동을 변명할 수 있으니까요. 우리가 아이들에게 모범을 보여주고 책임감을 가르쳐줘야 합니다.

선생인 내가 아이들과 똑같이 미워하고 화를 낼 수는 없는 일이다. 아무리 나의 턱없이 부족한 인격과 지리멸렬한 성격이 내 안의 증오와 분노를 부추기더라도 말이다. 만약에 선생인 우리가 이런 내적 고뇌를 겪고, 또 겪은 뒤에 조금이라도 높은 인성의 단계로 올라가 자애롭게 어린 학생들을 대하게 될 수만 있다면, 그 고행의 길이 선생의 참됨을 인증해주지 않겠는가. 나는 지금의 나를 부끄러워하지만, 그런 나를 넘어설 '더 큰 나'에 대한 희망을 버리지는 않겠다.

내가 희망을 버리지 않는 것은, 실제로 본보기라 할 만한 소수의 선생들이 세상에 있기 때문이다. 대학원 수업에서 만난 현직 중학교 여선생 한 분이 지독하게 불우한 환경에서 간신히 연명해가는 제자를 위해 온 정성을 바쳤던 경험에 대해 들려준 적이 있다. 그녀는 기초 학력이 현저히 떨어지는 제자 한 명에게 개인교습을 지속적으로 해줬을 뿐 아니라, 명절에는 그 제자의 셋방에 찾아가 청소와 빨래를 해주고 먹을 것을 사다 주는 등, 나처럼 제 식구 챙기느라 바쁜 인간이 듣기에는 놀라운 정성을 바쳤다. 그녀는 자기 자랑을 하기 위해서가 아니라, 그 과정이 수반했던 인간적 고뇌를 토로하고자 그런 얘기를 했었다. 나는 그녀가 도대체 왜, 어떻게 그렇게 할 수 있는지가 궁금했다. 나중에 우연히 알게 됐는데, 그녀가 그토록 헌신적인 선생이 될 수 있었던 것은 그녀가 어린 시절 만난 한 선생 덕분이었다. 초등학생 시절, 그녀는 어떤 연유로 크게 낙담하고 좌절에 빠진 적이 있다고 한다. 그때 담임선생이 그녀가 대단히 갖고 싶어 했던 네발자전거를 직접 사서 집으로 가져와서는 위로해줬다는 것이다. 자신에게 그런 정성을 바쳤던 선생이 있었기에, 그녀도 자신의 제자에게 그만 한 정성을 바칠 수 있었던 게 아닐까?

학생에게 헌신하고 모범이 돼주는 선생은 당연히 학생을 사랑하는 선생이다. 한데 나는 어떻게 하면 한 사람이 타인을, 선생이 학생들을 사랑하게 만들 수 있을지 그 방법을 모른다. 나도 내 앞의 모든 학생들을 똑같이 사랑해야만 한다면, 두 손 들고 자빠질 것이다. 그러나 학생의 영혼의 성숙을 돕겠다는 소명의식이 있는 선생에게는 사랑이 있어야만 한다는 당위를 거부할 도리가 없다. 그래서 선생의 사랑에 대한 굳은 신념을 가진 내 학생의 말을 좀 빌려오겠다.

내가 교사를 직업으로 삼지 않으려는 이유는 교사가 가진 힘을 알기 때문이다. 교사는 아름다운 직업이다. 나는 존경하는 선생님들 덕분에 내 삶의 방향이 몇 번이나 바뀌었던 경험을 했다. 그분들이 내게 대학 진학을 줄곧 권유했던 것도 단순히 대학 진학률을 높이려는 이유가 아니라는 사실을 알았기 때문에 그 선생님들께 항상 감사했다. 그분들은 내 인생에 대해서 나보다 더 깊은 성찰을 해주셨다. 공장 취업이 목표였지만 존경하는 선생님들 덕분에 고등학생 때까지 마음속에서 내 꿈은 줄곧 선생님이었다. 그래서 대학교에 와서 교직선발까지 되었지만, 나를 파악하고 나서부터는 선생님을 내 직업으로 삼으면 안 되겠다고 생각했다. 교사는 학생들을 진정으로 존중하고 아껴주고 그들이 삶에 용기를 가질 수 있도록 도와주어야 한다. 적어도 나를 이끌어주셨던 선생님들은 그랬다. 나는 자질이 없다. 그래서 선생님이 되는 것을 포기했다.

나는 어쩐지 이 학생이 훗날 어떤 유형의 교육기관에서든 선생이 돼 있을 것이라는 예감이 든다. 그것도 아주 훌륭한 선생이. 실은, 자신 안에 깊은 사랑이 있고 또 그걸 감지했기 때문에 역설적으로 위와 같은 마음을 먹게 된 게 아닐까 짐작한다. 과거에 만나왔던 선생들의 사랑과 믿음과 기대가 이미 이 학생의 마음으로 옮겨져 깊이 각인된 것이 분명해 보인다. 다만, 지금 그 사랑에 자신을 내쳤다가는 목전에 닥친 어려운 현실에서 생존해내기 힘들다고 판단했을지도 모른다.

이 제자 덕분에, 나도 내 안에 그런 사랑이 있지 않을까 하는 생각이 들었다. 글쎄, 사랑이란 과연 무엇일까? 바로 이런 질문에 대한 답을 언어로 만들어보려는 어리석은 시도에 대해 옛 철인들은 '불립문자不立文字'라는 조언을 제시했는지 모르겠다. 그래서 사랑을 멋지게 정의한 한 선승의 일화를 빌려오겠다.

몇 해 전에 입적한 숭산 대선사가 하버드 대학에서 법어를 펼치고 있을 때, 한 미국 학생이 '사랑이 무엇이냐?'고 질문을 했다고 한다. 이에 대해 숭산 자신도 그 학생에게 '사랑이 무엇이냐?'고 되물었다 한다. 김용옥의 글이다.

> "홧 이스 러브? What is love?"
>
> 숭산은 내쳐 그 여학생에게 다음과 같이 묻는 것이었다.
>
> "아이 애스크 유, 홧 이스 러브? I ask you, what is love?"
>
> 그러니까 그 학생은 대답을 잃어버리고 가만히 앉아 있었다. 그러니까 숭산은 말하는 것이었다.
>
> "디스 이스 러부. This is love."
>
> 그래도 그 여학생은 뭐라 할 말을 찾지 못하고 멍하니 앉아 있었다. 그 학생을 뚫어지게 쳐다보던 동안의 숭산은 다음과 같이 말을 잇는 것이었다.
>
> "유 아스크 미, 아이 아스크 유. 디스 이스 라부. You ask me, I ask you. This is love."[53]

사랑은 이미 우리의 존재 상태라는 말씀이겠다. 다만, 우리가 우리의 본질적 존재 상태를 잊은 채 살아가고 있을 뿐.

---

53) 《나는 불교를 이렇게 본다》(김용옥, 통나무, 1999) 107쪽

배움의 동반자

영혼의 성숙을 돕는 선생은 학생과 함께 끝없는 배움의 길, 진정한 자신을 완성시키는 자기실현의 길을 걷는 동반자로 자신을 규정한다. 때문에, 자신을 학생에게 지식을 가르쳐주는 권위자로 보지 않는다. 여기에서 선생의 권위는 '더 많이 아는 이'라기보다 '좀 더 앞서 간 이'라는 사실에 기하고 있다. 그리고 지식은 자기실현을 돕는 '도구'가 된다.

비록 내가 '영혼의 성숙을 돕는 선생'이라는 꼬리표를 스스로에게 붙일 만큼 뻔뻔하지는 못하지만, 최소한 나 자신의 영혼의 성숙과 자기실현을 의식하며 살고 있기는 하니 나를 예로 들어보겠다. 나는 단순히 내가 훨씬 오래 살았기 때문에 젊은 나의 학생들보다 자기실현의 길에서 조금은 앞서 가고 있다고 여긴다. 앞서서 길을 가는 선생으로서의 내 소임이란 학생들이 '참된 자기의 부름calling'을 알아챌 수 있는 내적 성향을 계발하는 데 도움을 주는 것이라고 믿는다. 그러한 내적 성향의 계발에는 이성적 역량, 지성의 성숙이 꼭 포함될 것이다. 또한 인간과 자연에 대한 예민한 감수성도 들어가야 한다고 본다. 그 밖의 영역들도 있겠지만, 나는 일단 주지주의적 기본 틀을 갖고 있는 현대의 교육이 이런 영역에서 선한 영향을 끼칠 여지가 있다고 생각한다. 물론 미래에는 보다 주정主情적 틀이 교육에 필요하다고 보지만 말이다.

내가 수많은 학생들을 대상으로 실행하는 교육의 궁극적 목적이 그들로 하여금 자그마한 에고를 뛰어넘어 성숙하고도 커다란 인식의 가능성을 알아챌 수 있도록 돕는 데 있다는 점을 내 학생들은 아마도 눈치채지 못할 것이다. 이것은 전도도 아니고 선교도 아니며, 교화敎化는 더더욱 아니다. 유신론자가 됐든 무신론자가 됐든, 유심론자가 됐든 유물론자가 됐든 아무 상관없다. 단지 그들이 표층의 천박한 지능 수준을 넘어 보다 고귀한 자기 인식의 깊은 경지에 들어가기를 희망할 뿐이다. 자신의 존재를 귀하게 여기고, 자신이 왜 지금 여기에서 이렇게 존재하고 있는지 그 깊은 의미를 찾고, 자신의 삶에 깊은 의미를 부여할 수 있기를 희망할 뿐이다. 한마디로, 자기실현의 길을 깨닫기를 희망한다. 즉, '믿음'이 아니라 '앎'을 목표로 한다. 흔히 믿음만을 강조하는 세간의 종교관과 달리, 나는 '앎'을 지향하는 것이 종교성의 핵심이라고 생각하고, 그래서 영혼의 성숙을 돕는 선생은 학생의 '앎'을 이끌어주는 이라고 본다.

믿음보다는 앎, 지식보다는 깨달음을 독려하는 선생의 예를 선승들에게서도 찾아볼 수 있다. 특히 그들에게서는 더욱 극명한 방식으로 나타난다.

실존의 문턱에서 발을 내딛지 못하고 주춤거리고 있는 학승으로 하여금 선사는 뺨을 때리거나 몽둥이로 내리치고, 버럭 큰 소리를 지르며 코를 비트는 등의 행위를 통하여 그들을 다급한 실존의 벼랑으로 안내하며 그들 각자를 주체의 각성으로 초대한다. 지금까지처럼 자신의 내부에 있는 것을 보지 못하거나 그것을 밖에서만 찾으려고 하지 말고 그 빛을 돌이켜 자기를 꿰뚫어본다면 자신의 진정한 본성을 발견하게 될 것이고, 이러한 자각은 자기를 알게 하는 첩경이 된다.[54]

---

54) 《가르침과 배움의 현상학 : 선문답》(스즈끼 다이세츠, 경서원, 2007) 31쪽

보통 사람들이 이해할 수 없는 선문답이란 것이 이처럼 제자를 '실존의 벼랑' 끝으로 밀어붙여 깨치도록 돕는 기능을 갖고 있다는 말이다. 나도 내 학생들을 실존의 벼랑 끝으로 밀어붙일 능력이 있으면 좋겠다. 1970년대의 촌스러운 '하이틴 영화'에서는 선생이 철없는 제자의 따귀를 날리고, 한 방 먹은 학생은 쓰러져서 크게 각성하는 장면이 곧잘 나왔었는데, 따귀를 때리는 선생의 행위도 학생을 실존의 벼랑 끝으로 밀어붙이기 위한 자극이라고도 볼 수 있겠다. 그런데 나는 선문답을 나누는 고승의 깨달음과도 거리가 멀고, 남의 따귀를 날리는 따위의 행위는 평생 해본 적도 없는 샌님이기에, 그저 언어와 논리를 도구로 삼아 참된 자기에 다가가는 방식을 '설명'하는 데 그친다.

그러나 나 같은 선생의 언설보다 더 우월한 도구는 학생의 실제 삶과 일상 경험에 기초한 자각일 것이다. 이런 점에서 일본의 키노쿠니 학교의 교육 목적이 나 같은 수준의 선생이 귀감으로 삼기에는 선문답보다 더 적절해 보인다. 키노쿠니 학교는 학생들이 학교생활을 통해 '감정과 지성과 사회로부터 자유로워지는 것'을 추구한다. 나는 짤막한 이 목적 선언을 보고 키노쿠니의 신이치로 교장 앞에 "싸부님!"을 외치며 납작 엎드려버렸다(물론 말하자면 그렇다는 것이다). 만약 감정의 파괴적인 굴곡과 기존 지성의 전통적 권위로부터 그리고 사회의 통념과 편견으로부터 자유로운 사람이 있다면, 그는 에밀처럼 진정한 자유인의 경지에 훌쩍 다가선 존재일 것이다. 그런 경지에서는 비로소 요원하고도 흐릿한 자기실현의 길이 눈앞으로 확 다가오지 않을까? 키노쿠니에서는 학생들이 자유로운 활동과 체험 위주의 생활을 통해 스스로 감정을 다스리고 지식을 구축하고 사회적 판단력을 키우도록 도와준다. 이런 자유로운 삶 속에서 아이들은 에밀처럼 자기실현의 길을 볼 수 있는 안목을 키우게 되고, 선생은 이 과정을 돕는 자기실현의 동반자 역할을 해준다.

선생이 학생을 자기실현 여정에 있어 배움의 동반자로 여기려면 구태의연한 권위의식을 떨쳐버려야 한다. 키노쿠니의 선생들은 물론이고, 우리나라에도 재래의 권위의식을 벗어던진 선생들의 예가 꽤 있다. 이들은 교육의 요체가 '가르침'보다는 '배움'에 있음을 인정한 선생들이라고 생각한다. 따라서 배우는 학생의 '눈높이'로 내려가 학생의 배움을 옆에서 돕고, 그런 의미에서 구성주의의 학습 촉진자적 태도도 채용하고 있다고 할 수 있다. 우리의 교단은 뿌리 깊은 권위의식을 벗어던져야 한다. 심지어 권위의식에 맞서 싸운 전교조마저도 자신들만의 권위의식에 사로잡혀 있다는 점을, 평생 시골학교에서 선생 일을 했던 시인 김용택이 다음과 같이 '깠던' 경우도 있다.

나는 전교조란 말에 반감이 있다. 강연 청탁 전화할 때 지나치게 뻣뻣하고 경직되어 있고, 불친절하다. 일방적이다. 놀랍게도 전교조가 아직도 우리 사회 속에서 도덕적으로 존경받고 심정적으로 사랑을 받고 있는 줄 안다. …(중략)… 전교조 사무실로 강연을 간 적이 있다. 나는 정말 놀랐다. 창고도 이런 창고가 없었다. 복도와 사무실 구석구석에 쌓인, 때 지난 유인물들을 보며 나는 경악했다. 저 버려진 유인물들이 내 회비로 만든 것이 아닌가. 사무실은 더했다. 거기에 근무하는 직원

들은 하나같이 얼굴이 무심하고 경직되어 있었다. 이러고도 학교에
가서 아이들에게 정리정돈하라고 말을 한단 말인가. 나는 평생 전교
조 회비를 내고 살았다. 그 돈이 아까웠다. 그렇게 교육에 온몸을 바
친 사람들이 어느 때 떡하니 교장으로 자리를 옮겨 앉아 거들먹거리
는 꼴을 보았다. 어떻게 하든지 한자리 차고앉으려는 그들을 바라볼
때 나는 심한 배신감과 인간적인 환멸을 느꼈다. 진보적인 교육감이
당선되자 그 권력의 주위를 어슬렁거리는 교사들이 늘었다. 곤혹스럽
다. …(중략)… 교사가 위대할 수 있는 것은 가르치면서 동시에 배우
기 때문이다. 불만과 불평으로 가득 찬 불편한 얼굴을 거두어들여라.
반성하라, 마음의 문을 열어라. 부드럽고 착하고 선량하고 정답고 선
하고 따사로운 사랑으로 빛나는 얼굴을 우리에게 보여달라. 그것이
교사로서의 긍지와 그 권위와 위엄을 지키는 일이다.[55]

　그래도 전교조는, 전교조 신문에 위와 같이 신랄한 자기비판의 글을
게재하고 있다는 점이나, 요즘 신설된 혁신학교에서 새로운 학교문화
를 일구기 위해 애쓰고 있는 전교조 선생들 이야기 등으로 미루어 아
직 희망이 있다는 생각이 든다. 앞에서도 나왔던 흥덕고등학교, 그곳
선생의 이야기를 들어보자.

---

55) 〈교육희망〉 2011. 5. 8.

처음 아이들을 만난 날, 어떠한 관심도 보이지 않고 자기들끼리 어울리는 모습, 단발머리에 염색과 커다란 귀걸이를 한 남학생, 왁스로 올린 머리, 눈썹까지 붙인 색조 화장, 휴대폰과 노느라 바쁜 아이들 앞에서 갈 길을 잃었다. 아이들과 함께하면서, 교사로서 존재감을 잃지 않으려고 눈물겨운 자기 자신과의 싸움을 시작했다. …(중략)… 교육이란 무엇인가? 학생과 교사와의 관계는 어떻게 정립해야 하는가? 학생을 가르침의 대상으로 보고 교사가 일방적으로 수업과 학교 운영을 진행하는 문화에 익숙한 교사에게, 흥덕에서의 생활은 정체성의 혼란과 익숙하지 않은 권위에 대한 타격을 가져왔다. 고민하게 하는 아이들 속에서 나를 혁신시켜야만 아이들을 발견할 수 있다.[56]

이 존경할 만한 교사는, 왜 선생이 이런 고생을 해서라도 교단이 탈권위를 완수해야 하고, 아이들이 당당한 주인의식을 가진 민주적 시민으로 성장하도록 도와야 하는지, 그 이유를 의심치 않는 것 같다. 그의 다음과 같은 진솔한 토로가 고맙다.

하지만 교사들은 힘들고 괴롭다. 자기표현에 솔직하고 이유 없는 권위를 부정하며 성장하는 아이들을 안는다는 건 권위에 익숙한 교사에게 쉽지 않은 문화이기 때문이다.

---

56) 〈교육희망〉 2011. 6. 12.

선생이란 직위가 자동적으로 부여한 권위를 스스로 벗어버리고 학생들을 동등한 배움의 동반자로 보려는 힘들고 애절한 노력은, 보수적인 한국교원단체총연합회(이하 교총)의 논단을 점령하고 있는 '스승 존경풍토 만들기 운동'과 같은 시대착오적 '삽질'과 참으로 대조된다. 물론 교총 회원인 선생들 전부가 그런 유위有爲적 허사에 동조하고 있지는 않겠지만, 예전부터 보수적인 성향이 강한 것으로 유명했던 교사 집단이 위의 흥덕고 선생처럼 스스로 권위의식을 벗어던지려면 심각한 자기반성이 필요하다. 흥덕고등학교의 다른 교사가 한 말에 이런 내용이 잘 드러나 있다.

> 교사라는 이유 하나로 공짜 존경을 받아왔던 10년간의 교직 생활은 끝났다는 것을 알았다. 통제 위주의 강압적 학교문화가 씌워준 가면과도 같은 사제 간의 거짓 관계를 버리고, 서로 존중하여 신뢰를 쌓아야 한다는 것을 깨달았다.[57]

영혼의 성숙을 돕는 선생이란, 자신의 성역을 쌓아 권위를 드높이기보다는, 예수의 가르침처럼 낮은 곳으로 다가가기 위해 스스로 권위를 떨쳐버릴 수 있는 사람일 것이다. 혹시 이런 말이 지나치게 이상주의적이고 비현실주의적이라는 반감이 든다면, 그런 반감의 원천이 자신 속에 있는 두려움은 아닌지 자문해볼 필요가 있다. '교사라는 이유 하나로 공짜 존경을 받아왔던 생활'을 잃어버릴 수도 있다는 두려

---

57) 〈교육희망〉 2011. 4. 24.

움은 아닐지.

그런 두려움이 전혀 근거가 없는 건 아니라고 본다. 대학 교수들도 교수평가제라는 것이 도입되어 처음으로 어린 학생들의 신랄한 비판을 접하며 예전의 권위의식에 많은 상처를 입었다. 나도 교수평가제를 싫어한다. 내가 가르친 학생들에게서 '형편없는 수업'은 제발 그만두라던가, '우리 학교에서 강의하지 말라'는 등의 비판을 들으며 큰 상처를 입었다. 내 딴에는 나 자신을 온전히 바친 수업들이었기 때문에 더욱 그러했다. 물론 내 수업에 대해 고마움을 표하는 학생들이 대부분이었기에 극소수의 비판에 좌절하지는 않았지만.

이렇듯 선생을 불편하게 함에도, 나는 교수평가의 필요성을 부인하기가 어렵다. 그 때문에 내가 자극받고, 반성하고, 개선의 노력을 기울이는 부분도 분명히 있기 때문이다. 애초에 내가 기분 좋으라고 선생 일을 하고 있는 게 아니라, 내 앞의 학생들이 조금이라도 더 잘 배우라고 이 일을 하고 있는 것 아니겠나.

또한, 영혼의 성숙을 돕는 선생상을 지지하는 탈권위적 선생은 학생 하나하나의 성장가능성을 믿어주는 선생이기도 하다. 왜냐하면, 모든 학생의 내면에 신성, 즉 리理가 깃들어 있음을 믿는 이라야 학생의 영혼을 이끌 수 있기 때문이다. 경남 거창고의 전성은 교장이 교육을 '애정과 신뢰를 가지고 참眞을 찾아가는 길'이라고 정의했듯이, 소명의식이 있는 선생은 자신 앞의 아이들 개개인의 안에 반드시 참이 들어 있음을 믿는 이라 하겠다.《가르친다는 것은 : 최고의 선생님 51명이 말하는 가르침의 도》에는 이와 비슷한 믿음을 갖고 있는 미국의 한 선생이야기가 실려 있다.

　건방지고 만사를 좌지우지하려는 가련한 아이들 속에서는 리더십의 자질을 보고, 징징대거나 불평을 늘어놓는 아이들에게서는 고통을 귀중한 자산으로 바꾸는 심오한 능력을 본 겁니다. 저는 늘 아이들 하나하나한테서 그 아이만이 갖고 있는 재능을 보게 해달라고 기도를 많이 했습니다. 만일 제가 콧물을 줄줄 흘리는 모습이나 다른 애들 뺨을 때리는 모습만 보지 않고, 아이들이 갖고 있는 그런 부분을 알아보고 거기다 말을 건다면, 그건 제가 그 아이들 속에 들어 있는 가능성을 들여다보는 것이죠.

　물론 선생도 사람이다. 따라서 아이들을 미워하거나 불신할 수도 있다. 나도 그랬다. 그러나 학생 내면의 참을 보려는 노력의 세월이 쌓임에 따라, 나도 조금씩 겉으로는 부정적이고 미워 보이는 학생들의 안에 담긴 참을 엿볼 수 있게 됐다. 물론 내 처지와는 비할 수 없을 정도로 열악한, 전문계 고등학교에서 거친 사내아이들을 상대하는 선생들에게는 이런 말이 비현실적으로 들릴 수도 있겠다. 그러나 전문계 고교에서도 아이들을 믿고 다가가는 세월의 축적 속에서 아이들을 성공적으로 키워낸 훌륭한 선생들이 우리 사회에도 분명히 있다. 그런 소명의식이 있는 선생들의 결실은 눈에 보이는 성과를 가지고 평가할 수 있는 것이 아니다. 그들을 거쳐 간 수많은 학생들의 내면에 소중한 씨를 뿌려놨을지도 모르니 말이다.

첨언컨대, 이런 면에서 영혼의 성숙을 돕는 선생상을 수용하는 교육자는 특정 부류의 아이들을 집중적으로 우대하여 우월한 질의 교육활동을 제공하는 이른바 엘리트주의적 교육에 찬성하기 어려울 것이다.

최근 들어 중국이 자국의 인재를 계획적으로 양성하기 위해 어린 나이에 뛰어난 재능을 보이는 유아들을 위한 별도의 영재교육학제를 채택하고 있고, 이를 본 미국도 귀가 솔깃하여 자국에서도 그런 제도를 마련하자는 목소리가 나왔다. 이와 유사한 현상으로, 1957년의 소위 '스푸트닉 쇼크' 때에도 미국에서는 소비에트 연방의 계획적 영재교육을 본받자는 목소리가 나왔다. 그러니 최근의 그런 주장도 새삼스러운 일은 아닌데, 얼마 전 미국의 한 평교사가 펼친 반대 의견을 읽은 적이 있다. 그의 주장은 이러했다. 자신과 같은 미국의 선생들은 아이들이 다섯 살 때 재능이 없거나 지능이 떨어져 보이고 가능성이 없어 보이더라도, 그 아이들이 고등학교를 졸업할 때까지 모두에게 똑같은 정성을 기울인다면 그들 중 몇몇은 반드시 재능을 꽃피워 사회에 도움을 주는 인재가 될 것이라 믿는다고 한다. 그렇기 때문에 중국과 같은 조기 영재교육학제 설립에 반대한다는 것이다. 그는 이렇게 한마디 덧붙였다.

"더는 이런 주장으로 미국의 교사들을 모욕하지 말라."

이 말에서 대단한 자부심이 느껴지지 않는가? 세상에서 가장 뛰어난 천재들을 가르친다는 자부심이 아니라, 세상에서 가장 소외되고 대우받지 못하는 학습지진아들을 믿고 키운다는 자부심 말이다.

학부모도 내 편으로…

인터넷 블로그에서 읽은 이야기다. 서울대 의대를 나온 강남의 한 여성이 재벌가에 시집가서는 의사 일을 접고 자식 교육에 '올인'했다는 사연이다.

> …(상략)… 그룹 며느리로 불리는 분과 얘기를 하다 보니 서울대 의대를 나왔대요. 왜 의사를 하지 않느냐고 물었더니 "시아버님의 주문이에요. 자녀를 서울대 보내는 것이 나의 임무라고요. 저도 이런 생활에 만족해요. 몇 푼 더 벌겠다고 의사 해서 뭐해요. 요즘 병원 운영도 힘들다는데……. 그보다는 아이들을 서울대 보내는 것이 더 중요하지요. 어차피 시아버님 재산을 물려받아야 하는데, 시부모의 소원인 '손주 서울대 입학'을 책임져야죠."라고 답하더군요.[58]

남의 인생에 대해 뭐라 할 수는 없겠지만, '몇 푼 더 벌겠다고 의사 해서 뭐해요?'라는 말 안에 이 여인의 인생관이 고스란히 함축돼 있는 것 같다. 결국 삶의 목적은 돈을 많이 버는 것이고, 그러므로 이왕이면 재벌의 재산을 상속받아 왕창 버는 것이 최고의 성공, '대박'이 되는 것이겠다. 누가 감히 이 인생관을 거부할 수 있는가? 우리 사회의 모두가 '부자 아빠'를 최고의 인간유형으로 추앙하며 부자가 되기 위한 경주에서 어떻게든 남보다 앞서기 위해 혼신을 다 바치는 판국에, 누가 돈 이외의 다른 것의 가치를 감히 주장할 수 있겠는가? 아이들도 어른들

---

58) http://blog.yahoo.com/wikitree/articles/593877/index?bb=0

의 이러한 가치관을 고스란히 내면화하고 있고, 따라서 앞으로도 부자
가 되기 위한 경쟁은 뜨거울 것이다. 이런 세상에서 인성과 자기실현
을 논하는 교육자는 사회의 왕따가 될 수밖에 없다. 아래는 이와 관련
된 한 사범대학생의 글이다.

> 나의 고등학교 3학년 때 담임선생님은 우리가 흔히 이상적으로 생각
> 하는 교사의 모습이었다. 고등학교 3학년이라 다른 반 담임선생님들
> 은 반 학생들의 모의고사 성적과 내신에 관해서만 관심을 가진 반면,
> 우리 담임선생님은 항상 긍정의 힘에 대해 말씀해 주시고 희망을 주
> 시고 우리가 공부로 지쳐 있을 때 가끔씩 기타를 치며 노래를 불러주
> 는 선생님이셨다. 물론 나는 그런 우리 담임선생님이 좋았지만, 한편
> 으로는 담임선생님이 대학진학에 대한 정보를 더 많이 가지고 학생들
> 이 공부에 전념할 수 있게 잘 통제해주는 옆 반을 오히려 부러워하곤
> 했다. 우리 반 친구들 중에는 담임선생님을 무능력한 선생이라며 싫
> 어하는 아이들도 있었다.

인성과 자기실현을 내세우는 선생은 무능하기 때문에 학생들이 싫
어한단다. 자, 이 학생과 그 부모들을 어찌하면 좋을까? 만약 그들에게
동조한다면 나는 더 할 말이 없다. 그러나 혹시 그들의 금전만능주의
와 경쟁주의, 이기적인 인생관에 동조할 수 없다면, 그런 인생관이 우
리 사회를 공멸로 이끄는 것을 보고만 있을 수 없다면, 그런 선생은 세
상으로부터 왕따 당하고 무능하다고 학생과 부모들의 미움을 받을 각

오가 돼 있어야 한다. 혹시 그럴 각오가 돼 있다면 나 같은 왕따 선생과 친구 혹은 동지가 될 것이다. 존 레논의 노래 '이매진Imagine'의 가사가 생각난다.

You may say I'm a dreamer. But I'm not the only one.
I hope someday you'll join us.

나는 혼자가 아니다. 현 한국 사회와 학부모의 마음이 병들었고, 그래서 이 사회가 쇠락과 파멸의 길로 가고 있다고 진단하여 왕따와 무시를 감수하면서도 그 학부모들의 가치관에 정면으로 반기를 드는 선생들은 우리 사회 구석구석에 꽤 많이 숨어 있다. 그런 선생들이 바로 소명의식을 갖고 아이들의 영혼의 성숙을 도우려는 선생, 성직자와 같은 선생이라 감히 말하겠다. 성직자란, 높은 제단에서 신의 사도와 같은 성의聖衣를 걸치고 속세와는 무관한 저 높은 하늘나라의 이야기를 평화롭게 읊조리는 사람이 아니다. 오히려 질퍽한 이 세상이 보다 높은 경지의 깨달음으로 올라가기를 간구하여, 거룩함을 구하는 경지로 현실을 끌어올리기 위해 땀 흘리며 분투하고 헌신하는 이들이다. 그런 미국 선생의 얘기를 들어보자. 우리나라로 치자면 강남 8학군과 유사한 곳에서 오랫동안 교편을 잡아온 선생의 말이다.

그곳은 감사가 빈곤한 곳이었어요. …(중략)… 그곳 아이들은 어느 정도 특권층에 속했고 삶 속에서 많은 축복을 누리고 있었습니다. 그런데 이런 축복들이 연민이나 봉사정신을 일깨우지 못한다면, 그래서 자기가 가진 것들을 더 나은 세상을 만드는 데 쓰지 않고 자신의 신분을 상승시키는 데다 써버린다면 그런 축복이란 것도 좋을 게 없다는 생각과 더불어 또 아이들이 자기가 가진 것들을 당연시하게 될 거라는 생각도 들더군요. 또 수월하거나 한 번에 되는 일이 아니면 애써 노력도 하지 않을 테고, 그럼 고군분투하며 살아가야 하는 사람들한테서 볼 수 있는 그런 인내심도 갖추지 못할 거라는 생각도 들었습니다.[59]

집단의 공생과 개인의 자기극복이라는 확연한 인생관을 갖고 있는 이 선생은, 경쟁주의적이고 이기적인 학생과 학부모들에게 당당히 자신의 가치관을 공표하고 이해를 촉구한다. 그래서 자기가 중시하는, 인성과 실력을 동시에 잡는 프로젝트식 수업을 실행하기 위해 기꺼이 학부모들을 설득한다.

새로운 일을 시작하자면 반대는 늘 있게 마련입니다. 전 반대가 있을 거라 예상했어요. 특히 학부모들이 반대할 거라고 생각했죠. 그래서 학년이 시작되기 전 여름 동안 여러 차례 학부모들을 만나 제 계획을 설명했습니다. 제 프로젝트로 어떻게 교과과정을 소화할 수 있는지와 또 그런 식으로 공부하는 게 결국은 자녀를 하버드에 보내는 데도 유리하다는 것을 보여주었죠. 학부모들의 반대가 심했다면 프로젝트 수업을 진행할 수 없었을 겁니다.

---

59) 《가르친다는 것은 : 최고의 선생님 51명이 말하는 가르침의 도》 34쪽

소명의식이 있는 선생으로서 학부모에게 자신의 교육적 소신을 당당히 공표한다는 것이 현실적으로 얼마나 어려운 일인지는 나도 잘 안다. 실제 사회생활이나 인간관계에서 '공동체의 공생'이라든가 '참다운 자기실현' 따위에 대해 말한다는 건 경우에 따라 매우 어색하거나 쑥스러울 수도 있는 일이다.

그런데 학생과 학부모뿐 아니라 동료 교사들마저 그런 소신에 대해 냉소를 보낼 가능성이 높다. 더 놀라운 건, 자기실현의 길을 힘겹게 가고 있는 자들을 우리 사회는 적대시하기까지 한다는 것이다. 이는 자신이 가지 못하는 곳을 향하는 이들에 대한 질시가 투영된 감정이라고 하겠다. 그래서 나도 웬만해서는 다른 이들 앞에서 노골적으로 이런 이야기를 꺼내지 않는다. 내 수업 시간에도 신중하게 계획하여, 논리적이며 설득력 있는 논거를 제시하면서 이야기한다. 그래서 나는 나의 교육적·학문적 동지들이 세상 앞에다 거침없고도 당당하게 우리의 교육적 소신을 공표하는 용감한 모습을 보게 될 때면 깜짝 놀라고, 자성에 빠지곤 한다.

결론적으로 말하자면, 소명의식이 있는 선생이 자신의 교육관을 학부모들과 나누기 위해서는 아마도 이상과 현실을 포용하는 변증법적 합일이 요구되지 않을까 생각한다.

자기만족과 자기실현을 위한 존재가 돼라

영혼의 성숙을 돕는 선생은 소명의식이고 뭐고 간에 일단 자기가 좋아서 열심히 교수활동을 한다. 교수활동이 왜 좋은가? 그건 교수활동을 하는 것이 그가 그냥 자기 자신으로서 존재하는 방식이기 때문이다. 있는 그대로의 자기 모습으로 세상과 관계를 맺는 방식이기 때문이기도 하다. 자기의 본모습대로 학생들에게 교수활동을 하기 때문에 자연스럽고, 학생들의 마음을 얻게 된다. 다음의 미국 선생의 표현대로.

> (교실에서) 저는 저 자신입니다. …(중략)… 제가 읽은 융의 심리학책에 따르면 우리는 한 사람이 아니라 많은 자아로 되어 있는데, 이런 상이한 자아들이 나올 수 있다는 게 교육의 흥미로운 길이라고도 하더군요. 하지만 아이들은 그 모든 것 저변에서 그 진정성의 존재를 느낍니다. 그리고 일단 '진정성이 있다'고 느끼면 신뢰를 합니다. 신뢰가 없으면 아무 일도 일어나지 않습니다.[60]

또, 앞 장에서 말했듯이 '본질적인 동기유발'이 됐기 때문에 이들은 교수활동을 좋아한다. 자기 의지로 가르치려는 주인의식이 있고, 가르치는 일의 달인의 경지에 이르렀으며, 가르치는 목적이 뚜렷하다면 그는 본질적·내재적인 동기유발이 됐다고 할 수 있겠다. 이렇듯 가르치는 것을 좋아하고, 그래서 자기의 일을 사랑하는 것이 소명의식 있는 선생들의 특징이다. 이들의 또 다른 중요한 특징들로는, 학생의 인정을 갈구하고, 좋은 교수자로서의 자신에 대한 자기애가 강하며, 학생을 키우는 데서 큰 보람을 맛본다는 점 등을 들 수 있다.

영국 슈타이너 학원의 원로 고문 한 분이 교육을 '시간의 예술time

---

60)《가르친다는 것은 : 최고의 선생님 51명이 말하는 가르침의 도》22-23쪽

art'이라고 표현하는 것을 들은 적이 있는데, 어쩌면 선생은 예술가라고도 볼 수 있을 것 같다. 선생은 자신의 수업을 일종의 무대예술처럼 연출하고 그 주연을 맡으며, 학생이라는 관객들과 상호작용하여 라포rapport[61]를 형성하고, 관객의 감동과 깨달음을 이끌어냄으로써 희열을 맛본다. 이런 면에서 선생은 무대 위의 배우가 흔히 품게 되는 나르시시즘에 빠질 수도 있고, 배우들처럼 팬들의 사랑을 갈구하게 될 수도 있다. 소명의식이 있는 선생, 영혼의 성숙을 돕는 선생에게 이러한 심리가 적절한 것일까?

원론적으로야 진정한 예술가라면 팬들의 인기에 영합해선 안 되고 참됨과 아름다움을 고집스럽게 추구해야 한다고 말할 수 있겠지만, 어디 인간사가 그렇게 재미없고 딱딱한 교과서적 당위대로 흘러가는가? 아마 소명의식 있는 많은 선생들이 이따금씩 나르시시즘에 빠지거나 학생의 애정에 목말라하며 살아가고 있을 것이다. 나도 겪어왔고, 내가 아는 많은 선생들도 그리해왔다. 이런 사안에 대해서 강령과 규정으로 답을 내린다는 것은 비인간적일 정도로 딱딱하다. 그렇다고 철학적 논증으로 결론을 이끌어낸다는 것도 멋대가리 없으므로, 다음과 같은 한 편의 영화 이야기가 적절한 결론이 될 수 있을 것 같다.

내가 추앙하는 신화학자 조셉 캠벨이 자문을 맡았던 미국 영화가 바로 1970년대에 처음으로 제작된 〈스타워즈〉 시리즈였다. 캠벨은 감독

---

61) 라포(rapport)란, 인간관계에서 양측이 서로를 신뢰하고 잘 이해한다고 느끼게 되는 상태를 일컫는다. 주로 의사와 환자, 상담가와 피상담자, 교육자와 학생 등의 사이에서 서로에게 깊은 공감을 느끼는 상태를 지칭한다. 일단 라포가 형성되고 나면, 치료나 상담 또는 교육 등이 매우 순조롭고도 효과적으로 진행된다고 본다.

인 조지 루카스와 함께, 자본과 탐욕이 지배하는 현대 사회에 새로운 이상적 인간상을 제시함으로써 고대 신화적 교육 기능을 재구동하려는 의도를 갖고 있었다. 그래서 제시된 인간상이 성직자이면서 전사戰士인 제다이 기사이다. 제다이는 독신으로 금욕주의적 생활을 해야 하는 등 전통적 성직자의 요소를 많이 가지고 있는데, 이 대서사시에 등장하는 다스베이더 – 악의 화신이 돼버린 아나킨 스카이워커 – 도 제다이 기사이다. 아나킨의 연인 파드메가 제다이도 사랑을 할 수 있느냐고 물었을 때, 아나킨은 이렇게 답한다.

"Attachment is forbidden."

제다이 기사는 사람과 세상에 정을 주면 안 된다는 말이겠다. 그러나 아나킨은 파드메와 혼인함으로써 파계했고, 결국 자신의 원초적인 두려움의 노예가 되어 파멸에 이른다.

제자의 영혼의 성숙에 관여하는 선생은 성직자와 다를 바 없으니, 그런 선생은 제자에게 정을 줘선 안 되는 것일까? 사람이 어찌 그럴 수야 있겠는가마는, 'attachment' 또는 애착을 강하게 느낄 정도로 자신의 신도에게 정을 주는 것은 전통적 의미의 성직자로선 경계해야 했다. '다정도 병인 양하여' 과한 애정을 삼갔던 유교의 선현, 자식과의 정도 끊으며 도를 닦은 불교의 선승들, 관계의 실타래를 다 끊어버리고 사막으로 숨어들었던 초기 기독교 교부들도 다 그럴 이유가 있어 그리했을 것이다. 불승이 될 자가 머리를 깎고 속세의 이름을 버리는 것은 인간적 정리에 얽매이지 않겠다는 다짐이요, 가톨릭 사제 될 자가 평생 동정을 맹세하고 사유재산권을 포기하는 것은 제 처자식만 챙기는 탐욕에 빠지지 않으려는 장치이다. 이는, 성직자는 모든 인간을 똑같이 대할 의무가 있으므로 특정 개인이나 몇몇 사람들에게만 특별한 애착을 가져선 안 되기 때문이다. 특별한 애착이란 무의식의 투영일 수도 있고, 성욕의 위장일 수도 있으며, 알기 힘든 깊은 마음의 장난질일 수도 있다. 같은 연유로, 선생도 사람이기에 사람에게 애착을 갖게 되지만 전통적인 성직자처럼 최소한 애착의 위험성을 인식은 해야한다는 점만 짚어두고 가겠다.

'선생이 모든 학생을 똑같은 애정으로 대해줘야지, 특별히 총애하는 제자를 둬선 안 된다'고 율법처럼 단순히 공언하기엔 인간사가 너무 복잡하다고 생각하는 나는, 선생의 나르시시즘에 대해서도 경박하다고 단순히 비판하기를 주저한다. 그것은, 성공적인 공연으로 팬들의 사랑을 받는 자신의 모습에 만족해하는 예술가의 심정과 같이 얄팍해 보이는 심리가, 선생이 열정적으로 학생을 가르치게 만드는 에너지원이 되기도 하기 때문이다. 쉽게 말해, 더 잘나 보이기 위해 더 열심히 준비해서 더 열정적으로 수업을 진행하기도 한다는 말이다. 나르시시즘 효과 덕분에 결과적으로 학생들이 더 양질의 수업을 들을 수 있는 것도 긍정적인 현상이겠다.

하지만 성직자라면 남을 나처럼 여기는 경지, 모든 이와의 합일의 경지를 궁극적 목표로 삼게 되는데, 나르시시즘은 합일이 아니라 타인과 분리된 자기 에고의 영광을 더 바라는 마음 상태이므로 영혼의 성숙을 돕는 선생의 길과는 어긋나는 감이 있다. 그래서 영혼의 성숙을 돕는 선생은 자신의 마음속에서 타인들로부터 환호와 갈채를 받고 싶어 하는 움직임이 일어날 때, 그것을 좀 더 복잡한 시선으로 대할 필요가 있다고 생각한다.

영혼의 성숙을 돕는 선생이 학생을 키우는 보람을 맛보는 것도 단순히 받아들일 일은 아니다. 선생 일이란 사람을 잘 키워서 보람을 맛보는 것을 목표로 삼아야 한다고 믿는 보통의 교사 지망생들은, 그런 보람을 너무 기대하지 말라고 말해주면 많이 놀란다. 내가 그리 말하는 이유는, 그 성과를 보는 보람 자체에 맛을 들일 수가 있기 때문이다. 어린 제자들을 정성 들여 키워본 이들은 다 그 맛을 알 것이다. 정성을 들였던 아이가 훌륭하게 자라나서 옛 스승을 찾아와 고맙다고 인사할 때의 그 맛……. 그러나 스승에게 보답하는 제자의 예는, 인생에서 간혹 주어지는 특별 보너스라고 생각한다. 대부분의 제자들은 그냥 떠나간다. 아무리 선생이 자기 자신을 버리고 희생하여 물심양면으로 온 정성을 다 바쳤어도, 인사말 한마디 없이 떠나버리는 제자도 있다. 그런 제자의 이야기를 하며 눈물짓는 초로의 선생을 보는 것은 매우 가슴 아픈 일이다. 나도 경험해본 일이기 때문이다.

그러나 지금 나는, 제자에게 상처 받는 것이 두려우니 방어기제로서 키우는 보람을 맛보기를 기대하지 말자는 제언을 하는 게 아니다. 단지 선생은 자신을 거쳐 간 모든 제자들 마음속에 가르침의 씨를 뿌렸다는 믿음을 가져야 할 뿐, 그 성과를 자신의 눈으로 보겠다는 기대나 제자의 보답을 받고 싶다는 마음 따위를 갖지 않는 편이 현명하다는 말이다. 키운 보람을 맛보지 않아도 된다. 아무 말 없이 졸업해서 가버리는 수많은 학생들 하나하나가 다 귀한 영혼이다. 선생인 자신의 선

한 영향력이 언젠가 학생들의 삶의 길에서 아름다운 꽃을 피울 것이라
고 믿으라. 소명의식을 가진, 영혼의 성숙을 돕는 선생이라면 그리할
수 있다. 그렇게 살다 보면 언젠가 또 삶의 보너스를 받는 날도 온다.

　영혼의 성숙을 돕는 선생이란 인류를 위한 거대한 이상을 가진 이라
고 생각할 수도 있지만, 실은 소소한 일상에서 의미와 기쁨과 행복을
발견할 줄 아는 이라고 할 수 있다. 최근 미국의 심리학계에서 셀리그
만이나 칙센트미하이와 같은 원로 거장들이 이끄는 '행복 심리학' 캠
프에서는 삶의 다양한 편린들에 대한 성찰과 더불어 이에 대한 긍정적
의식을 통해 행복감이 올라간다는 주장이 나오고 있다. 이를테면 영성
의 수행 같은 것이다. 평소에 걸음걸이에도 마음을 집중해보고, 곁에
있는 이와 나누는 일상적인 대화에 깔린 심연의 욕구에 불을 비춰보
라. 꿈속에서 만난 이가 던진 수수께끼 같은 말의 의미에 대해 상상해
보는 등 모든 것들이 수행이고, 수행의 길을 가는 – 영혼의 성숙을 돕
는 – 선생은 학생들과 경험하는 작은 일들의 깊은 의미를 성찰함으로
써 행복감을 얻을 수 있다. 어떤 냉소주의자들은 이러한 성찰이나 명
상 등이 현실의 주된 과제와 도전인 돈벌이나 승진 등에 대해 눈을 감
게 하고, 무가치하고 사소한 일들에 의미를 부여함으로써 일종의 마취
제 기능을 한다고 비판한다. 그러나 그 '무가치하고 사소한 일들'의 가
치를 발견하고 거기에 의미를 부여할 때, 우리 존재의 심연이 긍정적
으로 움직이기 시작하고 그에 따라 우리의 주된 과제인 교육을 위한
역량도 점차 향상된다는 '합리적' 해석도 가능하다. 자신과 학생의 영
성을 밝히고자 하는 선생은 일상을 성찰과 명상의 장으로 만듦으로써

심신의 행복을 도모할 수 있다.

영혼의 성숙을 돕는 선생들도 학생들과 울고 웃으며 생활하고, 자기애에 유혹당하기도 하며, 후대를 키우는 일에 큰 보람을 느끼는 등 보통 사람들과 다를 바 없는 인간이다. 하지만 그와 동시에 그런 모든 삶의 편린과 과정들이 궁극적으로 자기실현을 향한 여정임을 줄곧 의식하며 살아가는 이들이다. 성직자적인 헌신과 소명의식은 고결한 이상을 배태하지만, 삶에서 일어나는 현실의 모든 풍진風塵과 변증법적 상호작용을 거치며 선생인 내가 삶의 매 순간 내려야 하는 선택에 영향을 끼친다. 영혼의 성숙을 돕는 선생이 이런 과정을 겪으면서 항상 완벽한 교육적 선택을 내릴 수 있으리라고 기대하는 것은 비현실적이며 비인간적이기도 하다. 그러나 빛과 먼지가 늘 충돌하고 융합하는 끝없는 변증법적 통합의 과정 속에서 자신이 한 걸음씩이라도 자기실현의 길로 나아가고 있다고 느낀다면, 그는 영혼을 모르는 선생들에 비해 자신도 모르는 사이에 엄청난 능력을 발휘하는 선생이 돼 있을 것이다.

나는 나 자신을 특별히 정의롭거나 양심적 또는 도덕적이라고 여겨 본 적이 없다. 나는 빈번히 불의에 눈감고, 양심을 잊어버리며, 도덕성을 한쪽으로 밀어놓곤 하는 부끄러운 인간에 불과하다. 그럼에도 소명의식은 있다. 선생 일이 내가 할 일이라는 결단이다. 그래서 나의 모든 인간적 약점에도 불구하고 어쨌든 내게 맡겨진 선생 일을 죽어라고 한다. 죽어라고 한 일을 좋아하게 됐고, 이 일을 통해 조금이라도 덜 부끄러운 내가 될 것을 믿으며, 참된 자기가 조금씩 드러날 것으로 확신하고 산다. 그러나 선생도 사람이기에 회의도 생기고 길에서 미끄러지는 일도 일어난다. 그래서 내게도 본보기가 필요하다. 루돌프 슈타이너가 그 본보기 중의 한 사람이다. 나는 선생 일이 힘겨울 때 슈타이너에 대한 다음 글을 읽곤 한다.

> 그는 자신의 내부에서 사악한 힘과 지속적인 싸움을 벌였다. 그는 그리스도의 신비에 몰입함으로써 개인이 구원에 이를 수 있다고 보았다. 그는 다른 이들에게 경고하기를, 비록 사고와 느낌과 의지를 다루는 체계적 수련을 한 사람이라면 누구나 보다 높은 의식을 획득할 수 있지만, 그러한 의식에 이르는 길은 굉장한 인내와 끈기를 요구하며, 삶에서 직면하게 되는 힘겨운 경험들에 맞서 위대한 도덕적 용기를 불러일으켜야만 한다고 하였다.[62]

나는 '굉장한 인내와 끈기'라는 말에 집중한다. 이로써 '조금 노력하는 정도로는 모자라는구나' 하는 자성을 할 수 있다. 내게 '위대한 도덕적 용기'가 있을까? 그걸 내어놓는 나를 보고 싶다. 이것이 나의 자기실현 욕구, 존재론적 욕망이다. 이 욕망이 있었기에 나는 지금까지 열정을 갖고 선생 일을 해올 수 있었고, 그건 내가 알던 나의 수준을 뛰어넘는 열정이었다. 그래서 나는 오늘날의 선생도 소명의식을 갖는 것을, 영성을 추구하는 것을 옹호한다.

---

62) http://www.themystica.com (번역 : 한식훈)

소명의식을 만드는 이야기

앞서 길게 늘어놓은 이야기를 최대한 간단히 줄이자면, 영혼의 성숙을 돕는 선생으로서 소명의식과 성직자적 태도 등을 가지면 좋다는 말이다. 그렇다면 이제 그런 것들을 어떻게 갖느냐는 게 문제겠다. 이 문제에 대해 내가 믿게 된 것들을 풀어보겠다.

아래는 몇 해 전에 썼던 일기 같은 글이다.

원래 뭘 하려고 했더라?

추운 겨울밤, 음식물 쓰레기를 버리려고 부엌 뒤 다용도실 문을 열었다. 전등이 안 켜진다. 전구가 나갔나 보다. 천장의 전구를 갈아 끼우기 위해 식탁 의자를 하나 가져온다. 의자에 내가 좋아하는 하얀 터틀넥 셔츠가 걸려 있는데, 딱 목 부분에 김칫국물이 묻어 있다. 짜증난다. 어쨌든 그 셔츠를 딴 데 치운 뒤, 다용도실에 의자를 놓고 올라가서 반투명 유리 커버를 낑낑대며 돌려서 겨우 벗겨내니, 커버 속에 지난 세월 동안 쌓인 먼지와 벌레 시체가 가득. 맨손으로 그것들을 치우기가 싫어 휴지를 찾으니 주위에 휴지도 없다. 화장실에 가서 휴지를 뜯어와 벌레들을 훔쳐내서 쓰레기통에 버리려 하니, 쓰레기 수거봉투가 안 끼워져 있다. 부엌 서랍에서 봉투 하나 꺼내 쓰레기통에 끼우고 거기다 벌레 사체 처리한 휴지를 버린다.

전등에 전구가 2개 붙어 있는데, 하나를 돌려 빼고 두 번째 놈을 빼려다 전구의 유리 부위와 금속 캡 부위가 거의 절단이 되어버린다. 금속 캡을 돌려 빼내야 하는데 손으로는 못 하겠다. 감전 위험도 있으니. 의자 위에 서서 천장에 매달려 달랑거리는 전구를 한 손으로 잡은 채 아내를 불러 펜치를 가져다 달라 하니, 아내가 공구 서랍에서 그걸 못 찾겠단다. 계속 한 손으로는 천장에 대롱대롱 매달린 전구를 잡은 채로 – 약간 짜증이 나며 – 그러면 아무거나 비슷한 다른 공구를 집어다 달라고 한다. 아내가 가져다준 공구로 전구의 유리 부분을 완전히 절단시키고 나서 절단된 금속 부분을 돌려 빼내려 하다 보니, 지금 전등의 전기 스위치가 켜져 있는지 꺼져 있는지가 불확실하다. 언젠가 전선 작업을 하다 감전 쇼크로 나가떨어졌던 기억이 퍼뜩 난다. 옆에 있던 아내에게 스위치가 꺼졌는지 확인해달라고 한다. 그러고 나서 박혀 있는 금속 부분을 겨우 돌려서 빼낸다. 해본 사람은 알겠지만 부러진 전구 돌려 빼는 게 그리 간단한 일이 아니다. 공간 구조상 오른손을 쓸 수 있는 자세가 나오지 않는 곳에서 해야만 할 때는 특히나 더 그렇다. 빼낸 부분을 쓰레기통에 버리고 나서 보니 집에 여분의 새 전구가 없다. 할 수 없이 단 하나 있는 값비싼 삼파장 형광램프를 임시로 다용도실 전등에 끼워 넣고 유리 커버를 도로 씌웠다. 드디어 불이 켜진다. 휴우~

그런데, 불을 켜고 나니, 내가 여기, 다용도실에 뭐하러 왔었는지가 도통 생각이 안 난다.

내가 원래 뭘 하려고 했더라?

난방도 안 들어오는 차가운 다용도실에 서서 한참을 생각해보고 나서야 원래 거기 모아둔 음식물 쓰레기를 처치하러 왔다는 걸 겨우 기억해낼 수 있었다. 죽으면 늙어야지 하고 성능 불량이 된 나의 뇌를 탓하다가 또 의문이 떠올랐다. 그럼 그건 원래 왜 하려던 거였지? 쓰레기는 원래 왜 치우려 했었지?

난 원래 뭘 하려고 여기 왔었지?

내가 원래 뭐하려고 태어났더라?

그냥 나이 먹고 애 낳고 늙어서 죽으려고? 성장하고 교육받고 취직해서 사회에서 기능하려고? 돈 벌려고? 즐기려고? 그걸 기억해낼 수 있나? 그런 목적 같은 건 없다고? 아니야, 분명히 있었는데……. 나한테는 있었다고! 전구 갈아 끼우는 '일상' – '현실' 또는 '현상' – 때문에 잠깐 깜빡해서 그렇지. 그래, 이제 기억이 났어! 원래 뭘 하러 여기에, 이 삶에 왔는지 기억이 났어!

그때 내가 기억해낸 '원래 하려 했던 일'이란 나의 초심이다. 공부하고, 가르치고, 글 쓰며 우리 사회의 다음 세대에게 우리가 단순히 생물학적 존재나 경제적 존재만은 아님을, 단순히 사회적 존재가 아니고 그저 심리적 존재인 것만도 아님을, 형언할 수 없을 정도로 깊은 영적인 존재임을 이야기해주는 것. 그게 내가 원래 하려 했던 일이다. 그런데 벌어먹고 살다 보니 그걸 까맣게 잊고 있었다. 초심은 자꾸 다시 환기해줘야 한다. 당신의 초심은 무엇이었나? 기억해낼 수 있는가? 나는 그렇게까지는 못 하지만, 초심을 매일 아침 다시 기억해내며 살아가는 선생들도 세상에는 있다. 혹시 당신에게 초심이라는 것 자체가 없는가? 그렇다면 지금 이 순간부터라도 자신만의 초심을 찾아 나서기를 바란다. 그러지 않을 것이라면 이 따위 책일랑 집어던지는 편이 낫다.

도대체 왜 사나?

나는 아내를 짜증 나게 만드는 남편이다. 강남에서 '아이를 SKY에 보내기 위해서는 할아버지의 재력, 엄마의 정보력, 아빠의 무관심이라는 3대 조건이 필요하다'고들 하는데, 나는 무관심하기는커녕 아이 엄마의 정보를 교란시킬 뿐 아니라 감히 그 정확성을 의심하기까지 하는 남편이요 아빠이기 때문이다. 비록 나는 강남에 살지도 않고 자식의 SKY 입학을 목표로 삼지도 않지만, 이를테면 그렇다는 말이다.

아이들 교육을 위해서 엄마의 정보력과 나아가 엄마의 교육적 의사 결정권이 확보돼야 하거늘, 남편이라는 나는 불경스럽게도 '한국 교육 망친 주범은 옆집 아줌마'라는, 자칫 반여성적으로 보일 수도 있는 주장을 들이대기까지 하며 아비인 내 목소리도 인정해줄 것을 요구해왔다. 내 자식들이 벌레처럼 꼼지락대던 영·유아기 때부터 아이들 교육과 관련된 결정을 할 때, 나는 툭하면 아내에게 반기를 들곤 했다.

예컨대 아내가 초등학생 아이를 영어학원에 보내겠다고 하면, 나는 '그거 왜 하는데?'라고 묻는다. 물론 중고교 진학과 토익 성적, 궁극적으로 대학 입시를 위해서 해야만 한다는 아내의 의견은 합당하다. 그러나 나는 이런 질문들을 한다. 영어 그렇게 배우면 진짜로 영어 실력이 늘어나나? 외국어 실력이 궁극적으로 뛰어나지기 위해선 모국어 능력도 뛰어나야 하는데, 너무 어릴 때부터 꼭 영어를 학원 교습 스타일로 가르쳐야 하나? 점수를 위해 영어를 배워서 영어를 좋아하게 될까? 아이가 배움 자체를 자발적으로 원하기를 더 기다려줘야 하지 않나? 결국 시험에서 고득점 받아서 명문대 가면 또 뭐가 좋나? 그게 우리 애한테 맞는 길인가? 명문대 나와서 좋은 직장 다니면 또 뭐가 좋나? 우리 애도 그걸 원할까? 혹시 다른 길을 원하지는 않을까? 좋은 직장 다녀서 돈 많이 벌어 또다시 제 아이들 고액 과외 시키려는 게 목적인가? 우리 삶의 목적은 대대손손 끝없이 자식을 일류대에 넣기 위해 평생을 바치는 데 있나? 이러다가 마침내 다음과 같은 황당한 질문까지 아내에게 들이밀게 된다.

"도대체 왜 사나?"

군이 스스로를 변호하자면, 내 아이들의 사소한 교육적 문제들마저도 그들의 장기적이고 궁극적인 인생의 목적과 부합할 것인지를 좀 더 고민한 뒤에 결정하자는 태도라고 말하고 싶다. 아이의 특기나 적성을 따지고 수업을 고르는 일에서도 남편의 이런 황당한 질문들에 맞서 답해야 하는 나의 아내를 생각해볼 때, 나는 정말 짜증 나는 남편이다. 군이 또 스스로를 변호하자면, 소크라테스도 짜증 나는 철인이었다는 말을 덧붙이겠다. 참을 찾아간다는 것은 짜증 나는 길 아니겠는가.

이제 좀 진지하게 전개를 해보자. 내가 내 자식들 교육에서 언제나 우선시하는 것은, 아이들이 세상이 우대하는 사항들에만 맞춰서 성장하는 게 아니라 자기들 스스로 원하는 것을 찾아 일구어내면서 성장하도록 돕는 것이다. 명문대? 물론 좋다. 그걸 누가 부정하겠는가? 그러나 명문대가 기나긴 인생의 불가해한 여정에서 최상의 보험이 될 수는 없다. 가장 확실한 보험은, 명문대건 비명문대건, 어떤 조건하에서건 자신이 가진 최상을 발휘하며 건강하고도 만족스럽게 살 수 있는 내적 역량, 즉 자기실현의 길을 갈 수 있는 역량을 갖추는 것이다. 인생은 재정적 안정과 사회적 배경이 제공해주는 안락함만으로는 감당할 수 없을 만큼 심원한 내적 동력을 갖고 있다. 진정한 자기를 확립해가는 이만이 그 내적 동력의 불가해한 요구에 제대로 반응할 수 있다. 현대적 사회과학과 행동주의 계열 이론, 자기계발서 등은 한 개인의 삶에 영향을 끼치는 변인들을 명확히 규정하고 그 영향력을 추정하여, 더 효과적이고 성공적으로 살 방도를 제시하곤 한다. 그러나 나는 그런 규정과 변인들이 너무도 불충분하다고 본다. 삶에는 미지의 변인들도 많고, 삶은 신비에 속한다는 말이다.

선생 일에 대한 논의로 복귀해보자. 선생이 소명의식을 왜 가져야 하나? 이 질문도 결국에는 '선생인 나는 도대체 왜 사는가?'라는 질문으로 이어질 것이다.

나도 내가 왜 사는지 모른다. 생명이 주어졌으니 사는 거지. 다만 이왕이면 최상의 나로서 살다 가고 싶다. 즉, 죽더라도 자기실현은 해보고 죽고 싶다. 그래서 나는 '왜 사는가?'라는 질문에 대해 '자기실현하기 위해 산다'라고 답을 한다. 이 책의 서두서부터 계속 이어져온 말인 자기실현, 실현해야 할 최상의 자기를 보는 것, 이것이 참으로 어려운 말이다. 그래서 이에 대한 귀한 설명을 가져와 보겠다.

자기실현은 통속적인 의미의 성인군자나 도사를 만드는 과정이 아니다. 그것들은 모두 사회가 만들어준 '성인, 군자, 도사'의 탈(페르소나)

이기 쉽다. 자기실현은 간단히 말해 농부를 농부로, 서양인을 서양인으로, 한국인을 한국인으로 만드는 과정이다. 자기실현이 되면 될수록 그는 지극히 평범한 사람의 모습을 갖출 것이다. 그렇지만 반드시 원만하고 선하다고 다른 사람들로부터 칭찬받는 존재가 되는 것은 아니다. 그가 속해 있는 사회의 윤리관에 비추어 때로는 이기적이라는 평을 받고, 때로는 냉정하다는 말을 듣고, 때로는 일관성이 없다고 비난을 받을지도 모른다. 때때로는 무한한 정열로 이웃을 돕고, 때로는 권력의 도가니에서 싸우고, 금욕과 정욕에 사로잡혀 고민하고, 때로는 질투와 증오의 감정으로 허덕일 것이다. 다만 그의 머리에는 집단적 투사에 의하여 생기는 명성이라는 후광이 없고, 구태여 스스로 그 후광을 만들고자 하지도 않는다. 그러나 만일 누가 그것을 만들어 씌워주면 그는 또 구태여 거부하지 않고 이를 받아들일 것이다. 그것이 인생에서 대수로운 것이 아니기 때문이다. 그는 평범하나 분수를 아는 사람이다. 그는 그가 하여야 할 바를 마음속에 물으며, 그것이 그가 가야 할 길이면 그렇게 간다. 그것 때문에 그가 대인관계에서나 세속적인 이권에 반해서 손해를 보게 된다 하더라도……. 그는 진정으로 고독한 사람일 수도 있다. 또한 그는 세속적인 의미에서 진정으로 무력한 사람일 수도 있다. 그러나 그는 자기와의 일치라는 점에서 가장 강한 사람이다. 그러나 강하다 약하다 하는 의식을 그는 가지지 않는다. 그는 반성할 줄 알며 그런 의미에서 종교적인 인간이다. 무엇이 갈 길인가를 항상 마음속에 물으나 그 해답이 늘 분명하지 않음을 알고, 때때로 인간은 그 불분명한 혼돈 속에서 찾아 헤매는 고통을 겪어

야 하나 그 물음과 찾음에 응답이 있을 것임을 믿는다.[63]

세상에 좀 맞추고 통념도 받아들이며 대충 편하게 살지, 왜 자기만의 고유하고 독특한 본질을 실현한다는, 그 고생스러운 자기실현의 길을 자처해야 하는가? 난 이 질문에 대해 의외로 간단한 답을 알고 있다.

"자기실현의 길을 가든 가지 않든 인생은 어차피 험난한 고생길이다."

자기실현 따위 외면하고 세상이 우대하는 모든 조건에 맞춰 멋지게 잘 먹고 잘사는 '나'를 만드는 길은 쉽고 편할 것 같은가? 또 그런 나를 만들었다고 인생에 주어지는 알 수 없는 운명에 대한 통제권을 쥘 수 있을 것 같은가? 삶은 어차피 고해苦海다. 자신보다 먼저 살아본 인생의 선배들을 보라. 시류에 맞춰 자기중심 없이 살다가 젊은 시절 다 흘려보내고 별 볼 일 없는 침울한 노인이 돼버린 사람이 좀 많은가? 이리 가나 저리 가나 어차피 고생길이라면, 진짜 나를 실현하는 길을 선택하는 편이 낫지 않을까? 노인학 학자들에 따르면 젊어서 기회가 있었는데도 모험 한번 제대로 시도해보지 못하고 죽음의 문턱에 이른 이들이 가장 후회가 많다고 한다.

이런 수사학적 주장보다도, 인간 본성 추구에 대한 인문학의 가장 원론적인 주장을 다시 강조하고 싶다. 매슬로우가 적시했듯이, 인간은 자기실현 욕망을 충족시키지 못하고서는 진정으로 행복할 수가 없다. 자신의 삶을 소중히 여겨야 하지 않겠는가? 영원히 되돌아올 수 없을

---

63)《분석심리학 : C.G. 융의 인간심성론》제3판(이부영, 일조각, 2011) 136-137쪽. 분량이 다소 긴 글을 인용하느라 원문과는 달리 하나의 문단으로 모든 문장들을 통합했다.

지금, 여기의 삶, 그것으로부터 최상을 뽑아내지 못한 채 흘러가게 내버려두면 필히 후회하게 될 것이다. 자기의 귀한 삶을 소중히 여기고 자기 자신을 소중히 여겨야 할 일이다. 자신을 소중히 여길 줄 모르는 이가 어떻게 타인들을 소중히 대할 수가 있겠는가? 세상에 타인들에게 막 대하는 이들은 결국 다 자신을 함부로 여기는 이들이다. 자신 앞의 학생들을 막 대하는 선생은 자기 자신도 소중히 여길 줄 모르는 자다. 만약에 당신이 학생들에게 냉혹하거나 무관심하거나 폭력적인 선생이라면, 알량한 자존심 좀 보호해보려고 쌓아뒀던 유치한 마음의 벽을 허물어버리고 자기 자신을 진정으로 소중히 여겨보라. 그러면 타인들의 소중함도 절감하게 될 것이다.

'혼자만 잘 살믄 무슨 재민겨'[64]

이십 대 때 나는 너무도 개인적이고 이기적이어서, 같은 과 학우들이 반독재 시위에 나설 때에도 혼자 강의실에 남아 수업을 듣거나 놀러 간 적도 있다. 내 성격이 이 모양이라서 이십 대 이후의 내 삶에는 인간이 결코 혼자일 수 없음을 깨닫게 해줄 수많은 장치들이 주어진 건 아닐까 하는 생각마저 든다. 그렇다고 내 개인적이고 이기적인 성향이 사라졌다는 것은 아니지만⋯⋯. 아무튼 이 책에서 줄곧 개인의 자기실현을 강조해왔지만, 진정한 자기실현이나 개성화(제3장 참조)의 목적은 공동체에 대한 기여에 있다. '나'와 '우리'는 불가분의 관계를 맺고 있기 때문이다. 특히 내게 있어서 '우리'란 '한국인들'과 다른 말이 아

---

64) 전우익 옹의 책 제목

니다. 물론 중국인, 일본인, 미국인 할 것 없이 전 인류가 포함돼야 한다고 믿지만, 외국 생활도 꽤 해봤고 지구촌 사회의 국제교류 분야에서도 일을 해봤음에도 '인류'라는 개념이 내게는 아직도 너무 추상적이다. 그래서 전 인류와 교류하는, 일종의 확장된 '나'의 기본적인 주체로서 내게는 '한국인 동포'라는 '우리' 개념이 필요하다. 그리고 나는 한국인들이 보다 건강하고 잘사는 사회를 만들기를 간구하게 됐다. 아마도 타국 생활이 나를 그렇게 만든 것 같다. 나는 문화적으로 미국에 적응하게 된 이후에도 늘 한국 땅에서 살고 싶어 했다. 지금도 내가 가장 좋아하는 건 우리 땅 구석구석으로 여행을 다니는 것이다.

나도 잘살고 우리 동포들도 잘살기 위해서는 내가 뭔가를 아주 잘해서, 그것이 동포들에게도 득을 줄 수 있어야 한다. 즉, 내 재능을 발휘해 한국 공동체에 도움을 줄 수 있어야 한다. 그래서 내 재능을 밝힐 필요가, 내가 잘하는 것을 발견해야 할 필요가 있다. 그런데 실제로 잘할 수 있는 것과 좋아하는 것은 다를 수 있으므로, 자기 자신을 잘 알아야 한다.

내가 무엇을 실제로 잘할 수 있는가What I am good at는 내가 한 일이 타인에게 선한 영향을 끼치는지If I've been good to others 확인해봄으로써 잘 알 수 있다. 내가 선한 영향을 끼치고 있음을 확인할 때, 나는 그 일을 더더욱 잘하게 된다. 내가 이야기를 잘해서 사람들을 즐겁게 할 때 나는 이야기를 더 잘하게 된다. 내가 노래를 잘해서 사람들을 신 나게 할 때 나는 노래를 더 잘 부르게 된다. 내가 좋은 물건을 만들어서 사람들의 생활에 도움을 주게 되면 나는 새 물건을 더 잘 만들어낼 수 있게 된다. 따라서 단기적인 이익만을 좇는 것이 실용이 아니라, 선함 goodness을 추구하는 도덕성이 곧 실용pragmatic이다. 어떤 일이 타인에게 봉사하는 도덕성을 함유하고 있는지 확인함으로써 내가 그 일을 더 잘하게 되기 때문이다When I am good to others, I am good at that work. 듀이의 프래그머티즘이 주창하는 참된 '실용'이란 결국 내 안의 참된 본성인 선함이 드러나는 것과 불가분의 관계를 맺고 있다.

따라서, 선생인 내가 사회로부터 부여받은 임무를 잘 완수하는 것은 나의 자기실현의 주된 부분이다. 내 임무를 잘 완수하기 위해 나의 재능을 사용해야 한다. 그래서 선생은 자기만의 재능을 발견하고 발휘할 줄 알아야 하며, 그것을 구체적으로 자신의 직무에 적용할 방법을 연구해야 한다.

그런데 사람의 재능은 그야말로 각양각색이다. 나는 선생의 일이란 수많은 재능 하나하나를 다 필요로 하는 일이라고 말하고 싶다. 어떤 선생은 말을 잘하고, 어떤 선생은 그림을 잘 그리고, 어떤 선생은 숫자를 잘 다룬다. 이런 재능을 목록으로 짠다면 굉장히 많을 것이다. 선생 모두는 자신에게 주어진 고유한 재능을 어떻게든 선생 일에 활용하는 방법을 개발해내야 한다. 자기의 타고난 재능을 십분 활용함으로써 선생은 보통을 뛰어넘는 방식으로 학생들에게 다가갈 수 있을 것이다.

많은 문제를 안고 있는 21세기 초의 학교는 그 문제들을 해결하고 우리의 아이들을 심신이 건강한 인재로 키우기 위해, 창의적인 방식으로 새로운 시도를 해나가야 할 것이다. 그렇기 때문에 더더욱 선생들의 재능이 필요하다. 다양한 개인의 개성 있는 재능을 활용하여 창의적인 교육을 실천하기 위해서는 재래식 관습과는 다른 실험정신과 자발성, 자유로움이 필요하다. 한데 우리의 보수적인 교단은 이런 전제 조건들에 대해 별 지지를 보여주지 않는다. 나 하나만의 영달이 아니라 '우리', 한국인 공동체의 진정한 번영을 바라는 마음에서 교단의 보수성에 대한 비판 하나를 제기하고 가겠다. 내가 '우리'를 위하는 방식은 우리가 예전부터 고수해온 재래식 방법을 수호하는 것보다는 우리에게 익숙지 않더라도 우리의 의식과 인식을 확장시켜줄 수 있을 새로운 방법을 모색하는 것이다.

최근의 학교폭력 및 교권실추 등의 문제에 대한 교총의 논의를 살펴보면 학생인권조례 폐지, 폭력을 유발하는 게임과 인터넷 등에 대한 철저한 단속, 도덕성 회복운동 전개, 스승 존경운동 전개 등이 있다. 나는 이런 논의들이 너무 구식이고 구태의연하다고 생각한다. 서울의 한 '명문고'는 학교폭력 청정지역으로 유명한데, 학교폭력에 대한 그 학교의 조치는 '가해자 퇴학, 피해자 전학' 딱 한 가지라고 한다. 얼마 전 서울의 최상위권 외국어고등학교에서는 한 우등생이 시험문제를 훔쳐서 성적을 올린 것이 발각돼 퇴학을 당했다. 죄과에 대한 응당한 처벌도 필요하지만, 과오를 저지른 십 대의 학생들을 퇴출시키는 것만이 과연 교육자적인 결론일까? 학생들이 왜 그런 과오를 범하게 됐는지 이해하고, 문제의 소지를 치유·개선해주는 것이 교육자의 역할 아닌가? 우리는 지금껏 그래왔으므로 앞으로도 이렇게 대응할 수밖에 없는 것일까?

나는 경직되고 권위주의적인 학생 관리라든가 애국조회의 교장 선생님 훈화말씀식으로 이 시대의 학생들에게 다가가려는 시도는 더 이상 하지 말아야 한다고 생각한다. 또한 애국조회가 우리 민족의 전통에 부합한다고도 생각지 않는다. 애국조회는 역사적으로 일제강점기 때 시작된 것이기도 하고, 그래서 일본제국주의 체제에 훨씬 부합한다고 생각한다. 나는 우리 민족의 전통적인 도덕성 함양 교육이 일제 스타일처럼 부자연스럽고 비인간적이며 권위주의적이지는 않다고 본다. 일제의 학교 선생은 폭력을 앞세워 학생의 복종을 강요한 반면, 유교적 선생은 학생의 자발적인 순종을 중시했다. 퇴계가 자신의 제자들을 대함에 있어 형식주의적이고 전통 중시적인 행동을 얼마나 비판하고, 구체적 상황에 맞는 융통성이 있으면서도 생기발랄한 방식들을 창조적으로 제시했는지 기억할 필요가 있다.

일례로, 제사를 중시하는 유림의 대학자 퇴계 집안의 제삿날, 그의 철없는 부인이 제사상의 밤이 먹고 싶다고 우기기 시작했다고 한다. 제사 도중 그런 무리한 떼를 부리니 모든 사람들이 무척 당혹해했는데, 퇴계는 아내에게 이렇게 물었다. "얼마나 먹고 싶소?" 아내는 '많이' 먹고 싶다고 했다. 그러자 퇴계는 주저함 없이 제사상으로 걸어가더니 밤을 한 움큼 쥐어다 부인에게 안겨줬다. 부인은 신이 나서 밤을 먹었고, 사람들은 어찌 이럴 수 있냐고 퇴계에게 물었다. 그러자 퇴계는 "조상님들도 직접 드시기보다는 후손들이 맛있게 먹는 모습을 보시며 기뻐했을 것이오."라고 답했다 한다. 21세기의 한국 선생들은 16세기 유학자의 태도에 비춰 자신을 되살펴볼 필요가 있다.

최근의 교육적 문제에 대한 교총의 고답적인 태도에 비해, 그나마 전교조는 쓸모없는 전통을 버리는 참신한 모습도 일부 보여주고 있다. 서울형 혁신학교로 지정된 강명초등학교 선생의 말이다.

> 그동안 학교에 쭉 있었던 것 중에 비교육적인 것, 교육에 방해되는 것들을 하나하나 오랜 논의 끝에 없앴는데, 우리 학교에서 없앤 것들은 다음과 같다.
>
> '교훈, 애국조회, 청소년 단체, 일제고사, 스티커 제도, 인증제, 독서장, 생활본, 아침자습, 상, 각종 대회, 전교어린이회 임원, 학급 임원, 수련회, 임원 수련회, 학예회, 친목회, 직원종례, 부장회의, 학부모회, 학부모회장, 그리고 지시 전달, 침묵, 고정관념, 획일성, 촌지, 체벌, 차별, 관료주의…' [65]

조셉 캠벨은 '옛 전통을 가꾸는 유일한 방법은 시대의 상황에 맞게 그것을 쇄신하는 길뿐'이라고 천명한 바 있다. 전통적인 재래식 관습의 많은 부분을 폐기하는 것은 '우리'의 부정이 아니라, 보다 고양된 '우리'를 새롭게 만들어보자는 시도다. 자신의 재능을 우리 사회를 위해서 쓰고 싶어 하는 소명의식 있는 선생은 구습과 새로운 시도 중 어느 쪽을 선택해야 할까? 답은, 주어진 교육 방식이 구습이냐 새것이냐의 문제가 아니다. 얼마나 더 선생의 자발적인 재능 발휘에 도움을 줄 수 있는가, 나아가 오늘날의 학생들을 포용하는 데 얼마나 더 도움을 줄 수 있는가, 최종적으로는 학생들을 성장시키는 데 얼마나 더 도움을 줄 수

---

65) 〈희망교육〉 2011. 4. 10.

있는가가 핵심이다. 애국조회와 같은 구습은 이런 기준들을 충족시키는가? 나는 심히 회의한다. 그 교육적 방식이 기존의 선생들에게 익숙하고 편한가 혹은 선생들의 마음을 불편하게 하지는 않는가 등의 사항들은 전술한 본질적 기준들을 다 고려한 후에나 생각해볼 문제다.

성직자에 버금가는 선생은 세상의 속된 논의와는 담을 쌓고 지내며 자신의 고고함을 지켜야 하고 '성스러운' 교육자는 타락한 정치의 논리가 교육에 파고들지 못하도록 순수한 교육의 '성역'을 지켜야 한다고 믿는 이들, 종교나 교육은 정치적 중립성이라는 환상적 가치를 고수해야 한다고 주장하는 이들은, 얼핏 교총을 비판하고 전교조를 옹호하는 것으로 들릴 수도 있는 나의 말에 반감을 가질 것이다. 그러나 나는, 진정한 성직자나 교육자는 세상의 아픔에 민감하게 반응하는 사람이고, 그 아픔을 일으킨 원인을 직시하여 상황을 개선하기 위해 노력하는 사람이라고 믿는다. 언제나 평행선을 그을 수밖에 없을 뿌리 깊은 이런 논쟁을 잠재울 재주는 내게 없지만, 철학자 자크 마리탱의 경구 하나는 남겨놓겠다.

내가 먹을 빵은 물질적인 문제이다. 그러나 나의 이웃을 위한 빵은 영적인 문제이다.

선생도 사람이다

나의 '최상'을 꿈꾸고, 나의 재능으로 우리의 공동체에 기여할 것을 주장하고, 교육의 참신한 변화를 바란다는 나는 과연 그런 고귀한 말들을 할 자격이 있는 인간인가? 전술했듯이, 나는 자신의 수많은 흠들을 아주 부끄러워하면서도 여전히 선생으로 인정받고 싶은 욕심을 가진 이중적인 인간이다. 그러나 이중적이지 않은 인간이 있을까? 철학자 김형효가 시인 윤동주의 '하늘을 우러러 한 점 부끄러움이 없기를' 바라는 마음과 같은 순수주의가 오히려 독선으로 흘러 노자적 화광동진을 수용치 못하는 폐해를 낳는다고 비판한 적이 있다. 이에 공감하며, 나 자신의 도덕적으로 선명하지 못한 내적 양면성을 빛과 먼지의 혼융이라 변호해보겠다.

앞의 이부영 교수의 글에서 상술했듯이, 내가 외치는 자기실현이란 세상 사람들이 떠받드는 도덕군자상을 닮는 것이 아니다. 세상으로부터 완벽하다고 칭송받는 사람이 되는 것도 아니다. 산과 들의 꽃들을 보라. 한 송이, 한 송이가 다 나름대로 완전한 것이다. 장미꽃은 장미꽃대로 아름답고 호박꽃은 호박꽃대로 아름다운 것이다. 그들이 온전하게 꽃을 피운 이상.

사람도 그러하다. 나에게 심어진 자연의 성장 씨앗을 제대로 발아시켜 나만의 개성 있는 꽃을 피울 때, 나의 참된 자기가 실현되는 것이다. 그리고 그런 개성 있는 꽃들이 모여서 백화만발한 아름다운 전원을 만든다.

자신만의 꽃을 피우기 위한 자기실현의 여정에서 나는 내 안의 우주와 대면하게 된다. 내면의 빛과 어둠, 선과 악이 죄다 제 목소리를 내며 나를 엄습한다. 그러므로 제5장에서 다룬 루소적인 내면의 화해가 요청된다. 그런데 이 화해의 과정이 지극히 어렵기 때문에 적지 않은 이

들이 자기를 발견하는 것을 중도에 포기하곤 한다. '성자'로 추앙받는
간디도 이런 어려움을 토로했다.

> 나는 길을 압니다. 그 길은 곧고 좁습니다. 그 길은 마치 칼의 날과도
> 같습니다. 나는 그 칼날 위를 기쁜 마음으로 걷습니다. 거기에서 미끄
> 러질 때면 나는 웁니다. 신은 이렇게 말씀하십니다. "애쓰는 자는 결
> 코 죽지 않는다." 나는 그 약속에 무조건적인 믿음을 가지고 있습니
> 다. 그래서 비록 나의 약점 때문에 천 번을 미끄러진다 해도, 나는 그
> 믿음을 잃지 않을 것입니다.[66]

나는 내가 길에서 '미끄러질 때'마다 간디의 이 말씀을 되뇐다. '성
자' 간디도 자신의 인간적인 약점 때문에 괴로워했다. 자기실현 따위
는 헛소리라 여기는 이는 약점 때문에 괴로워하지도 않는다. 그러나
자기실현을 원하는 이는 약점 때문에 괴로워하고 좌절한다. 그런데 간
디는 자신의 약점에도 불구하고 자기실현의 길을 포기하지 않았다. 우
리 모두는 설사 소명의식을 소중히 품고 선생의 길을 간다 해도 희喜,
노努, 애哀, 락樂, 애愛, 오惡, 욕慾의 기운에 굴복하여 실책을 범할 수도
있다. 그런 자신까지도 받아들여야 한다. 추악한 나까지도 용서하고
품어줘야 한다. 그것이 진정한 자기극복이다. 대극의 화합을 구하는
내면의 화해와 수행을 통해 자기실현의 여정을 가다 보면, 어느 날 자
신도 모르는 사이에 열정적인 선생으로 소명에 부응하고 있는 자신의

---

66) http://www.mkgandhi.org. (번역 : 한석훈)

모습을 발견하게 될 것이다. 하다 보면 그리 되고, 가다 보면 길은 열린다. 전철역에 붙어 있는 '풍경소리'의 다음 말씀처럼.

가면 길은 열릴 것이다

부처님의 제자 중에 매사에 자신감이 없고 소극적인 마승 비구가 있었다. 이런 성격을 잘 아는 부처님은 어느 날 그에게 임무를 주었다.

"시내로 들어가서 만나는 사람마다 내 가르침을 전하여라."

얼굴이 붉어지며 머뭇거리는 마승 비구에게 다시 말했다.

"반드시 자기에게도 남을 인도할 능력이 있다는 것을 알게 될 것이다. 가거라. 용기를 가지고 가라. 가면 길은 열릴 것이다."

위의 말씀을 믿는 나는, 종종 내 의도대로 펼쳐지지 않고 나를 속상하게 하는 선생으로서의 길을 그저 매일매일 최선을 다해 걷다 보면, 나도 나름대로 부끄럽지 않은, 때로 자랑할 만한 선생 구실을 하고 있음을 감지하게 된다.

선생들이 대체로 타 직종 종사자들에 비해 정신적인 만족을 추구하는 경향이 강하다는 사회학적 관찰을 언급한 바 있다. 나도 스스로 그런 경향이 강하다고 생각하고, 실로 많은 선생들이 그러하다고 본다. 정신적 지향성을 가진 이들은 어쩌면 정신적, 심적 또는 영적 감수성이 예민한 이들일 것이라고 생각한다. 그런 이들은 마음 깊은 곳에 큰 상처를 안고 있는 경우가 많다. 민감한 이들의 신경은 성장기간에 상처 입기가 쉽기 때문이다. 상처는 트라우마로 남아 마음속의 콤플렉스가 돼버려 끊임없이 그를 괴롭힐 수 있다. 이런 상처를 숨기고 사는 이들은 스스로를 한심하게 여기기 쉽다. '나 따위가 어떻게 저런 대단한 일을 하겠는가' 하는 의구심이 보통 사람들보다 더 심할 수 있다. 그러나 위대한 종교가 헨리 나우웬의 조언을 경청할 필요가 있다. 그는 "상처 받은 이가 치유한다."고 말했다. 아이비리그 교수라는 안락한 조건을 미련 없이 버리고 열악한 환경의 민중들 곁으로 내려가 평생 자신의 영성을 다듬고 사람을 위해 봉사했던 나우웬의 말에는 참다운 힘이 담겨 있다.

상처 하나 없이 선천적으로 강했던 이는 남들 위에 군림하고 세상을 지배할 수 있을지 모른다. 그러나 이 세상의 슬퍼하고 아파하고 좌절하는 수많은 평범한 이들에게 치유의 손길을 뻗을 수 있는 이는 바로 자기 자신이 상처를 받아본 이다. 자신을 치유하기 위해 악전고투해본 이라야 타인의 고통을 느낄 수 있고, 그래서 그 고통의 치유를 도울 수 있다.

전술한 바 있는 미즈타니 오사무의 말도 귀 기울여 들어볼 가치가 있다. 학교와 사회로부터 거부당해 도시의 위험한 밤거리를 배회하는 수많은 청소년들을 인도해주는 등불이 된 그는, 자신을 버렸다 할 정도로 헌신하여 상처 입은 청소년들을 위로하고 그들을 죽음의 유혹으로부터 구해줬다. 그러나 그는 자신이 아이들을 구해줬다고 하지 않는다. 오히려 아이들이 자신을 구해줬다고 고백한다. 소년기의 상처로 인해 세상을 미워하는 부정적인 마음의 습성을 떨쳐버리지 못했던 미즈타니 선생 자신에게 인간의 본질적 아름다움과 모든 인간 안에 깃든 사랑을 볼 수 있게 해준 그 아이들이야말로 자신의 구원자라는 말이다.

많은 약점과 상처에도 불구하고 나는 영혼의 성숙을 돕는 선생으로 나를 규정하기를 부끄러워하지 않을 것이다. 우리 모두는 완전하지 않지만 완전함을 동경하고 지향해야 하는 것 아니겠는가. 완전함으로부터 거리가 먼 지금까지의 삶, 즉 과거의 모습으로 인해 자탄하고 좌절할 필요는 전혀 없다. 아니, 실은 약점과 상처들이 나를 지금 이곳, 영혼의 성숙을 돕는 선생을 꿈꾸고 있는 이 지점으로 이끌어온 것이다. 다음은 서양의 한 철인이 남긴 말이다.

(지금껏 살아오며) 당신은 수많은 막다른 골목으로 내달렸고, 이제 와서 돌이켜보면 아무 쓸모도 없는 일들에 마음을 쏟아부었던 것 같겠지만, 꼭 그런 식으로 생각할 필요는 없습니다. 당신의 인생은 쭉 뻗은 직선이 아니니까요. 그 누구의 인생도 그렇지는 않습니다. 당신의 인생을 방향 없는 우왕좌왕의 연속이 아니라 하나의 탐험의 여정으로 바라보십시오.[67]

위의 글과 같은 논지에서 과거에 적었던 나의 일기 한 편을 조금 다듬어 여기에 싣는다. 완전함과 거리가 먼 자신을 부끄러워할 줄 아는 푸른 양심을 가진 세상의 선생들과 나누고 싶다.

---

67) 《Everyday Ethics : Inspired Solutions to Real-Life Dilemmas》(Joshua Halberstam, Penguin Books, 1994) 중 (번역 : 한석훈)

제목 : 신성한 커리큘럼

나이를 먹으면서 가끔 자신이 걸어온 길을 되돌아보면, 그 여정의 이곳 저곳에 지금의 내가 서 있는 곳과는 이어지지 않은 채, 따로 뻗어나다가 멈춰버린 곁가지 길들이 보이곤 한다. 아마 좌충우돌하는 충동적인 사람일수록 그런 곁가지 또는 탈선의 길이 더 많을 것이다. 지금의 나를—특히 지금의 '나'가 무엇이라도 성취한 것이 많을수록—만드는 데 긍정적으로 기여한 과거의 여정을 내가 올바르고 현명하게 살아온 길이었다고 본다면, 곁가지 길들은 괜히 시도만 되었고 아무 결실을 보지 못하였으므로 어리석고 낭비된 길이 될 것이다. 아마 그런 곁가지 길이 많을수록 '인생을 낭비했구나' 하는 회한도 많을 것 같다. 오래전의 명화 〈빠삐용〉에는, 주인공이 '젊음을 낭비한 죄'로 절해고도의 수용소에 갇히는 장면이 나온다. 정말 인생을 낭비하는 것은 큰 죄일까?

그런데 나는 이런 생각이 완전히 바뀌어버렸다. 과거 인생을 낭비로 만들어버리느냐 그러지 않느냐 하는 것은 전적으로 '현재의 나'라는 실존의 결단에 달렸다고 믿게 된 것이다. 현재의 내가 어떤 결단을 내리는가에 따라 내 과거의 모든 곁가지 길마저 낭비가 아닌 완벽한 퍼즐의 조각들이 된다고 믿게 됐다. 물론 나는 의식적으로든 무의식적으로든 과거의 곁가지 길들을 완전한 낭비로 결정지어버릴 수도 있다. 그러나 또한, 나는 의식적으로 과거의 곁가지 길들을 완벽한 전체의 일부로 결정지어버릴 수도 있다. 여기서 '전체'란 내 인생 전체를 가리킨다. 내 인생 전체를 신과 내가 합작으로 만든 완벽한 작품으로서 받아들이게 되면 — 그 안에 있는 겉보기에는 쓸모없거나 군더더

기이고, 잘못 놓여 있거나 낭비였으며, 우연하게 일어난 듯한 많은 인생 경험들이 실은 꼭 필요했던 부분들이었음을 받아들이게 되면 – 바로 그 순간 과거의 숱한 곁가지 길들과 탈선행위들이 인생이라는 완벽한 그림에서 차지한 필연적인 역할이 보이게 된다는 말이다.

이와 같은 이야기를 《신과 나눈 이야기》(2012, 아름드리미디어)의 저자 닐 도널드 월시도 회상한 바 있다. 그는 여직 별 의미 없는 경험인 것으로 간주했던 여러 사건들이 실은 인생 전체라는 큰 과정에 있어서 꼭 필요한 경험들이었음을, 우주에 우연이란 없음을 깨달았다는 고백을 들려준다. 나는 이런 식으로 보는 인생 전체를 '신이 만든 커리큘럼Divine Curriculum'으로 받아들인다. 그런데, 이 신성한 커리큘럼은 오직 이 순간, 현재의 결단에 의해서만 그 참모습이 드러난다고 본다(시간은 존재하지 않고 모든 것이 지금 이 순간 일어나고 있다는 우주관 안에서는, 현재의 결단이 모든 것을 결정짓고 현재의 매 순간이 과거와 미래 전부를 끊임없이 바꾸어버리는 것이 당연하다). 내가 내게 주어진 인생 전체를 신성한 커리큘럼으로 인정하는 결단을 내리는 바로 그 순간, 베일에 싸였던 과거의 숱한 곁가지 길들의 비밀스럽고도 깊은 의미가 드러나기 시작한다는 말이다. 내가 그 결단을 내리지 않는 한, 그 베일은 결코 벗겨지지 않을 것이다.

나는 그 결단을 내렸다. 그리고 신비의 베일이 걷히고, 내 과거의 숱한 사건들이 가진 깊은 비밀들이 내 앞에 그 본모습을 드러냈다. 이런 시각을 토인비나 함석헌류의 목적사관目的史觀; teleological view of history 사고방식과 동일시할 수도 있을 것이라 추측하는데, 단 나는 목적사관에 대한 사회과학의 폄하가 완전히 타당하다고 보지는 않는다.

지금의 나와 연결되지 않는 것 같은 곁가지 길들이 이제는 꼭 있었어야 하는, 지극히 필요했던 경험들로 인식이 된 것이다. 매우 단순한 예들을 들자면, 유년기의 탈선이 그러했다. 나와 죽마고우 악동들은 문방구에서 도둑질도 했다(주범은 나였고 친구들은 바람잡이였다). 그런 탈선은 분명히 필요했다. 왜냐하면, 그 이후 사춘기와 청년기를 거치며 나는 '정직'이 가지는 깊은 의미에 관해 그야말로 '머리 터지게' 번민할 수 있었기 때문이다. 지금 내가 지니고 있는 정직함이 튼튼하다면, 그 튼튼한 것만큼은 유년기의 탈선이 기여한 것이다. 청년기의 탈선 또한 그러했다. 그때의 나약함과 염세와 자학의 과정 없이 그 이후의 내가 낙관주의를 보유하게 될 수는 없었을 것이다. 모든 것이 이러하다. 지식 차원의 공부 또한 마찬가지다. 난 내가 과거에 배우고 익혔으나 여태 쓸모없는 채 남아 있는 낭비된 듯이 보이는 공부들이 죄다 내 인생 전체에서 완벽하게 쓸모 있게 될 것으로 그냥 결정해버렸다. 세상에 그렇게 엿장수 맘대로 하는 법이 어디 있냐고? 그 모든 '쓸데없는' 공부들이 과연 나의 믿을 수 없을 만큼 신비로운 인생 전체에서 앞으로 어떤 역할을 해줄 것인지를 이 작고도 작은 자아가 무슨 수로 짐작이나 할 수가 있겠는가? 그 모든 '쓸데없는' 것들이 다 이롭게 작용할 것으로 결정해버리는 것이 신의 뜻에 순종하는 길이다. 곁가지 길들과 탈선을 낭비로 결론지어버림이 오히려 신 앞의 오만이고, 축복의 부정이며, 진화의 포기다.

인생에는 조금의 낭비도 없는 것 같다. 그것을 깨달으면, 너무도 평범

해 보이고 하찮은 것만 같은 – 아니 그런 생각조차도 들지 않을 정
도로 무덤덤할 뿐인 – 지금 이 순간을 대하는 나 자신이 변화한다.
그래서 지금 이 순간의 시공간 속 틈바구니 어디엔가 숨어 있을 신비
를 찾아 나서게 된다.

인생은 깊고도 신비롭다. 인생의 그 무수한 껍질로 이루어진 층들과,
망사와 같이 얽히고설킨 갈래들과, 그 위에 무작위로 흩뿌려져 있는
듯한 숱한 사건들이 신성한 커리큘럼으로서 천체와도 같은 위용으로
내 앞에 성큼 다가설 때, 나는 무한하면서도 자애로운 신께 그저 고개
숙이고 감사드릴 뿐이다.

존재론적 욕망에 불을 지피자

미국의 현대 교육학은 행동주의의 강한 영향 아래서 발전했기에, 학습
자가 교육을 통해 고양된 행동의 지표들 또는 지적 역량들을 발휘하도
록 발달시키는 것을 목표로 삼는다. 그 역량들이란 비판적 사고력, 비
교분석력, 문제해결 능력, 종합적 사고력, 창의적 사고력 등을 일컫는
다. 그러나 전근대의 전통적 교육사상은 학습자의 행동이 아니라 사람
됨을 우선시했다. 학습자는 지적 능력과는 상관없이 이타심을 갖고 공
동체를 위해야 하며, 지혜 앞의 겸손함을 아는 자여야 했다. 즉, 그가
어떤 존재인가가 교육의 요체였다는 말이다. 이에 비해 현대의 교육학
은 존재의 가치인 덕성도 일종의 역량이나 능력 또는 기능 정도로 보
는 경향이 강하여 결국 지적 능력이 한 인간의 가치를 대표하게 된다.
이것이 우리의 학교가 사람의 됨됨이보다는 성적을 배타적으로 우대

하는 현실이나, 월스트리트의 아이비리그 출신 엘리트들이 리먼 브라더스 사태를 일으킨 것과 무관하지 않다고 생각한다.

루돌프 슈타이너도 학습자와 선생의 사람됨, 존재론적 수준을 강조했다.

> 사랑하는 여러분, 사람이 교육자로서 표면적으로 하는 말이 그리 중요하지 않다는 것을 알게 되면 여러분은 도저히 믿어지지 않을 것입니다. 보다 본질적으로 중요한 것은 교육자로서의 자신이 어떠한 존재인가라는 것입니다.[68]

나는 슈타이너와 같은 의견을 내놓는 진지한 교육자들을 많이 봤다. 현장에서 어려운 처지의 청소년을 지도하는 한 존경스러운 선생은 교육방법론 같은 것의 가치를 회의하며, 결국 '선생 일을 누가 하느냐가 핵심인 것 같다'고 말한 적이 있다. 성공적으로 자식을 키운 한 존경스러운 아버지는 자식 교육의 성공 비결을 묻는 질문에 대해, "자식을 잘 키우기 위한 첫째 조건은 무엇보다도 부모가 올바른 사람이어야 한다는 것이다."라고 답했다. 흥덕고등학교의 한 선생은, 교사 스스로가 바뀌지 않는 한 학생들이 변화하기는 힘들다고 한 다큐멘터리에서 토로한 적이 있다.

'방법'이 중요하지 않다는 말은 아니다. 방법에 앞서 존재의 전환이 있어야 한다는 말이다. 내가 어떤 선생인가에 따라 내가 사용하는 방법

---

68) 《교육은 치료다》(루돌프 슈타이너, 물병자리, 2001) 51쪽

이 진가를 발휘할 수도 있고, 헛된 장식품에 그칠 수도 있다. 따라서 학생을 가르치고 지도하는 세세한 방법들을 배우고 익히기 이전에, 내가 어떤 의식과 마음가짐을 가진 선생인가를 되묻는 것이 선결과제다.

1972년, 점점 그 기능이 쇠퇴해가는 근대적 공교육제도의 개혁을 지향하며 유네스코 포럼에서 에드거 포르가 'Learning to Be'의 개념을 제시했다. 어렵게 번역하자면 '존재론적 목적의 배움', 쉽게 풀자면 '생긴 그대로의 나로서 살기 위한 배움'이라고 할 수 있겠다. 이 교육적 목적은 코메니우스의 전통선상에서 전혀 벗어나지 않은 서양 교육사상의 본령에 속하지만, 서양 역시 그 본령을 현실 속에서 많이 상실했던 것이다. 'Learning to Be'는 'Learning to Have', 즉 소유론적 목적과 대비된다. 현대의 교육은 학습자로 하여금 많은 것들을 소유하기 위해 배우도록 종용해왔다. Learning to have knowledge, job, money 등등. 그러나 유네스코는 소유론적 배움을 극복하고 존재론적 배움을 다시금 강조한 것이다. Learning to Be the True Self. 즉, 진정한 자기 자신이 되기 위한 배움을.

'Learning to Be'라는 학습자의 목적을 선생에게 적용시키면 'Teaching to Be'가 되겠다.[69] 그러니까 선생인 나는 직업적 안정과 돈과 명예 등을 소유하기 위해 교육하는 것이 아니라, 진정한 나 자신으로 존재하기 위해 교육한다는 말이 된다.

정말 그런가? 내가 선생으로서 지금 하고 있는 일들은 나로 하여금

---

69) 엄밀하게 말하자면 선생도 배움의 동반자이므로 'Learning and Teaching to Be'로 써야 하겠지만 'teaching'에는 넓은 의미에서 배움과 가르침 양자가 포함됐을 것으로 간주하고 논하겠다.

참된 나만의 꽃을 피우도록 만들어줄 것인가? 나로 하여금 자기실현에 다가가도록 만들어줄 것인가? 이 물음에 대한 답이 '그렇다'라면 영혼의 성숙을 돕는 선생이라고 자임해도 좋을 것이다.

참된 자기로서 존재하기 위하여, 자기만의 아름답고 개성 있는 꽃을 이 삶에서 피워보기 위하여 선생인 나는 존재론적 욕망에 불을 지펴야 한다. 소유론적 욕망의 불꽃은 결국 소진되고 말기에, 아무리 그 불꽃을 피워봐야 허망하다. 그러나 존재론적 욕망은 '진짜 나'로부터 나온 것이기 때문에 헛되지 않고 지속적으로 내 존재 전체에 힘을 주며, 동시에 세상에도 득을 주기에 허망하지 않다. 죽을 때까지 후회 없는 삶을 살기 위해, 즉 늙어서 부끄럽지 않은 선생으로 살기 위해서는 존재론적 욕망을 드러내고 키워야 한다.

융의 조언을 덧붙이겠다. 이삼십 대에는 소유론적 욕망의 충족만으로도 정신없이 즐겁게 살아갈 수 있다. 그것의 허망함을 사람은 삼십 대 중·후반부터 느끼게 된다. 이를 흔히들 '중년의 위기'라고 부른다. 이것은 사회문화적 현상이라기보다는, 인간이라는 생물학적이면서도 영적인 존재의 자연스러운 성장과정이다. 이때부터는 사회적으로 치장해온 자신의 외면(페르소나)만으로 만족하지 못하고, 자신의 깊숙한 내면과 대면해야 한다. 페르소나란 결국 타인들의 인정인데, 연령이 성숙함에 따라 모든 이의 인정을 받는 것은 불가능함을 깨닫게 된다. 인정받지 못할 경우 페르소나는 심각하게 손상되고, 이는 자신을 오직 페르소나와만 동일시해온 사람에게는 자기의 전부가 손상되고 무너져버리는 것과 다르지 않다. 연예인들이 이런 붕괴를 겪기 쉽다. 마찬가지로 다소 무대예술가적 측면이 있는 선생들도 이런 붕괴로부터 안전하지 않다.

그러나 페르소나의 이면인 내면의 참된 자기는 발견되고 연결되어 밖으로 드러날 때 한 사람의 전인적 성숙을 돕게 되고, 결국 자기실현의 길을 열어준다. 반대로, 페르소나에만 집착하여 참된 자기를 모를 때, 참된 자기를 소외시키거나 무시할 때, 나라는 존재의 본래 욕망을 이해하지 못할 때, 그 사람의 인격 전체에 균열이 발생한다. 우선 자신과 사이가 나빠지고, 그래서 타인들과도 사이가 나빠지며, 세상과 조화롭고 아름답게 관계를 맺는 방법을 익히지 못한다. 그래서 자신과 타인들에 대해 불평불만에 빠지게 되고, 결국 불행해지고 파멸한다. 자기실현을 안 한다고 해서 그냥 평범하고 편하게 사는 게 아니다. 세상에 '그냥 평범하고 편한 삶'이란 없다. 제대로 살고 싶으면 진정한 자기를 알아야 하고, 그 자기를 살려내야 한다. 치열한 노력을 경주함으로써. 그러니 존재론적 욕망에 불을 지펴라.

치열한 철학으로 자신을 치유한, 삶의 승리자 니체의 경구이다.

사물의 이치를 깨닫는 것, 그것은 사자와 같은 욕망을 가진 이에게는 기쁨이다! 그러나 삶에 지쳐 있는 자는 다만 욕망의 대상이 될 뿐이다. 온갖 파도가 이러한 자를 노리개처럼 가지고 논다.[70]

자기 삶의, 욕망의 노리개가 아니라 주인이 돼야 하지 않겠는가.

---

70)《Thus Spoke Zarathustra : A Book for Everyone and No One》(Friedrich Nietzsche, Penguin Classics, 1974)

행복을 향한 걸음

학생, 세상, 선생 자신의 행복

누구든지 위대해질 힘을 가지고 있다.
유명해질 힘이 아니라 위대해질 힘을…….
왜냐하면 위대함은 봉사에 의하여 결정되기 때문이다.
_ 마틴 루터 킹 주니어

개인이 정신적으로 참되게 재생하는 것이 아니면 사회는 재생할 수 없다.
왜냐하면 사회란 구원을 필요로 하는 개인의 총체이기 때문이다.
_ 칼 구스타프 융

한 번에 한 명씩

제2장 말미에서 목적론적 자기인식을 다루며, '세상의 점진적이고도 진정한 변화의 주역'으로서 선생이 되는 것을 하나의 이상으로 제언했다. 다소 거창하게 들릴 수도 있기에 보다 구체적으로 다음과 같이 바꿔 말해보겠다.

- 지금 이 순간 내 앞에 있는 학생들에게 나의 최상을 바침으로써 그들 한 명, 한 명이 세상의 빛이 될 수 있도록 돕는 선생

또는 다음과 같이 표현해도 무방하겠다.

– 내 앞의 학생 한 명, 한 명이 자기실현을 꿈꾸고 추진할 수 있도록
  돕는 일을 자신의 자기실현이라 믿는 선생

이 표현들은 철학자 듀이와 심리학자 융의 인간성장과 사회개선
에 대한 관점들을 포괄하고 있다. 듀이는 교육이 아이들로 하여금 최
고의 자신을 드러내도록 키워줌으로써 진정한 민주적 공동체의 수립
에 점진적으로 다가갈 수 있다고 봤다. 융은 개인의 가장 심원한 참
자아 또는 '자기'를 인식함으로써 최고의 자신을 실현하여 세상에 기
여하는 성인成人이 될 수 있다고 봤다. 그리고 바로 선생이 이런 이상
주의적 일을 맡는 사람, 즉 소명의식이 있는 사람이어야 한다고 나는
주장했다.

그런데 혹시 이 이상이 허망한 공상은 아닐까? 과연 좋은 선생이 좋
은 교육을 실천하면 이 세상이 좀 더 나아질까? 전술했듯이 많은 사회
과학자들은 교육의 사회개선 기능을 높게 보지 않는다. 사회과학적 교
육을 받은 나도 이 점이 오랫동안 고민거리였다. 내가 교육자로서 아
무리 열심히 해도 세상이 나아질 게 하나도 없다면, 지금 나는 그야말
로 '삽질'을 하고 있는 것 아니겠는가? 난 소중한 내 인생이 삽질하다
가는 꼴로 전락하는 것을 용납할 수 없었다. 그래서 내 일, 선생질의 가
능성과 희망을 찾아 나섰다.

그러나 교육과 학교는 그 사회의 거울이므로 그 사회의 역량을 넘

어설 수 없다는 사회과학적 인식은 경험적이나 이론적으로 매우 타당해보였다. 우리 사회가 경쟁주의적이니 학교도 경쟁주의적으로 점수만 중시하고, 우리 사회가 물질적 성공만 칭송하니 학교도 그런 성공과 관련된 시험, 진학, 과목, 태도 등만 우대하는 것이며, 우리 사회가 정의롭지 못하니 학교도 불의에 눈감고 작은 이익만 탐하는 인간상을 끌어안고 있는 것 아닌가. 그럼에도 불구하고 많은 사람들은 우리 사회의 심각한 문제들을 우리의 교육이 해결하고 개선해주기를 여전히 바라며, 또 그럴 것이라고 믿는다. 대체 무슨 근거로 교육이 그럴 수 있다고 믿는 것일까?

교육에 대한 사람들의 믿음을 융이 말하는 '집단 무의식'이라는 개념으로까지 보는 것은 지나친 확대해석일지 모르겠다. 그러나 인류는 선사시대 이래로 교육을 통해, 즉 현명한 원로인 선대의 선생이 후대의 아이들에게 공동선과 부합하는 태도, 가치관, 풍속 등을 가르쳐주는 활동을 통해, 사회의 파괴적인 문제들을 해결할 수 있다는 믿음을 견지해오지 않았는가? 어쩌면 이런 믿음의 근거가 될 일들이 실제로 일어났던 게 아닐까? 즉, 선생이 후대의 아이들을 잘 지도한 결과, 아이들의 태도가 선대보다 더 선하고 도덕적이 됐다든가 하는 일들이 일어났던 게 아닐까? 그 때문에 전근대인에 비해 야수적인 현대의 자본주의 체제 속에서도 오히려 현대인들이 인권과 생명, 복지 등을 표면적으로 그리고 제도적으로 중시하는 것은 아닐까?

나는 교육이 기존 사회의 수준을 뛰어넘는 일들이 고대에서부터 현재에 이르기까지 간단없이 발생해왔다고 믿는다. 과문한 탓에 이런 관점을 기반으로 한 설득력 있는 교육사적 서술을 아직 접해보지 못했고, 그와 같은 새로운 교육의 역사를 정치精緻하게 쓸 수 있을 만큼 사학자적인 내 역량이 깊지 않기에 단언할 수는 없다. 그래도 다음과 같은 최근의 예 한 가지만 짚어보겠다.

오늘의 한국 사회는 국제비교의 관점에서 볼 때 양성평등 지수가 낮다. 쉽게 말해 성차별이 심한 사회다. 그 근거로는 여성의 사회진출 비율, 관리직의 여성 비율, 남녀 임금 격차, 남아선호사상에 따른 여아 낙태 및 성비 불균형 등 많은 예들을 제시할 수 있다. 그런데 한국의 학교는 국제비교의 관점에서 볼 때에도 양성평등 지수가 꽤 높다. 유, 초·중·고등 교육기관 안에서 성차별적 요소가 공식적, 제도적으로는 거의 사라졌다.[71] 이 현상은 기이하다. 성차별적 사회 안의 학교가 왜 성차별적이지 않은가? 성차별의 극복과 양성평등의 달성을 우리가 추구해야 할 긍정적 가치라고 볼 때, 우리의 학교는 그 가치의 달성에 있어서 우리 사회를 능가하고 있다고 볼 수 있다. 어떻게 우리 사회가 만든 학교가 그 사회를 뛰어넘을 수가 있을까?

나는 우리의 학교 내의 양성평등 지수가 상대적으로 높은 이유는 무엇보다도 외세 덕분(?)이라고 본다. 외세는 서구 또는 현대화라 하겠다. 우리나라는 해방 이후 꽤 양성평등적인 헌법을 수립하고, 그 기초 위에 공공기관과 공교육 제도 등을 하나둘씩 정비해왔다. 이 과정에서

---

71) 물론 학교 구석구석에 미묘하게 잔존해 있는 성차별적 요소들을 거론할 수 있겠다. 교과서의 고정된 성 역할, 남성성과 여성성에 대한 고정관념, 학교 관리직의 저조한 여성 비율 등. 그러나 이도 매우 성차별적인 학교 밖 사회와 비교해보면 미미한 정도라 말할 수 있다.

미국이 대표하는 외세가 큰 영향력을 행사했고, 그 같은 서구적·현대적 영향력을 우리 사회의 엘리트 집단도 대체로 호의적으로 받아들였다. 그래서 우리 학교들은, 사회 전반에는 가부장적 문화와 남성우월의식이 팽배해 있었음에도 불구하고 이른바 '국제사회'의 기준에 따라 여성을 남성과 동등한 존재로 대우하게 됐고, 유네스코나 YWCA 등의 해외 세력과 국제협력을 발전시켜가며 이런 분위기는 점점 공고하게 자리 잡게 됐다. 결국 20세기 말이 돼서는 '날뛰는' 남학생들보다 '얌전한' 여학생들이 높은 학업 성취도를 보이게 되면서 학교 내의 성 역차별 논의까지 나오기에 이르렀다.

그렇다면 교육이 사회를 능가할 수 있는 가능성은 우리의 외부에 있다고 해야 하는 것일까? 그러면 우리는 늘 바깥세상만 바라보고 있어야 하는 걸까? 우리는 그렇게도 못나기만 한 걸까? 나는 스스로를 내심 애국자라고 여기긴 해도 민족주의자라고 여기지는 않지만, 양성평등적 교육에 대한 나의 저 해석이 영 마뜩지 않다.

그러나 다행히도 루소, 듀이와 같은 서양의 거장들뿐 아니라 주자나 퇴계와 같은 동양의 스승들 덕분에도, 나는 교육의 사회개선 가능성을 바깥 아닌 다른 곳에서도 발견할 수 있게 됐다. 밖이 아니면 어디겠는가? 바로 우리 안이다. 한국인 하나하나의 내면이다.

루소가 자연으로 돌아가라고 했을 때, 그 자연이 담겨 있는 곳이 바로 우리 인간 한 사람, 한 사람이란 말이다. 왜냐하면 인간인 우리는 분명히 우리가 속한 사회와 문화의 산물이지만, 동시에 더 근본적으로 우리는 지구라는 자연의 산물이기도 하다. 사회와 자연 중의 어느 것이 더 근원적일지, 그 답은 자명하지 않은가? 따라서 우리는 사회와 문화의 영향하에 형성된 존재이기는 하지만, 그 이전에 자연과 우주, 환경의 영향하에 태어난 존재인 것이다. 그런데 그 자연이란 어떤 것인가? 루소는 자연 안에 신의 사랑이 깃들어 있음을 봤고, 듀이는 - 그런 어휘를 쓰지는 않았지만 - 인간의 자연스러운 생물학적 성장 가능성이 온 세상과의 선한 공생을 지향함을 꿰뚫었다. 동양의 성리학자들은 인간 안에 우주만물의 근본인 '리'가 담겨 있음을 깨달았다. 그러니 자연이 담겨 있는 우리들 모두는 그 근원에서 볼 때 그가 속해 있는 사회보다 훨씬 큰, 문명보다 훨씬 원초적인 우주와 맞닿아 있는 존재라고 볼 수 있다. 우리가 사회보다 크기 때문에, 아니 우리 안에 사회보다 클 가능성이 엄존하기 때문에 우리는 사회의 제약을 뛰어넘을 수가 있다. 우리의 내면에 자연이 심어놓은 빛을 제대로 밝히기만 한다면, 그 빛이 사회를 압도할 수가 있다.

그래서 나는 교육이 사회의 반영에 그치지 않고, 사회를 뛰어넘을 수 있다고 생각한다. 논리적으로만 그렇다는 것이 아니라 실제로 소크라테스와 붓다, 공자와 예수 등, 자신이 속했던 사회의 한계를 뛰어넘는 가르침을 사회에 퍼뜨린 선생들의 예를 봐도 그렇다. 물론 그런 성인들의 가르침이 선형으로linear 세상에 실현되기보다는 숱한 굴곡을 통해 비선형적으로nonlinear 세상에 서서히 뿌리내리게 됐다고 보지만 말이다.

나는 교육의 사회개선 가능성에 대한 사람들의 믿음이 근거 없는 낙관이나 허망한 낭만주의가 아니라, 보다 근원적인 인간과 사회와 우주에 대한 인식을 반영하고 있다고 생각한다. 그렇다면 교육을 통해 아이들의 내면의 빛, 자연과 우주를 담은 원대한 빛을 밝히는 일은 누가 할 것인가? 그 일에 가장 근접한 이들, 가장 자격을 갖추고 있는 이는 바로 선생일 것이다.

물론, 선생들이 과연 어떻게, 어느 세월에 그렇게 할 수 있냐는 반론이 충분히 있을 수 있다. 그래서 나는 동양적 '교육백년지대계'의 지혜를 고스란히 품은 듀이의 점진적 개량주의ameliorism를 내밀겠다. 듀이가 '느린 변화'를 지지한 것과 같은 맥락에서 나도 급진적 혁명을 불신한다. 근대화 기간의 혁명은 전 세계에서 너무도 많은 생명을 앗아갔다. 러시아에서, 중국에서, 한국에서……. 그리고 그 혁명이 과연 만민을 위한 것인지도 의심스럽다.

그러나 나는 세상이 변하기를 바란다. 혁명과 같은 급진적 변화가 아니라면, 오랜 세월이 걸리는 느린 변화로 갈 수밖에 없지 않을까? 다만 그 변화는 마르크시즘과 같이 사회경제적 기반을 바꾸고 사회 계급의 관계를 역전시키는 하드웨어적 변화가 아니라, 사람들 개개인의 마음을 바꾸는 소프트웨어적 변화가 될 것이다. 이런 점에서 문화와 의식에 대한 네오마르크시즘의 천착은 합당하다고 본다.

사람들이 소비지상주의나 물질만능주의와 같은 소유론적 욕망에 빠져 침울한 삶을 연명하는 것이 아니라, 진정한 자신의 재능과 성향을 계발하여 자기실현을 해보려는 존재론적 욕망을 꽃피우는 사회가 될 때, 비로소 현명한 민주주의가 가능해지고 우리 문명이 보다 이타적이고 공존을 지향하는 쪽으로 변화해갈 것이다. 사람의 의식이 변해야 비로소 온전히 쓰임을 받을 수 있을 것이고, 정치경제도 새로운 지향점으로 그 궤도를 바꿀 수 있을 것이다.

지나친 공상일까? 어쩌면 그럴지도 모른다. 나는 그런 세상의 도래에 대한 신탁이나 계시 같은 걸 가지고 있지는 않다. 그러나 우리와 세상의 개선에 대한 희망을 버리는 편보다 희망을 품는 편이 훨씬 이성적이지 않은가? 희망을 버려서 침울해지고 의기소침해지면 만사에 무능해질 수 있는 반면, 희망을 품어서 쾌활해지고 발랄해지면 매사를 신 나게 잘 수행할 수 있으니 말이다.

세상의 점진적 개선이라는 어마어마한 일을 맡는다는 것이 너무 막연하고 부담스러울 수 있다. 그러나 실제로 그 일을 맡는다는 것은, 지금 여기에서 내 앞에 앉아 있는 이 학생들에게 내 최선을 다하는 것, 그 이상도 이하도 아니다. 내가 내 앞의 학생들의 마음에 선한 꽃을 피울 씨를 뿌린다는 마음가짐으로 그들을 귀하게 여기고, 그들에게 내가 가진 모든 재능을 쏟아붓는 것을 이를 따름이다.

이런 일을 하는 선생은 어찌 보면 세상에서 가장 중요한 직업vocation이다. 왜냐하면, 선생이 이 세상을 구하는 시발점이 될 수 있기 때문이다. 오만방자하게 들릴 수 있겠지만, 사실 나는 나도 그 시발점 중의 하나라고 믿고 산다. 세상이 뭐라 하든 나라도 잘하자는 생각으로 내 일에 임한다. 내가 학생들을 상대하는 하루하루의 일이 소중한 그들 마음속에 자기실현을 향하는 싹이 돋아나도록 부추기고 도와주는 성스러운 일이라고 믿는다. '비정규직'이라든가 급여가 얼마나 형편없다든가 하는 것들은 껍데기에 불과한 부차적인 문제일 뿐, 나는 '성직'

인 나의 일에 대해 커다란 자부심을 갖고 있다. 나는 세상의 인정보다는 내 안에 있는 본래의 나, 참된 나, 영혼과 연결돼 있는 신의 인정을 구하기 때문이다. 중요한 점은, 오만하게 '영혼'을 추구하는 내가 세상의 푸대접과 남루한 껍데기에도 불구하고 이 세상 속에서 행복하게 살고 있다는 사실이다.

달까지 가는 엘리베이터

대학에서 내가 만나는 오늘날의 젊은이들은 취업난과 불경기에 '쩔은' 나머지, 매우 '현실주의적인' 세계관을 갖고 있다. 고생하는 그들이 안쓰럽다. 하지만 그보다 더 안쓰러운 것은, 그들의 고착된 현실관과 거기서 파생하는 '꿈의 부재'가 그들의 미래마저 쪼그라들게 만들고 있다는 점이다. 나는 역사를 공부하며 인간사와 현실이 결코 고착되고 고정된 것이 아니라 늘 변화한다는 사실을 배웠다. 나의 배움을 나누기 위한 방법으로 나는 구글 사社의 '달까지 가는 엘리베이터 만들기' 프로젝트의 예를 학생들에게 들려주곤 한다.

캘리포니아의 구글 본사인 구글플렉스 본관에 들어서면 중앙 로비에 거대한 화이트보드가 하나 있다고 한다. 그 보드는 직원들의 자유로운 낙서장인데, 한때 그 낙서장에 '달까지 가는 엘리베이터'를 만들자는 제안이 나왔다고 한다. 터무니없는 망상이다. 도대체 무엇 때문에 그런 걸 만들어야 하며, 과연 어떻게 그런 걸 만들 방도가 있겠는가 말이다. 그러나 노화된 내 두뇌의 이런 꽉 막힌 회로와는 달리, 구글 사의 직원들은 열정적으로 이 제안에 화답하여, 그 보드는 금세 온 갖 기발한 아이디어로 가득 차게 됐다. 예컨대, 우주 엘리베이터의 설계도면을 그린 이도 있고, 엘리베이터가 달에 이르기까지의 거리와 곡선 등을 계산한 복잡한 수식을 만들어낸 이도 있고, 엘리베이터의 재질에 대해 논한 이도 있고, 엘리베이터가 허리케인과 같은 지상의 기후변동에 어떻게 대처해야 할지 분석한 이도 있다. 그야말로 수십 가지의 참신한 아이디어들이 보드를 가득 채운 것이다.

경영분석가들은 바로 이러한 낙서가 구글의 힘을 보여준다고 평가한다. 현실을 얼마든지 변화시킬 수 있다고 보고, 틀에 박힌 사고가 아니라 아직 가보지 않은 길에 대해 상상할 줄 아는 확장된 사고, 그 상상을 현실화하기 위해 터무니없어 보이는 것에도 과감히 도전하는 창의적이고 모험적인 태도. 이것이 구글이 불과 십여 년 만에 세계에서 가장 자산가치가 높은 기업 중 하나로 등극하게 만든 원동력이라는 것이다. 실로 구글의 신제품들은 기존의 발상을 뛰어넘은 것들 아닌가? 나는 한국의 젊은이들도 두뇌와 마음을 가로막고 있는 현실의 울타리를 제쳐버릴 수만 있다면, 그래서 존재 깊숙한 곳에 담겨 있는 상상력의 나래를 활짝 펴 잠들어 있는 창의력에 불을 붙일 수만 있다면, 미국 실리콘밸리의 인재들 못지않게 혁신적인 아이디어로 성공할 수 있다고 믿는다. 물론 그렇게 되려면 기성사회의 제도적·물적 지원과 고용시장 여건의 개선이 필요하지만, 그밖에도 젊은이들의 자기인식 그리고 세상과 현실에 대한 새로운 관점이 필요하다.

현실의 변화 가능성에 대해 영국 케임브리지 대학 경제학과 장하준 교수는 다음과 같이 말했다.

> 200년 전에 노예해방을 외치면 미친 사람 취급을 받았습니다. 100년 전에 여자에게 투표권을 달라고 하면 감옥에 집어넣었습니다. 50년 전에 식민지에서 독립운동을 하면 테러리스트로 수배 당했습니다. 단기적으로 보면 불가능해 보여도 장기적으로 보면 사회는 계속 발전합니다. 그러니 지금 당장 이루어지지 않을 것처럼 보여도 대안이 무엇인가 찾고 이야기해야 합니다.

세상은 확실히 변했다. 아무리 현대화, 산업화와 '독점 자본주의 체제'를 비난해도, 지금 이 시대가 역사상 인구 대비 굶어죽는 사람의 수가 가장 적고 인명을 존중하며 인권을 보호하는 시대라는 객관적인 사실을 부인할 수는 없다. 그만큼 세상은 나아지고 변화하고 있다는 말이다. 어찌 우리의 교육 현실이라고 앞으로도 언제까지나 이 모양, 이 꼴로 남아 있을 거라 할 수 있는가? 세상은 변할 것이고, 우리의 교육을 둘러싼 역학도 변할 것이며, 따라서 그 변화의 물꼬를 어느 방향으로 트는가에 힘을 집중해야 한다. 그 주역이 바로 선생이어야 하지 않을까?

전술한 바 있는 교육학자 켄 로빈슨은 21세기로 넘어오는 시점에, 발달된 산업사회에서 새로운 인재들에게 요청되는 가장 중요한 역량을 광범위하게 조사해 세 가지로 압축했다. 의사소통력, 협동력, 창의력이 그것이다. 문제는, 현실적으로 직업현장에서 이런 역량이 가장 필요함에도 불구하고, 젊은 인재들이 그런 역량을 제대로 갖추지 못하고 있다는 점이다. 즉, 현대의 학교가 제 기능을 못하고 있다는 비판인데, 이는 그대로 학교들에도 적용된다. 우리의 젊은이들은 과연 이 역량들을 제대로 습득하고 있는가? 입시훈련 위주의 교육 현실하에서 그러지 못하고 있음이 자명한데, 그렇다면 우리의 젊은이들이 앞으로 '지식기반 경제'에서 제대로 기능하고 성공하는 인재가 되기 위하여 이런 역량들을 어떻게 키워야 할 것인가?

현실은 변화해왔다. 그리고 지금도 변화하고 있다. 이십 년 전부터 되풀이돼온 이야기이지만, 더 이상 소품종 대량생산 경제체제에 맞는 일꾼들만으로는 사회가 발전할 수 없고, 이제는 다품종 소량생산 스타일에 맞는 주체적이고도 창의적인 인재를 양성해야만 한다. 또한 생태계 파괴와 부의 불균등과 같은 심각한 세상의 문제들에 대한 해결책을 만들기 위해서도, 우리는 보다 소통을 잘하고 함께 일할 줄 알며 창의적인 발상을 내놓을 수 있는 인재를 양성해야만 한다. 결국 우리와 후손의 생존은 우리가 키우는 인재들의 능력에 달려 있는 것이다. 선생인 나는 그런 인재들을 키울 수 있는가? 그에 앞서, 선생인 나 자신은 의사소통력, 협동력, 창의력을 갖추고 있는가? 선생이 이런 역량을 갖추지 못하고, 따라서 이런 역량을 이해하지도 못하면서, 어떻게 이런 역량을 갖춘 인재를 키울 수가 있겠는가? 변화하고 있는 현실에서 살아남아 발전하고 행복한 삶을 영위하기 위해서는 선생들도 필히 자신의 역할과 역량을 재고해야 할 시점이다. 그러기 위해서는 세상과 현실이 변화해왔고 앞으로도 변화할 것임을 알고 수용해야 한다. 선생인 나는 그 변화의 방향이 공동선을 향하도록 만드는 일에 도움을 주는 존재인가, 아니면 그 일을 가로막는 걸림돌인가?

SKY를 품다

누구나 마찬가지지만, 선생도 몸과 마음이 모두 튼튼해야 한다. 둘이 따로 노는 것이 아닐 테니까 말이다. 단, 이 책에서는 몸의 건강은 선생 각자가 알아서 돌볼 것이라 보고, 마음의 건강만을 짚어봤다. 어쨌든 심신이 다 건강해야 이상과 현실 사이의 변증법적 화합이라는 어려운 과업을 포기하지 않고 밀고 나갈 수 있다.

이 책에서는 선생이란 일을 맡고 있는 사람의 마음의 건강을 기하기 위한 첫 번째이자 최종의 과제인 자기인식, 바로 '나는 누구인가?'라는 질문을 던지고, 그 질문을 이해하고, 답을 찾는 방식에 관해서 이야기했다. 나를 단순히 육체와 현재의 의식만으로 규정하는 것이 아니라 성장과 성숙의 세월 속에 형성된 사회적·심리적 자아를 살펴보고, 나아가 미래에 이루고자 하는 자기상의 근원을 존재 심층의 참된 자기 또는 영성과 연계해 성찰하는 일에 관해서도 알아봤다.

그러나 자기인식은 말 그대로 자기 스스로 아는 것이다. 그러니 이 책에서 제시된 자기성찰의 케이스들은 그저 참고할 만한 '케이스'일 따름이다. 자기인식은 스스로 구해야만 한다. 그래서 마지막으로, 나는 선생들이 '나는 누구인가?'라는 질문을 망각하지 않고 자꾸만 재가동시킬 수 있기를 바라는 마음에서 '나를 부추기는 방식들'에 대해 좀 더 털어놓겠다.

　나름대로 열심히 살며 지천명에 이른 지금, 나에겐 '나는 안다'고 세
상에 밝힐 수 있을 귀한 앎이 몇 가지 있다. 일례로, 자연스러운 상태
의 아이들에게 자연의, 하늘의, 우주의 아름다움이 깃들어 있음을 나
는 안다. 나는 요즘에 그 같은 아름다움을 볼 줄 아는 성인을 별로 만
나본 적이 없다. 어른들은 눈 뜬 장님과 같다. 그러나 아이는 자연의 산
물이고, 자연의 아름다움과 거룩한 능력은 아이들 안에 자명하게 깃
들어 있다. 한국의 수많은 성인들은 아이를 연령과 관계없이 '수험생'
으로만 인식하기 때문에, 그 안에 폭넓게 깃든 아름다움과 능력을 감
지하는 기능을 상실한 듯하다. 나는 삶을 통해 아이 안의 아름다움과
힘을 실존적으로 알게 됐다. 나는 사람이 소위 SKY를 노리는 수험생
이 되기 위해서가 아니라, 실로 자신이 품고 있는 하늘天; sky을 깨닫기
위해 태어났음을 귀납적이나 연역적으로 또는 경험적이나 선험적으
로 안다. 그러나 과연 요즈음 같은 세상에 누가 이러한 앎에 귀를 기
울여줄까?

　나의 이런 하소연 같은 말이 응석이고 엄살임을 안다. 실은, 이런 앎
에 귀를 기울이는 이들이 이 세상에 생각보다 아주 많다는 것을 알게
됐기 때문이다. 그런 이들은 세파에 휩쓸려 세상의 가치를 좇아온 삶
의 공허함과 무의미함을 절감하여, 남은 삶 동안은 자기만의 가치를
창조해내고 자신의 삶에 귀한 의미를 부여하기로 결정한 이들이다. 그
런 이들 중 내가 직접 만나 대화하거나 메일 등을 통해 이야기를 나누
고 친해진 사람이 꽤 많은데, 나는 이들을 '길벗'이라 부른다('길벗'은

나의 스승과도 같은 오강남 교수의 용어이다). 길벗들은 나의 앎에 동감하는 이들이다. 내 안에 품은 '하늘' 또는 참된 자기가 현실로 드러나도록 노력하는 나의 구함과, 내 앞의 어린 학생들 안에 깃들어 있는 참된 본성을 보려는 나의 추구에 공감하는 이들이다. 또 소명의식을 품은 선생으로 늙고자 하는 나의 바람이 언뜻 보기에는 아무짝에도 쓸모없는 헛발질 같아도, 실은 이 세상을 위해 대단히 중요한 일임을 믿어주는 이들이다. 이 길벗들 각자도 다 자신만의 길에서 주어진 소명을 실현하기 위해 정진하고 있다.

이처럼 세상에서 우대받지 못하지만 실은 세상을 위해 대단히 중요한 일을 하고 있는 이들을 위하여 우리 사회의 큰 스승이었던 무위당 장일순 선생이 다음과 같은 이야기를 해준 적이 있다.

예수가 옛날에 한 말 중에 '버린 돌이 모퉁이의 주춧돌이 된다'는 얘기 있잖아요. 그건 뭐냐… 내가 여기 (한살림 공동체 회원들) 보니까 우리나라의 장관감이 없어. 여기 대통령감 있는가 봤더니 마음들이 아무리 대통령하려도 대통령 할 수 있는 사람들이 안 계셔. 그러니까 대통령이나 벼슬아치들이 보거나 요새 재벌들이 보면 우린 다 무지렁이들이고 형편없는 사람들이라. 그러니까 이 사회의 문화와 이 문명 속에서 우리는 다 팽개쳐버려진 돌들이라. 바로 그것이 중요한 거야. 너희는 그렇게 가라 이 말이야. 우리는 버려진 사람이다 이 말이야. 그렇게 자처하자 이 말이야. 그런데 이 속에서 이렇게 해가지고 커지면 출세할 수 있는 게 아닌가, 또 이렇게 해서 이렇게 되면 힘이 많아져 가지고 좀 뭐 뻐길 수 있지 않을까 그런 따위의 생각을 가지고 이 것을 하려면 애초에 빨리 저쪽으로 뛰어들어가는 게 나아. 이 동네에 있을 필요가 없다고.[72]

바로 나의 길벗들과 나 자신에게 해당되는 말씀이다. ‘대통령이나 벼슬아치들이나 요새 재벌들이 보면’ 도무지 쓸모없는 일이나 하고들 앉아 있으니까. 그러나 무위당 선생께서도 그런 버린 돌이 주춧돌이 된다 말씀하신 것을 보면, 이 쓸모없는 비현실적이고 몽상가 같은 이들이 실은 인간 세계를 떠받쳐주는 귀중한 존재들이라는 점을 믿고, 또 알고 계셨던 것이 틀림없다. 나는 내가 별 쓸모없다고 생각하지만, 그래도 그 쓸모없는 길이 나의 길임을 안다. 이것은 나의 신적인 부분일 게다. 하지만 나의 쓸모없는 길이 진실로는 가장 쓸모 있는 길이라는 것을 믿고, 그에 대한 은밀한 자긍심마저 지니고 있다. 이것은 나의 인간적인 부분이다.

깊은 산속의 샘물은 아무도 쓰는 이가 없이 그냥 흘러내려가 버리는 것 같지만, 하류로 흘러 흘러가면서 수많은 생명의 젖줄이 되어주는, 쓸모가 지극히 많은 생명수이다. 당장 눈앞에서 쓰이지 않고 있다 하여 쓸모없다고는 아무도 말할 수 없다. 이 샘물과도 같이 사람도 하늘로부터 타고난 자신의 본성을 잘 보듬어서 드러내며 살면 – ‘현실적인’ 유위有爲에 휩쓸리지 않고 참된 자기 모습 그대로, 즉 무위無爲로 있

---

72) 《나락 한알 속의 우주》(장일순, 녹색평론사, 1997) 26쪽

으면 ─ , 아무리 남들이 알아주지 않는다 하여도 반드시 진정으로 쓸모 있게 될 때가 있을 것이다.

한데 내가 진정으로 쓸모 있게 될 그날을 어떻게 기다릴까? 곧, 지금 여기에서 이 순간을 온전히 삶으로써 그리할 수 있다. 지금 이 순간은 영원으로 이어져 있으므로. 선생은 하루하루 자신에게 다가오는 학생들과 배움을 나누는 일에 자신을 고스란히 바침으로써 그리할 수 있다. 세상에 그렇지 않은 일이 무엇이 있을까? 시간과 공간에 대한 통제권을 갖고 있지 않은 우리는 지금 여기에서 이 순간을 꽉 채워 살 수밖에 없는 존재다.

삶에 대한 이런 태도를 극명하게 보여주는 이들로는 프로페셔널 운동선수들이 있다. 미국 NBA의 농구 스타들은 이런 말을 곧잘 한다.

나는 한 쿼터씩만 상대한다. 4쿼터를 다 상대할 수도, 시즌이나 플레이오프 전체를 다 상대할 수도 없다. 오직 지금 내게 주어진 이번 쿼터에 대해서만 최선을 다할 때, 그렇게 매 게임을 상대해나갈 때, 나는 나도 모르는 사이에 플레이오프 결승 게임에 와 있음을 발견하게 된다.

지금 주어진 이 순간에 내 전부를 바칠 때, 그 헌신이 지속될 때, 나도 모르는 사이에 저 높은 경지에 도달해 있는 나 자신을 발견하게 될 것이다. 요는, 너무 앞을 계산하고 계획하여 주도면밀하게 자신의 의지대로 밀고 나가는 것보다, 대강의 미래 계획만 세운 뒤, 지금 이 순간에 최상의 나를 바치며 '지금 여기에서' 사는 데 있다. 미래가 아니라 현재를 최상으로 살 때, 최상의 현재가 모이고 쌓여서 최상의 미래가 만들어지는 것이다. 그러니 너무 선형적으로, 내 의도대로 삶이 펼쳐질 것이라 기대하지 말라. 지금의 최상이 나도 예측할 수 없는 복잡한 방식으로non-linear way 작용하여 최상의 미래를 형성해간다는 것을 믿어야 한다. 이런 삶은 선생으로서 내 앞의 학생들에게 내 능력의 최상을 발휘할 수 있게 해줄 뿐 아니라 그런 몰입의 지속이 나의 내면을 튼튼하게 만들어주고 나아가 자기실현의 도정에 오를 수 있게 해준다.

6펜스로 달을 사는 선생

우리 사회가 조금씩이라도 더 이타적이고, 공생 지향적이며, 개인의 자기실현을 존중하는 방향으로 변화하도록 만드는 데 기여하고자 하는 이상을 품고 동시에 현실이 앞으로 조금씩이라도 더 그런 방향으로 변화할 가능성 또한 받아들이는, 심신이 건강한 선생이 있다. 그는 자신의 이상을 위해 스스로가 헌신할 때 자신 앞의 현실도 그에 반응하여 새로운 가능성을 배태할 것임을, 즉 이상과 현실 사이에 변증법적 통합이 일어날 것임을 믿는다. 그렇다면, 구체적으로 '잠자는 학교'와 같은 현실에 대해서는 선생으로서 어떤 자세를 취해야 할 것인가?

　이 책의 종반부에 다시 던져본 이 질문에 대한 답은 선생들 각자 구해야 할 것이다. 하지만 이는 솔직한 대답이기는 해도 지나치게 무책임하게 여겨질 수 있으므로, 일종의 가이드라인을 제시해보겠다. 이상과 현실 사이의 변증법적 통합을 구하는, 영혼의 성숙을 돕는 선생이라면 최소한…

자신 앞에서 엎드려 자고 있는 학생이 원래 '나쁜' 인간이라고 결론짓지 않을 것이다.

자신의 말에 귀 기울이지 않는 학생이 귀 기울이지 못하도록 만든 수많은 원인이 있으리라고 예상해볼 것이다.

엎드려 자거나 자신의 말을 듣고 있지 않은 학생이 겉으로 보이는 무심하고 무례한 행동에도 불구하고, 그 학생 안에 스스로도 어찌해야 할 줄 모를 상처가 있을 수도 있음을 생각해 볼 것이다.

지금 자신의 자긍심에 상처를 주고 있는 저 학생으로 하여금 저런 행위를 저지르도록 유도한 것이 학교일 수도 있고, 나아가 선생인 자기 자신일 수도 있음을 되돌아볼 것이다.

저 무례하고도 불량스러운 학생이 실은 아직 어린 영혼이며, 그 어린 나이에 가족과 학교, 사회로부터 입은 상처에 아파하고 있음을, 그래서 실은 고통 속에서 상처 입은 영혼이 선생인 자신에게 도와달라고 외치고 있음을 감지할 것이다.

무례하고 이기적이며 출세지향적인 학생도 경쟁주의에 치여 온전하게 성숙해가지 못함으로써 장애를 입고 있으며, 그 내면의 영혼은 도움의 손길을 필요로 하고 있음을 알 것이다.

저 형편없어 보이는 미숙한 영혼의 탄생과 성장을 위해 온 우주가 정성을 기울였다는 것을 느낄 수 있을 것이다. 한 생명의 탄생을 위해서 인간과 자연이 실로 얼마나 거대한 에너지를 써야 하고, 얼마나 깊은 정성을 바쳐야 하는가!

자신 앞에 놓인 인간의 숨겨진 아픔을 공감하고, 어루만져주고, 치유해주고 싶어질 것이다.

자신의 어린 학생의 좌절과 고통을 이해하고, 그가 어려움을 극복하여 건강하게 자라날 수 있도록 도와주고 싶은 마음이 들 것이다.

자신 앞의 학생들이 성적이 우수하든 저조하든, 그들이 똑같이 소중한 영혼이자 생명으로서 앞서 간 영혼, 즉 선생의 지도를 구하고 있음을 이해할 수 있을 것이다.

자신 앞의 학생 하나하나가 내면에 고유한 개성과 독특한 재능을 품고 있음을 믿고, 그런 개성과 재능을 살리는 일에 자신이 줄 수 있는 도움은 없는지 생각해볼 것이다.

선생인 자신도 아무 이유 없이 특정 학생을 미워할 수 있지만, 실은 그 이유가 선생 자신도 의식하지 못하는 마음 밑바닥의 무의식(그림자, 콤플렉스) 때문일 수도 있음을 잊지 않을 것이다.

자신의 노력과 헌신에도 아무 반응을 보이지 않고 감사할 줄도 모르는 것처럼 보이는 학생의 영혼 깊은 곳에서는 반드시 어떤 중요한 변화가 일어나고 있음을 믿을 것이다.

어려운 처지의 학생을 위해 바치는 모든 헌신을 세상 누구도 알아주지 않고 세상의 인정도 받지 못하며, 이에 대해 보상을 받지 못한다 하더라도 서운해하지 않을 것이다. 또한 그것이 자신이 가야만 할 길이라는 점을 믿어 의심치 않을 것이다.

세상의 무시와 홀대에도 불구하고, 자신의 열정과 헌신이 참된 자기를 살려내고 꽃피우는 일이기 때문에 그 자체로 지극히 가치 있는 일임을 믿을 것이다.

엄청난 노력에도 불구하고 학생들이 별로 개선되지 않는 것처럼 보이더라도 자신의 노력을 조금도 후회할 필요가 없으며, 따라서 슬픔에 빠질 필요도 없다.

인사 한마디 없이 떠나는 수많은 학생들도 언젠가는 자신만의 아름다운 꽃을 피우게 될 것임을, 거기에 선생인 자신이 보탬을 준 바가 분명히 있음을 믿을 것이다.

이상과 현실 사이의 변증법적 통합이 머리가 할 수 있는 일이 아니라 긴 시간 안에서 존재 전체의 정성을 요구하는 일임을 알게 될 것이다. 또한 이토록 어려운 과제임에도 불구하고, 영혼의 성숙을 돕는 선생으로서 사명감을 품고 현실을 극복해가는 선생의 일이란 것이 자신과 세상을 위하여 지극히 소중한 소명임을 잊지 않을 것이다.

소명의식을 가진 선생이라면, 그 모든 어려움에도 불구하고 행복할 것이다. 자기실현의 길을 가고 있으므로. 그래서 결국 자신이 학생들을 구해준 것이 아니라 학생들이 선생인 자신을 구원해준 것임을 알게 되리라.

선생의 행복이란

젊은이들은 자기실현의 궁극이 아무런 고통도 없고 기쁨과 즐거움만이 가득한 경지일 것이라고 짐작한다. 그들의 이런 허무맹랑한 기대에 선생인 나는 찬물을 끼얹는다. 다음은 미국의 시인 웬델 베리의 말이다.

> 삶을 경험한다는 것은 뭔가를 '알아내거나' 이해하는 것이 아니라 삶 속에서 고통받는 것이며, 동시에 있는 그대로 삶을 기뻐하는 것이다. 고통받으면서, 또 있는 그대로 기뻐하면서 우리는 삶을 완전히 이해하지도 못하고, 이해할 수도 없다는 사실을 깨닫게 된다.[73]

행복이란 고통을 최소화하고 쾌락을 최대화하는 것으로 이를 수 있는 경지가 아니라는 말이다. 어쩌면 행복이란, 그 모든 쾌락과 고통 속에서도 자신과 자신의 처지에 대해 예리한 자각으로 감지할 수 있는, 어떤 고양된 존재 상태일지도 모르겠다.

최근 미국 심리학계의 마틴 셀리그만과 같은 원로가 이끌고 있는 '행복 심리학'의 사조에서는 인간 행복의 삼대 요건으로 쾌락, 몰입, 의미를 제시했다. 이 중에서도 쾌락이 가장 믿음직스럽지 못한 요건으로 간주되는데, 그 이유는 지속성이 보장되지 못한다는 점에 있다. 즉, 어떤 일에 몰입하고, 우리의 삶에 소중한 의미가 있어야 지속적인 행복을 영위할 수 있다는 말이다.

물론 모든 사람의 삶은 의미가 가득 차 있을 것이다. 단, 그것을 의식하고 사느냐 전혀 모른 채로 살다 가느냐 하는 차이점이 있을 뿐이라

---

73) 《삶은 기적이다 : 현대의 미신에 대한 반박》(웬델 베리, 녹색평론사, 2006) 19쪽

생각한다. 소명의식이 있는 선생, 그래서 자기실현을 추구하는 선생은 삶의 의미를 성장심리학적 고찰에서 구할 수 있을 것으로 예상한다. 성격심리학에 대한 역저를 낸 홍숙기 교수의 말이다.

> 성숙한 어른은 남들과 친밀한 관계를 맺을 줄 알 뿐 아니라 다음 세대의 어린 사람들을 보살피고 키우고 싶어 한다. …(중략)… 생성을 체험하지 못하면 자신의 존재가 쓸모없고 인간관계가 무의미하고 메마르다는 느낌이 생겨난다. 고인 물(정체)은 생명을 키우지 못하고 썩는다. 남들을 보살피고 가르치고 싶은 욕구에서 배려의 덕성이 생긴다. 남들을 가르치면서 우리는 우리가 남들에게 중요한 존재라고 느끼고 동시에 우리 자신에게 지나치게 관심 갖는 일(자기도취)도 피한다. 앞의 단계들을 잘 넘긴 사람은 노년에 들어와 지나온 삶을 긍정하고 자기 인생에서 중요한 역할을 한 사람들을 이해할 수 있게 된다. 그런 사람은 인류가 좋은 쪽으로 발전해가고 있으며 자신이 이 삶의 흐름에서 작은 기여나마 했다는 만족감을 느낀다. 물론 실패와 실수들에 대한 후회도 있고 다시 시작할 수 있는 시간이 남아 있지 않기 때문에 절망도 한다. 절망이 더 큰 사람은 자신을 증오하고 세상과 타인들을 원망하며 헛살았다고 한탄하는 반면, 만족이 절망보다 클 때 지혜의 덕성을 얻는다. 젊은이들이 무력감을 느낄 때 지혜로운 노인들을 보면 삶이 완성되고 결국에는 평화가 올 수 있다는 희망을 갖게 된다.[74]

---

74) 《성격심리(상)》(홍숙기, 박영사, 2006) 118-119쪽

이처럼 후대를 키우는 소임을 맡은 선생의 일이란 얼마나 영광스럽고도 행복한 일인가? 세속의 명예와 보상 때문이 아니라, 그 일이 우리 인간 공동체의 보다 아름다운 유지와 개선을 위해 기여할 수 있다는 그 가능성 때문에 말이다. 그런 일에 자신을 바치는 것이야말로 진정한 자기실현의 길이고, 지속적인 행복감을 주는 일 아니겠는가?

나의 첫 책에 썼던 이야기인데, 이 이야기를 현직 교사들에게 들려주면 항상 반응이 매우 좋았기에 조금만 여기에 가져다 쓰겠다. 교육 소설인 이 책의 주인공 중 한 사람인 초로의 교수가 제자에게 들려주는 말이다. 교수는 땅에서 민들레꽃 한 송이를 따더니 입김을 불어 씨를 날려버린다.

저 수십 개의 씨들이 어디에 가서 자리를 잡고 뿌리를 내리게 될지 우리는 알 수 없어. 하지만 그것들 중의 꽤 많은 씨들은 싹을 틔우게 될 거야. 그 씨 하나하나의 운명을 우리가 관장하지는 않지만, 해마다 씨들은 자연의 법리에 따라 스스로 싹을 틔우지. 하나의 씨가 민들레꽃으로 피어나기까지의 과정을 씨의 운명이라고 볼 때, 그 운명을 주관하는 힘은 랜덤random하게 작동하는 것만 같아. 그 랜덤성性에 자연의 선한 의지가 담겨 있다고 믿을 수 있을까? 선생은 자신이 학생에게 끼치는 영향이 민들레 씨처럼 랜덤하게 싹을 틔우게 될 것이라는 사실을 믿는 사람들이라고 할 수 있지. 비록 자신의 교육적 영향을 정확히 예상하는 것도 불가능하고, 지금 당장 내 앞의 아이가 아무런 반응도 안 보이는 것 같더라도, 자신의 선한 영향이 언젠가는 아름다운

꽃송이를 피우리라는 믿음이 없다면 선생이라는 고된 성직을 감내하
기 힘들 거야.[75]

선생의 본령은 누가 뭐래도 학생을 키우는 일일 것이다. 그러나 지
금 여기에서 선생으로서 내가 하는 일, 불과 몇 안 되는 학생들에게만
정성을 들이는 그런 일이 그들 삶에 혹 선한 영향을 끼칠 수는 있다 하
더라도, 과연 그런 일이 세상을 바꾸는 데 도움을 줄 수 있을까? 이런
의심을 갖고 있는 이들을 위해 아름다운 이야기 한 편을 더 전하겠다.
영문학자 고故 장영희 교수가 미국의 구전 이야기를 번역한 글이다.

거센 폭풍우가 지나간 아침의 바닷가였다. 태양이 천천히 잿빛 구름
을 뚫고 얼굴을 내밀기 시작했다. 한 남자가 해변을 걷고 있는데 열 살
정도의 소년 하나가 무엇인가를 미친 듯이 바다 쪽으로 던지고 있었
다. 남자가 다가가 무엇을 하고 있느냐고 묻자 소년이 답했다.
"이제 곧 해가 높이 뜨면 뜨거워지잖아요. 그럼 여기 있는 불가사리들
이 태양열에 죽게 될 테니까 이 불가사리들을 바닷속으로……"
남자는 크게 웃음을 터뜨리며 소년을 보고 말했다.
"얘야, 이 해변을 봐라. 폭풍우로 밀려온 불가사리가 셀 수 없을 정도
로 많은데 네가 하는 일이 무슨 소용이 있겠니?"
소년은 수긍이 가는 듯 잠시 생각에 잠기더니 다시 불가사리 하나를

75)《유진의 학교 : 동서양 교육이상의 만남》(한석훈, 한울, 2009) 337쪽

집어 힘껏 바다를 향해 던졌다. 불가사리는 첨벙 소리와 함께 시원스럽게 물속으로 들어갔다. 소년은 미소를 지으며 남자에게 말했다.

"적어도 저 불가사리에게는 소용이 있겠지요."[76]

장 교수는, 진정한 변화는 내 앞의 한 아이를 위해 작은 정성을 기울이는 것과 같이 사소하고 구체적인 일에서 시작된다고 말한다. 위 이야기의 어른 남자는 그것을 보지 못하고 자신의 눈앞에 펼쳐진 무수한 불가사리들이라는 현상 또는 현실에 압도돼 아무것도 하지 않으려 한다. 그러나 '무수한 불가사리들'은 허상이자 추상이다. 인간인 내가 관계를 맺거나 영향을 끼칠 수 있는 대상은 언제나 추상이 아니라 구체적인 그 무엇 또는 그 누군가이다. 선생은 말로만 '인류'와 '민족'과 '이웃'이라는 추상을 외치는 선동가가 아니다. 선생은 단번에 세상을 뒤엎으려는 공상에 빠진 혁명가가 아니다. 선생은 자신 앞의 귀한 영혼 하나하나와 지금 여기에서 최상을 나누기 위해 묵묵히 노력하는 지극히 현실적인 자이다. 또한 그런 자신의 노력이 궁극적으로 세상의 심원한 변화와 맞닿아 있다고 믿는 지극히 이상주의적인 자이기도 하다.

불가사리 한 마리를 구할 때마다 소년은 행복하다.

---

76) 〈중앙일보〉 2003. 12. 13.

나는 영혼의 성숙을 돕는 선생이다

나는 학생의 영혼의 성숙을 돕는 선생이다.

우리 인간은 육신과 정신을 가진 존재인데, 그 정신적 부분 중에서도 지극히 깊어서 우리 자신도 쉽게 알지 못하는 영역을 '영혼'이라 부른다. 인간인 나의 진정한 주인은 나의 육신이나 두뇌가 아니라 나의 영혼이다.

어른인 당신은 육신과 지능이 다 성숙했으니 하나의 완성된 존재가 됐다고 느끼는가? 만약 아직 더 완성돼야 할 부분이 남아 있다고 느낀다면 그것이 바로 당신의 영혼이다. 그 영혼을 완성시키는 것이 '나'라는 생명체가 이 땅에 태어난 목적일 것이다. 이를 부정하고 몸과 머리에만 머무른다면, 그것이 과연 삶에 어떤 실익을 주겠는가?

그래서 선생은 아이들의 몸과 마음과 영혼을 돌봐줘야 하고, 궁극적으로 영혼의 성숙을 도와주는 이여야 한다. 영혼은 몸과 마음도 아우르는 실체이기에 한 아이의 영혼을 건드리지 않고 그저 몸이나 마음만

건드리는 것은 불가능하다. 결국 어차피 영혼을 건드리게 되므로, 영혼이 온전히 자라도록 도와주든가 자라는 것을 방해하든가 둘 중의 하나일 수밖에 없다. 선생이 방해하는 자여서는 안 된다.

영혼은 종교와 상관없이 인간인 '나'의 주인이다. 종교가 영혼의 성숙을 도와주는 경우도 있겠으나, 몸과 마음의 성숙이 영혼의 성숙과 관계있듯이 이성과 지성과 과학도 영혼의 성숙을 도와준다. 이 책은 기성 종교와 무관하게 우리의 머리(지성)와 가슴(감정)을 도구로 삼아 영혼을 성숙시키는 일에 대해 이야기했다. 예컨대 나는 사후세계라든가 신의 존재 여부 등에 관해서는 아는 바가 없다. 나는 그런 것들은 인간의 언어라는 그물로 건질 수 없는 영역에 속한다고 믿는 인지적 불가지론자다.

나는 불가지론자이고 회의주의자이면서, 또 한편으로는 나의 영혼이 있음을 믿고 나 자신을 영적인 존재로 이해하는 사적私的인 신앙인이기도 하다. 이런 믿음과 인식 위에 나는 선생으로서 살아왔다. 그래서 나는 매일, 매번 수업에 들어가기 직전에 내 마음속의 신께 기도를 드린다. '지금 이 순간의 이 수업 한 번이 나의 존재의 목적입니다. 이 수업에 최상의 나를 바칠 수 있도록 도와주세요.'라고……. 나는 아무리 아픈 날도, 힘든 날도, 또 불행한 일을 겪은 날도 이 기도와 함께 매번의 수업에 나를 바쳤다. 나는 우선적으로는 나 자신을 위해 매번의 수업에 최상의 나를 바쳤지만, 결과적으로 그것이 내 학생들에게 더 좋은 수업을 제공했을 것이다. 아직까지 내 기도가 외면당해본 적은 없다고 믿는다.

　당신도 나처럼 어린 학생들의 영혼의 성숙을 돕는 선생으로 살아왔지 않은가? 우리 모두가 실은 그러지 않았을까? 다만, 우리가 그걸 알고 사는가 모르고 사는가 하는 문제가 남아 있을 뿐인 것 같다. 아무래도 전자가 더 바람직하지 않을까? 즉, 자신이 학생들의 영혼의 성숙을 돕는 선생으로 살고 있음을 의식하고 사는 편이…….

루소·퇴계·공자·융에게 교육의 길을 묻다

선생이란 무엇인가

2012년 9월 1일 1판 1쇄 박음 / 2019년 4월 26일 1판 3쇄 펴냄

지은이 한석훈
펴낸이 김철종
인쇄제작 정민문화사

펴낸곳 (주)한언
출판등록 1983년 9월 30일 제1 - 128호
주소 110 - 310 서울시 종로구 삼일대로 453(경운동) KAFFE빌딩 2층
전화번호 02)701 - 6911 **팩스번호** 02)701 - 4449
전자우편 haneon@haneon.com **홈페이지** www.haneon.com

ISBN 978 - 89 - 5596 - 648-0   03370